La philosophie est une réflexion pour qui toute matière étrangère est bonne, et nous dirions volontiers pour qui toute bonne matière doit être étrangère.

Georges Canguilhem

Banalités métaphysiques

ALEXANDRU DRAGOMIR

Banalités métaphysiques

Traduit du roumain par Michelle Dobré
Préface de Gabriel Liiceanu

VRIN
Matière Étrangère

Ce livre est traduit dans le cadre du projet de la promotion de la philosophie roumaine à l'étranger, projet réalisé par la Société Roumaine de Phénoménologie et financé par l'Institut Culturel Roumain et la Fondation Life for Life — Volvo Roumanie.

Directeur de collection :
Bruce Bégout

© Librairie Philosophique J. VRIN, 2008

ISBN 978-2-7116-1984-9

les cahiers du souterrain

Le 15 juin 1944, à Bucarest, au 45, rue Rossetti, arrive de Fribourg au nom de Alexandru Dragomir, une carte postale avec une seule phrase, suivie de onze signatures : *Lieber Sănduc, verdient haben Sie* einen *Gruss nicht, darum* viele *Grüsse* (« Cher Sănduc [1], vous ne méritez pas *qu'une seule* salutation, voilà pourquoi nos *meilleures* salutations ». Parmi les signatures, il y a aussi celle de Heidegger, les autres appartenant aux doctorants avec qui, à la fin de chaque semestre, Heidegger avait l'habitude de boire une bière à l'auberge *Zum Roten Bären*, « la plus ancienne en Allemagne », comme il est inscrit en incrustation sur la carte postale, où figure au milieu un terrible ours, avec, en dessous, l'année depuis laquelle la maison « A l'ours rouge » fonctionnait sans interruption : « fondée vers 1120 ». La carte postale est envoyée le 16 Mai 1944 (elle avait donc mis un mois à arriver) et il est facile d'imaginer comment elle avait passé de main en main, autour de la table longue, en chêne massif ciré, recueillant les signatures des dix jeunes, parmi lesquels certains venaient sans doute d'avoir 25 ans, et celle de leur professeur, qui, à 55 ans, se trouvait à l'apogée de sa carrière universitaire. « Et Sănduc, qu'est-ce qu'il devient ? », avait lancé par-dessus la table l'un ou l'autre d'entre eux. Ou peut-être Heidegger lui-même, en sortant son carnet noir où était inscrit chaque membre du séminaire de doctorat, avait-il demandé : « *Und Herr Dragomir ? Haben Sie Nachrichten von Ihm ?* ».

---

1. Diminutif pour Alexandru.

Avait-on des nouvelles de « Monsieur Dragomir » ? A l'évidence, il n'y en avait aucune.

le début de la course : de Transylvanie à Bucarest, puis à Fribourg sur Breisgau

Alexandru Dragomir avait quitté le séminaire de Heidegger et il avait cessé du même coup de participer au rituel de *Zum Roten Bären* depuis six mois, depuis octobre 1943 donc. Il avait été, manifestement, extrêmement aimé de ses camarades et, d'une manière particulière, apprécié par Heidegger lui-même, dont les attestations de séminaire – soigneusement conservées dans les papiers d'Alexandru Dragomir, comme traces de son passage dans un univers entre temps devenu irréel – mentionnent à chaque fois que le doctorant a participé à tel ou tel « exercice de séminaire » *mit grossen Fleiss und ausgezeichneten Erfolg*, « avec grande assiduité et des réussites exceptionnelles ».

Alexandru Dragomir arrive en Allemagne, à l'Université de Fribourg, en septembre 1941. Il avait 25 ans et avait déjà obtenu sa licence à deux Facultés – la Faculté de Droit et la Faculté de Lettres et Philosophie – toutes deux à Bucarest, la première en 1937 et la seconde en 1939. Il y était venu de Cluj, tant attiré par les noms sonores des professeurs de l'Université de Bucarest, que poussé par le besoin de dépasser un certain « complexe de province » que nombre de jeunes intellectuels de Transylvanie ressentaient après la constitution de la Grande Roumanie.

Dragomir était issu d'une excellente famille d'intellectuels de Cluj. Tant le grand-père paternel, originaire de Guarasada, que le grand-père maternel, du village Domini, étaient des notaires. Le grand-père maternel surtout était très aisé. Il avait un véritable domaine, des vignes couvrant des collines entières, un grand verger, un terrain de tennis chez lui. Lorsque Sănduc y venait, avec son frère aîné d'une année, Virgil (Bubu) – il sera plus tard professeur à Polytechnique – passer chez lui, à Domini, les vacances dans leur enfance, les enfants étaient attendus à la gare par un équipage à chevaux. Peu de temps après la naissance des deux garçons le père, Alexandru Dragomir, devient avocat de la Banque Centrale de Cluj et, quelques années plus tard, le chef du barreau de Cluj. L'Oncle de Sănduc Dragomir, le frère de son père, c'est l'historien Silviu Dragomir. La mère (« Maya », comme l'appelle son mari dans ses lettres) héritera de la fortune paternelle, de sorte que la famille Dragomir a pu, sans difficulté – quand, en 1940, de nombreux Roumains ont fui la Transylvanie retranchée de la Roumanie suite au dictat de Vienne – acheter deux appartements à Bucarest : celui du 45, Rue Rossetti (où la famille habitera un certain temps au complet, les parents et les enfants, et où arrive la carte postale de Fribourg) et un autre, au 3, rue de l'Arc au nom de la mère, et qui deviendra l'habitation de Dragomir à partir de 1974.

Le jeune homme, qui avait suivi les cours du Lycée « Séminaire Pédagogique Universitaire » de Cluj entre 1926 et 1933, avec l'appréciation « exceptionnel » en roumain, latin, grec, français, allemand, histoire, physique, chimie et gymnastique, arrive à Bucarest en 1933, à 17 ans, et y éprouve une certaine difficulté à s'adapter à l'ambiance « frivole-moqueuse » qui caractérise la vie étudiante bucarestoise. Mihai Sora [1], qui l'a rencontré à la fin de la période d'études de philosophie et surtout lors du service militaire à Craiova (que Dragomir accomplira entièrement entre novembre 1937 et novembre 1938), le décrit comme un jeune homme réservé, qui vivait alors sa première expérience sentimentale importante.

L'année 1939, année de licence à la Faculté de Lettres, c'est aussi l'année des premiers rappels militaires. Il a juste le temps, à la fin

---

1. Philosophe roumain (1916-). Ouvrages principaux : *Du dialogue intérieur*, Paris, Gallimard, 1947 ; *Sarea pământului* [*Le sel de la terre*], Cartea Românească, 1978 ; *A fi, a face, a avea* [*Être, faire, avoir*], Cartea Românească, 1985 ; *Eu & tu & el & ea... sau Dialogul generalizat* [*Moi & toi & lui & elle... ou Le dialogue généralisé*], Cartea Românească, 1990 ; *Clipa și timpul* [*L'instant et le temps*], Paralela 45, 2005.

1939 et au début de 1940, de passer les examens de doctorat en droit, après quoi, en juin 1940, il est rappelé et il reste « sous les drapeaux » durant tout l'exode des Roumains de Transylvanie. Lorsqu'il s'aperçoit qu'à cause des fréquentes réquisitions à l'armée il ne peut pas achever son doctorat, il arrive à la conclusion que la seule solution pour lui c'est un long séjour d'études à l'étranger. La première halte, c'est à Breslau (Wroclaw). En quatre mois, de mars à juin 1941, il y suit des cours et des séminaires de grec, de latin et d'allemand, dans l'idée d'obtenir l'attestation de connaissance du grec ancien, sans laquelle il n'était pas possible d'aspirer à la qualité de membre du séminaire de doctorat chez Heidegger.

Il revient pour l'été à Bucarest et, en septembre 1941, nous le retrouvons en tant que doctorant de Heidegger, inscrit au *Philosophisches Seminar* (la Faculté de Philosophie) de l'Université Albert-Ludwig de Freiburg, où Heidegger donne des cours et des séminaires à l'année depuis 1928. Le 31 Octobre 1941 il reçoit son *Studienbuch*, son « livret d'étudiant » où sont inscrites toutes les heures de cours que suit l'étudiant, avec la signature du professeur devant chaque matière étudiée. Ses études de philosophie de Roumanie équivalent à quatre semestres (deux ans), de sorte qu'Alexandru Dragomir est inscrit à Fribourg au cinquième semestre. Il habite *Schillerstrasse 52 III*. Il est boursier de la Fondation Alexander von Humboldt.

le paradis de Fribourg

Qu'étudie Dragomir à la Faculté de Philosophie de l'Université de Fribourg ? Tout d'abord, les cours et les séminaires du « maître », comme ses doctorants appellent Heidegger. Tout au long des deux années (quatre semestres) que dure le séjour de Dragomir à Fribourg, Heidegger enseigne chaque semaine un cours d'une heure et tient un séminaire de deux heures. Dans le « livret d'étudiant » de Dragomir sont attestés, dans l'ordre, les cours suivants : *Hölderlins Hymnen* (deux semestres), *Parmenides und Heraklit* (un semestre),

Heraklit (un semestre). Quels sont les séminaires conduits par Heidegger : Le semestre d'hiver 1941-1942, *Einübung in das philosophische Denken* ; au semestre d'été 1942, *Hegel, « Phänomenologie des Geistes » I* ; semestre d'hiver 1942-1943, *Aristoteles « Metaphysik » IX* ; semestre d'été 1943, *Hegel, « Phänomenologie des Geistes » II* ? Ce sont surtout les séminaires qui sont utiles à Dragomir, parce que la thèse qu'il entreprendra sous la direction de Heidegger porte précisément sur le concept d'esprit chez Hegel.

En dehors de la philosophie, on étudie intensément au *Philosophisches Seminar* l'histoire de l'art et de la littérature européenne, avec une prédilection pour la culture grecque. Au premier semestre (semestre V), dans le *Studienbuch* sont mentionnés le cours de *Kunstgeschichte* (« Histoire de l'art ») – quatre heures par semaine – avec le professeur Paatz, et, à raison d'une heure par semaine, un cours sur *Don Quijote*, avec le professeur Carvallo. Au deuxième semestre de son séjour (semestre VI), Paatz donne un cours de deux heures d'« Art romain », et le professeur Schuchardt un cours de deux heures sur la sculpture grecque classique (*Polykleitos und Phidias*). Le troisième semestre (semestre VII) est dominé par le cours sur le gothique allemand de Paatz, et par le séminaire sur Platon de Picht. Enfin, au quatrième semestre (semestre VIII) il y a un cours d'une heure donné par Schuchardt sur le temple grec et une conférence de trois heures du professeur Nestle sur Sophocle. En dehors des cours et des séminaires de philosophie de Heidegger et du séminaire sur Platon, la section philosophique comporte encore, au semestre V, un cours synthétique de deux heures sur l'histoire de la philosophie moderne avec le professeur Reiner. C'est tout. La semaine ne comporte jamais plus de 8 heures de cours et de séminaires. Le reste du temps est consacré à la préparation des protocoles des séminaires (chaque étudiant, à tour de rôle, présente, à l'ouverture de la séance du séminaire, « le film » de la séance précédente – ce qui explique que l'on ait préservé les textes des séminaires de Heidegger), aux heures individuelles de discussion avec le professeur, aux lectures en vue de l'élaboration de la thèse.

Curieusement, autant Dragomir aimait participer à la vie de groupe de son petit monde académique, autant il était taciturne et réservé lorsqu'il s'agissait de son travail. Ils savaient tous qu'il travaillait intensément, qu'il préparait une dissertation sur Hegel, et qu'il considérait comme une véritable manne le fait que Hegel fût précisément au centre des séminaires de Heidegger exactement pendant la période où il se trouvait à Fribourg. Mais, alors que les autres membres du séminaire affichaient leurs lectures et parlaient volontiers de leurs thèmes de recherche, Dragomir était d'une discrétion quasi maladive quand on le questionnait sur l'avancement de son travail. Il devenait soudain pudique, et celui qui s'était aventuré à s'intéresser de l'état d'avancement de sa « recherche » recevait des réponses vagues et restait avec la sensation qu'il avait pénétré de manière indue dans un espace de suprême intimité. Cette particularité, qui trouvera son expression théorique dans la description de la vie comme territoire scindé entre le « secret » et « le grand jour » (entre l'« intime » et le « public »), demeurera jusqu'à la fin de ses jours : il n'a jamais parlé à personne de ce qu'il était en train de « faire », et, jusqu'à sa mort, jamais personne n'a pu répondre à la question de savoir si Dragomir s'était jamais livré à l'un ou l'autre des genres connus de l'écriture, sans parler de traités de philosophie, d'études, d'essais ou de simples notes.

Comment était-ce, au séminaire de Heidegger ? Ni les archives de Dragomir, dont nous parlerons plus tard, ni les discussions que j'ai eues avec lui une fois que nous nous sommes connus, ne peuvent nous apporter une réponse à toutes ces questions. Heureusement, l'un des membres marquants de ce séminaire, parti à Fribourg pratiquement en même temps que Dragomir, a longuement décrit la période qui nous intéresse. Il s'agissait de Walter Biemel. Originaire de Brașov[1], Biemel arrive à la Faculté de Lettres de Bucarest une année après Dragomir. Ils ne se rencontreront qu'à Fribourg, et la fascination de l'aventure qu'ils partagent va rapidement les rapprocher. Ils réaliseront, à Fribourg, la première traduction en roumain d'un texte heideggérien – la conférence de 1929, *Qu'est-ce que la métaphysique ?* – parue dans les années 1960 dans une revue d'exilés à Paris[2]. Biemel qui, après un séjour en Belgique en qualité de chercheur aux archives Husserl, reviendra après la guerre en Allemagne, devient un proche de Heidegger et l'un des commentateurs les plus autorisés de son œuvre. Durant la dernière année de sa vie, Heidegger établira avec lui le plan d'ensemble pour les quelques 80 volumes qui allaient former la *Gesamtausgabe*.

D'après ce que Biemel a écrit, le séminaire de Heidegger comptait quinze membres, une véritable communauté fermée, puisque

1. Ville au centre de la Roumaine.

2. Voici l'histoire de cette traduction : dès qu'ils se sont décidés de transposer en roumain la leçon inaugurale (*Antrittsvorlesung*) que Heidegger avait donnée dans l'Aula Magna de l'Université de Freiburg le 23 juillet 1929, à l'occasion de sa nomination comme professeur ordinaire (*Ordinarius*) sur le poste laissé libre par Husserl, ils ont commencé à y travailler tous les deux chez Biemel, dans un appartement de deux pièces au Dreisamstrasse. Ils avaient auparavant recueilli l'accord de Heidegger. Biemel était étonné par l'extraordinaire sens de la langue de Dragomir. Il est certain que, en travaillant ensemble, ils se sont liés d'amitié. Une fois terminée, la traduction a été envoyée à Nicolae Bagdasar, qui travaillait chez un éditeur bucarestois, et la réponse ne s'est pas fait attendre : la publication en roumain d'un texte de Heidegger n'était pas possible, parce que Heidegger, pour les autorités allemandes, était *persona non grata*. Biemel ne faisait ainsi que vérifier ce qu'il avait vécu à Bucarest, à l'Ambassade allemande, la veille de son départ à Freiburg. Lorsqu'on lui a demandé chez quel professeur il avait l'intention de s'inscrire en doctorat, Biemel a nommé Heidegger. « Il est très malade », lui a-t-on répondu. « Il donne de temps en temps des cours, mais il est amené à l'amphithéâtre sur un brancard. Vous feriez mieux d'envisager quelqu'un d'autre ». Quelle ne fut la surprise de Biemel quand, arrivé en Allemagne, il vit Heidegger entrer dans l'amphithéâtre de son air de bûcheron germanique (étant donné son habit), costaud à souhait, bon pied bon œil et bien bronzé! La traduction paraîtra à Paris, envoyée à l'évidence par Biemel, 13 ans plus tard, dans la revue *Caiete de dor* de Virgil Ierunca, en 1956.

personne ne pouvait, sans être admis expressément et sans une assiduité constante, y participer ou y assister « juste pour voir ». « Les quinze » occupaient leurs places autour de trois tables disposées en fer à cheval, tandis que pour Heidegger il y avait une petite table installée dans l'espace laissé libre du demi-cercle. Derrière cette table il y avait encore un tableau noir, sur lequel Heidegger écrivait de temps en temps un mot important. Au séminaire pour débutants, où Biemel aperçut Heidegger pour la première fois, il fut surpris par sa manière de s'habiller : « sur le fond de rumeur qui régnait dans la salle, apparut un homme de petite taille, au visage hâlé, habillé d'un pantalon serré sous le genou, des chaussettes hautes et veston traditionnel, le costume, autrement dit, de la Forêt Noire, totalement inhabituel pour moi... ». Les séminaires portaient sur un texte indiqué à l'avance, mais l'accent était mis à chaque fois non pas sur les connaissances préalables et sur les références culturelles, mais sur la capacité des participants à penser par eux-mêmes, de s'exprimer sans faire appel aux clichés ou à une terminologie consacrée.

Pour ce qui concerne Dragomir, Biemel confirma qu'il jouissait d'une appréciation particulière de la part de Heidegger. Il était, de toute manière, l'une des figures de premier plan du séminaire. Lorsque dans la salle, après une question difficile adressée aux participants, il planait un silence prolongé, Heidegger avait pour habitude de se tourner vers la place où se trouvait Dragomir, et de dire : *Na! Was sagen die Lateiner ?* (« Eh bien, qu'en disent les Latins ? »). Et « le Latin Dragomir » adorait provoquer Heidegger et, chaque fois qu'il en avait l'occasion, le contredire. Lorsque Heidegger, par exemple, à la suite des paragraphes consacrés à « l'ustensilité » dans *Etre et Temps* affirmait qu'il n'y avait pas d'objets purs, mais seulement des choses dotées d'une signification dans un contexte d'utilisation – par exemple, une chaise « c'est quelque chose pour s'asseoir » – Dragomir de riposter : « Comment expliquez-vous, alors, Herr

Professor, que dans les musées il y ait des chaises avec l'inscription "Prière de ne pas s'asseoir" ? ».

Je me suis souvent demandé, durant les années où je l'ai connu, pourquoi Dragomir ne ressentait presque jamais le besoin de revenir, en guise de commémoration, à la période de Fribourg, et nous raconter des choses « d'alors ». Il redoutait sans doute que les proportions presque mythiques de ce moment qui avait constitué sa vie ne le fixent, aux yeux des autres, dans cette unique détermination des débuts. Il ne voulait pas rester « celui qui avait eu la chance de se trouver un temps à proximité de Heidegger ». Et pourtant, qu'avait-il ressenti alors qu'il était pris dans le rayon de la personnalité de penseur de Heidegger ? Une seule fois, il nous a raconté, en riant : « Au début d'un cours, Heidegger nous a dit "Penser, c'est se compromettre". Alors j'ai respiré, soulagé : "Ben à cela, je m'y connais sans problème!" ».

adieu, Heidegger! les issues sont condamnées

De ce paradis, Dragomir est chassé en octobre 1943, lorsqu'il est appelé au pays pour la mobilisation. En vain Heidegger lui délivre-t-il, le 26 septembre 1943, une *Bescheinigung*, une « attestation » où il est dit que « Monsieur Alexandru Dragomir est significativement avancé » dans sa dissertation concernant la métaphysique de Hegel et que « quelques mois seulement suffiraient pour qu'il conduise à bonne fin ce travail et pour qu'il termine sa période d'études à Fribourg par un examen de doctorat couronné de succès ». Il est mobilisé dans la troupe du 7e Corps Armé et ensuite au Bataillon de Garde. Il est démobilisé avec le grade de sergent, en novembre 1944, après quoi, tout de suite après le 23 Août[1], il ira sur le front d'Ouest de Dumbraveni à Cehul Silvanei. La carte postale envoyée de

---

1. Jour où la Roumanie « retourne les armes » contre l'Allemagne anciennement alliée, pour combattre aux côtés de l'Union Soviétique.

l'auberge *Zum Roten Bären* par ses camarades de séminaire le 16 Mai 1944, il la retrouvera dans la maison Rue Rosetti six mois plus tard, comme le signe d'une période qui, au fil du temps, se constituera comme son *autre vie*.

En 1945, dans l'existence de Dragomir, comme dans celle de la plupart des intellectuels roumains restés au pays, commence une période étrange où eux tous, distribués dans une nouvelle pièce de l'histoire, tentent de préserver leurs réflexes de vie acquis jusqu'alors, sans trop bien savoir vers quel monde ils se dirigent : la fin de la guerre coïncide avec l'occupation russe et l'instauration forcée du communisme en Roumanie. Evidemment, il n'y a plus aucune voie de retour vers Fribourg. Une lettre de Walter Biemel adressée à Dragomir le 26 Août 1946 de Louvain, en Belgique (où Biemel commence à travailler aux Archives Husserl), donne une image on ne peut plus claire de la manière dont, un an après le départ de Dragomir de Fribourg, l'univers mirifique autour de Heidegger et de ses étudiants se défait pour toujours. Dans la nuit du 27 novembre 1944 Fribourg est bombardée par les Anglais et détruit à 80%. La cathédrale, vieille de huit siècles, y échappe par un heureux concours de circonstances (les bombardiers qui surgissent à chaque fois à l'improviste de derrière la colline l'ont toujours dans leur angle mort). Le dernier séminaire que Heidegger commence à l'automne 1944, consacré à Leibniz, est interrompu par l'enrôlement du professeur dans la *Volkssturm*, « l'armée du peuple ». Il eut cependant la chance de tomber malade peu de temps après, et, « réformé », il se retire au château de la princesse Sachsen-Meiningen, qui avait été son étudiante. Entre temps, l'Université déménage elle aussi dans un château, de l'autre côté du Danube, où Heidegger va de temps en temps pour lire à une poignée d'étudiants des fragments de ses travaux. Au début de l'année 1945, Fribourg entre dans la « zone d'occupation française », et, à la suite d'intrigues et de dénonciations fomentées par une partie des collègues de Heidegger, l'occupant français démarre une enquête sur son compte. La

« cause » sera jugée à Paris et Heidegger, définitivement écarté de sa chaire, se retire dans son chalet de Todtnauberg. Walter Biemel cite, dans sa lettre à Dragomir, une phrase extraite des lignes que Heidegger lui avait écrites peu de temps auparavant à Louvain : *Ich denke gern an die Zeit unserer gemeinsamen Versuche zurück. Es war ein Teil jenes unsichtbaren Deutschlands, das die Welt wohl nie erfahren wird* (« Je reviens volontiers en pensée à l'époque de nos efforts communs. C'était une partie cachée de l'Allemagne que le reste du monde ne connaîtra peut-être jamais »).

Une très étrange lettre envoyée à Heidegger date du début 1947 (le brouillon en a été conservé), sans doute sous l'impulsion donnée par Biemel dans la lettre citée, et aux assurances qu'il lui donne que Heidegger se souvient parfaitement de lui, en demandant de temps en temps de ses nouvelles. Elle est étrange, parce que Dragomir y écrit à Heidegger qu'il travaille (et il donne des détails) à une thèse de doctorat sur Platon (?!) – mais avec qui ? – et qui porte le titre de *Über das Verhältnis von Anschauen [sic!] und Dialektik bei Plato* (« De la relation entre le regard intuitif et dialectique chez Platon »). Heidegger lui répond le 7 Mai 1947 en lui donnant quelques indications et repères sur son sujet (aucune question sur le travail de doctorat sur Hegel!) et en se réjouissant que Dragomir puisse travailler. Il lui annonce qu'il n'est plus à l'Université, qu'il ne sait pas s'il va pouvoir un jour publier de nouveau, et que ses deux fils sont prisonniers en Russie. La lettre est accompagnée d'une photo de Heidegger avec cette dédicace au verso : *Für Alexander Dragomir zur Erinnerung an seine Studienzeit in Freiburg im Breisgau. Martin Heidegger.* « A Alexandru Dragomir en souvenir de sa période d'études à Fribourg, Martin Heidegger ».

La lettre de Heidegger de Mai 1947 et la photo qui l'accompagne représentent les dernières « pièces » du dossier Heidegger-Dragomir. « Le temps avait quitté son lit », et les deux hommes feront désormais partie de deux mondes qui, jusqu'à la mort de

Heidegger, en 1976, ne se rencontreront plus jamais. Les impératifs de la nouvelle histoire où Dragomir venait d'entrer lui demandaient d'oublier « la période d'études à Fribourg », et même, autant que possible, de s'en dédire. Dans son curriculum, elle sera sans aucun doute le fardeau le plus lourd à porter, le péché capital qui sera lavé par l'adoption successive des hypostases professionnelles les plus éloignées possibles de sa vocation philosophique initiale. Officiellement, toute sa vie ultérieure sera une préoccupation constante d'« effacer les traces » et, à cause de cela, un travestissement professionnel ininterrompu. Dragomir sera tour à tour, pendant 31 ans, apprenti soudeur, fonctionnaire au service des ventes, correcteur, styliste, rédacteur, commercial, économiste. Dans les premières 13 années après la guerre il lui a fallu changer sept fois d'emploi. A chaque révision de son « dossier personnel » au service des cadres on « mettait fin à son contrat de travail ». C'est ainsi que, d'« apprenti soudeur à l'atelier *Tilcam*, Rue Pantelimon 70 » il deviendra fonctionnaire à l'Ancre Roumaine (Ancora Română), puis soudeur à l'Industrie du Fil de Fer à Cîmpia Turzii. C'est ainsi que, de « chef du service ventes à Metarc », ensuite correcteur aux Editions Techniques, « rédacteur littéraire aux Editions Energétiques » (?!) et enfin, tel un couronnement, « rédacteur principal » aux Editions Politiques du département du « Dictionnaire Encyclopédique » (de 1956 à 1958), il se retrouvera « chef de bureau au service approvisionnements » à la centrale Hydroélectrique « V.I. Lénine » de Bicaz. Ces 15 dernières années de travail, jusqu'à sa mise à la retraite en 1976, il les passera en tant qu'économiste à l'« ISCE Exportlemn » (Exportation du bois), parcourant le monde aux côtés de son directeur (il est allé jusqu'au Nigéria!) qui, devant conclure des contrats de vente de bois avec des partenaires étrangers, ne pouvait guère se passer de l'anglais, de l'allemand, du français, de l'italien et du russe de Dragomir.

Ce qui est certain, c'est que, dès 1948, Dragomir a su que la philosophie ne pouvait plus sortir au grand jour en Roumanie. Et, pour ce qui le concerne, il avait compris que, dans ce monde de la philosophie interdite, il entrait sous le sceau de ses études accomplies dans l'Allemagne de Hitler. Les années de Fribourg, passées à proximité de Heidegger et qui, dans une vie normale l'auraient propulsé dans une brillante carrière universitaire, deviennent soudain une source de tracas. Parce que tout ce qui renvoie à ce passé se doit d'être supprimé, rien ne doit plus, désormais, officiellement, relier Dragomir à la philosophie. Et, de l'extérieur, nous venons de le voir, c'est exactement ce qui s'est passé.

L'entrée dans le souterrain. Noïca et Dragomir

Comme c'est étrange! Une vocation authentique ne peut pas être liquidée en un jour, sur un simple claquement des doigts de l'histoire. De plus, un philosophe peut bénéficier de la chance de la discrétion qui accompagne la vocation de la pensée. A la différence d'un pianiste, qui est anéanti si on lui prend son piano et la salle de concert, un philosophe peut très bien penser sans publier, en se contentant de rester sa vie entière près des livres essentiels de philosophie, tout en limitant ses besoins à quelques cahiers pour écrire et à un crayon. Chassée du monde, menacée, harcelée, bafouée, la philosophie ne pouvait-elle pas redevenir ce « commerce des morts » (selon l'expression qu'un philosophe grec aimait employer quand on lui demandé à quoi il passait son temps), pour se retirer dans l'intimité de son essence ? Bannie dans l'incommunicable, ne pouvait-elle pas devenir une *préoccupation secrète*, ce qui, loin de l'affaiblir et de la diminuer, ne ferait que mieux flatter son essence, sa folie et ses orgueils ? C'est ainsi que ce qui aurait pu devenir un désastre allait se transformer, dans le cas de Dragomir, en l'une des plus fascinantes aventures de la philosophie de l'histoire de la culture roumaine : la philosophie comme pensée solitaire pure, comme soliloque infini, comme joie de penser *pour soi-même seul* tout ce qui nous entoure. Pour tout cela, Dragomir devait remplir une seule condition : faire de la clandestinité culturelle une profession de foi. Cette condition, il l'a remplie à tel point que, depuis 55 ans, on n'a rien su de lui publiquement. Dans le souterrain où il était entré, Dragomir n'était pas isolé. Dès son retour d'Allemagne, déjà, auréolé par les deux années passées auprès de Heidegger, il avait été récupéré par un groupe d'intellectuels aux préoccupations philosophiques. Il se rapproche de Mihai Rădulescu, de trois ans son cadet, le futur critique musical du magazine *Contemporanul*. Il y a ensuite Mircea Vulcănescu [1], que Dragomir rencontre au lac de baignade de Bucarest, à l'été 1945, le jour même où il venait de retirer son manuscrit de l'essai *Du miroir* de la dactylographie. Son ex-professeur Tudor Vianu [2] le lui avait demandé pour un « Cahier » du Théâtre National, dont Vianu avait été nommé directeur en 1945. Le lendemain, Vulcănescu lui retourne son texte avec ses commentaires écrits au crayon sur l'une des feuilles au verso. C'est aussi la première (et la dernière) commande culturelle que recevra Dragomir.

Et il y avait, en tout premier lieu, Constantin Noïca [3]. Le drame de la vie de Noïca se consommait dans le désir, à jamais inassouvi, de

---

1. Mircea Vulcănescu (1904-1952), philosophe et sociologue roumain, auteur de l'ouvrage *Dimensiunea românească a existenţei* [La dimension roumaine de l'existence], Bucarest 1943. Il a été condamné en 1946, par des raisons politiques, à huit ans de prison et, à la suite du traitement inhumain, il meurt le 28 octobre 1952.

2. Tudor Vianu (1898-1964), philosophe roumain, docteur en philosophie à l'Université de Tübingen en 1923 avec la thèse *Das Wertungsproblem in Schillers Poetik*, auteur de plusieurs livres d'esthétique et philosophie de l'art.

3. Constantin Noica (1909-1987), le plus important philosophe roumain contemporain. Auteur de sept livres de philosophie avant la fin de la Seconde Guerre, il a été condamné par les autorités communistes, pour ses sympathies de droite d'avant la Guerre, à presque dix ans de domicile forcé (1949-1958) et ensuite a six ans de prison politique (1958-1964). Après 1965, il est réintégré dans la vie publique et commence à publier des ouvrages de philosophie, dont la plus importante est son traité d'ontologie, *Le devenir envers l'être* (1980, traduction française par Nicholas Cavaillès, Olms, 2008). Après 1975, Noïca se retire à Paltiniş, un village de montagne près de Sibiu, où il commence une école informelle de philosophie. Voir G. Liiceanu, *Le journal de Paltiniş. Récit d'une formation spirituelle et philosophique*, La Découverte, 1999.

devenir professeur. Noïca avait trois qualités qui aurait fait de lui le professeur de philosophie idéal : il avait la disponibilité, la qualité rare de se transposer dans les besoins, les aspirations et les tourments de l'autre, en proposant chaque fois des solutions pour leur transfiguration *culturelle*. Il avait, en deuxième lieu, une énorme vocation pédagogique, le don de rendre l'inaccessible amical, et de convaincre l'autre que ce qu'il devait « apprendre » le concernait personnellement de manière cruciale, que l'enjeu de cet apprentissage c'était sa vie même, et non un savoir livresque abstrait. Enfin, Noïca possédait la qualité « magique » d'investir la pensée des philosophes de sa propre pensée, de se les approprier, en enseignant la technique pour devenir *soi-même* au bout de la traversée des autres et comment aussi, finalement, on pouvait s'emparer du monde par le simple pouvoir de l'idée personnelle. A l'issue de la pédagogie de Noïca chacun de ses élèves était « préparé » à devenir un philosophe qui pense par soi-même.

Seulement, Noïca n'avait pas réussi à entrer à l'université. Sa soif d'enseigner aux autres, de les prendre par la main pour les conduire vers le but de la philosophie tel qu'il se l'imaginait, lui, devait être étanchée autrement, dans des cadres informels, qui se distinguaient du rituel académique habituel. C'est l'origine de l'« école de sagesse », celle où, soi disant, on n'apprend rien et où l'on enseigne uniquement des « états d'esprit ». Lorsque Dragomir revient d'Allemagne, à la fin 1943, Noïca est sur le point de faire imprimer son *Journal philosophique*, où le projet de l'Ecole flottait sur le monde tel un esprit sans repos, impatient de se poser quelque part et de s'incarner. Le livre paraît en 1944, et une année plus tard commence la construction du chalet d'Andronache, conçu comme le « siège » de l'Ecole, où Noïca emménagera avec sa femme Wendy et leurs deux enfants, en laissant trois pièces vides à l'étage pour les premiers apprentis. Il ne manquait plus que les élèves, plus exactement, ceux qui, à leur tour, auraient eu, dans le scénario de Noïca, *la vocation de devenir des élèves*, de répondre à la mesure de la vocation de leur professeur et aux exigences de son étrange école. Il y avait bien quelque chose qui s'était pris dans le vaste filet que Noïca avait lancé sur le monde : Mihai Rădulescu qui, malgré qu'il fut juriste de formation, avait accepté en 1942 de traduire avec Noïca *De magistro* de Saint Augustin (le texte venait de paraître cette année-là dans la revue *Izvoare de filozofie*) ; l'acteur Omescu, personnalité complexe, ouverte à la fois à la mise en scène, à la dramaturgie et à la philosophie, et dont Noïca censurait systématiquement l'aspiration à la « kalokagathie »[1]. Il y en aura eu d'autres (l'acteur et metteur en scène Dan Nasta, par exemple). Mais le « gros poisson », celui qui était doté d'une formation et d'aspirations purement philosophiques, manquait dans le filet de Noïca. Nous pouvons facilement nous imaginer ce que Noïca a dû ressentir lorsque Dragomir, de sept ans son cadet, descend de Fribourg avec son panache, les moteurs emballés à fond, avec son grec, son latin et son allemand, avec sa bonne connaissance de Hegel, avec des bonnes notions sur Platon et Aristote, Descartes, Leibniz et Kant. Exactement les auteurs de Noïca! Dieu avait envoyé dans son filet le petit poisson d'or qui allait accomplir son vœu le plus cher des dernières années, en s'offrant lui-même, en personne, comme disciple idéal.

Et la déception en fut d'autant plus amère! Invité régulièrement à Andronache, Dragomir faisait tout pour bouleverser le rituel de « l'école ». Il était agacé sans doute, chez Noïca, par une certaine « gaucherie extérieure » du maître, ses guêtres, que ce dernier portait tout le temps, le sourire affecté dont il accueillait les invités, la mise en scène, dans le détail, de chaque rencontre, la discussion programmée qui ne touchait qu'à des sujets sérieux, le « moment musical » obligatoire, bref, le manque d'improvisation, de conversation futile, de gratuité. Lorsque Noïca — et c'est Dragomir lui-même qui me l'a raconté — la tête légèrement inclinée sur son épaule gauche

1. La réunion du beau et du bon [N.d.T.].

et de sa voix mielleuse proposait, immédiatement après le déjeuner, une Toccata de Bach, Dragomir sortait ostensiblement dans le jardin, jetait son veston dans l'herbe, et tout au long de l'audition, en pratiquant une « destruction » impitoyable, se balançait dans la balançoire des enfants, savourant d'une joie mauvaise le grincement de la chaîne projeté sur le fond de la musique que l'on entendait de la maison.

Pour ce qui est du recrutement de disciple, de toute évidence, Noïca s'était trompé d'adresse avec « Sănduc ». Tout d'abord, psychologiquement. Il est difficile de supposer qu'après son séjour auprès de Heidegger, Dragomir eût accepté d'inaugurer un nouveau noviciat auprès de Noïca. Bien sûr, Noïca avait traduit des textes latins et allemands, et avait déjà publié cinq ou six volumes. Il était « quelqu'un », c'était *le* philosophe de la jeune génération, son œuvre était en plein essor. Alors que Dragomir n'avait pas publié une seule ligne, son œuvre se limitant aux quatre ou cinq pages de l'essai « *Du miroir* ». D'autre part, tout en pratiquant une « maîtrise douce », aux volutes, sourires et tonalités bienveillantes, Noïca demandait implicitement une « soumission douce ». Et ceci était assez peu en accord avec la personnalité de Dragomir, non disposé à modifier ses jugements selon les airs d'un autre, très enclin – œuvre ou pas œuvre – à penser par lui-même, cassant dans ses appréciations, certain de son savoir, et utilisant son intelligence tour à tour pour frapper sec tel le sifflement d'un fouet, ou tel un bistouri qui découpe impitoyablement le discours de l'autre, pour lui montrer sa précipitation, son inadéquation et ses prétentions.

Peu de temps après son retour au pays, Dragomir devient, par le tranchant de son intelligence et par sa culture philosophique, une sorte d'instance souvent incommode, intimidante dans tous les cas. Au nom des exigences de la « pensée juste » (qui s'opposait aux « doux délires »), Dragomir était mauvais, il était dur, il était impitoyable. Mais, par-dessus tout, Noïca et Dragomir étaient complètement incompatibles en ce sens qu'ils appartenaient à deux âges différents de l'histoire de la philosophie. Ce qui veut dire que leur manière de « faire de la philosophie » et celle de comprendre la mission et l'incarnation de la philosophie dans le monde étaient également différentes. Noïca appartenait à la « philosophie traditionnelle », il respirait dans ses catégories, il avait le préjugé du système (de type idéaliste allemand) et pratiquait l'herméneutique subjectivisante, opposée à « l'éthos de la neutralité » : au bout de toute démarche de connaissance et d'interprétation, le penseur rencontrait fatalement son propre visage. Le dieu de Noïca était Hegel. Dragomir, même s'il s'était intensément penché sur Hegel, en cherchant à expliciter le sens de *wir* (« nous ») dans son discours, était philologue dans la philosophie et voulait toujours savoir — lorsqu'il s'intéressait à la pensée d'un philosophe — ce que celui-ci avait dit avec précision, dans la lettre du texte, et lorsqu'il s'occupait d'une « chose » précise (par exemple, le miroir), il voulait savoir quel était son « être », sa manière intime et irréductible d'être. Alors que Dragomir voulait *comprendre*, Noïca « noïcisait » tout, il était subtil, inventif et « féminin ». Dragomir était laborieux, philosophiquement parlant, il était dépourvu de grâce et partait à la conquête de l'objet de la pensée comme dans une dure campagne d'hiver, en pesant précautionneusement chacun de ses pas, et chaque étape du chemin. Parce que, dès 1948, lorsqu'une première vague de répression s'abat sur le pays et surtout sur les intellectuels, Dragomir ne voit plus à quoi bon « faire de la culture » de manière traditionnelle, il perd la raison d'« écrire » avant même d'en avoir fait son habitude. Alors que Noïca, en résidence surveillée à partir de 1949, écrit volume après volume et se précipite vers la première forme de son système, avec la vague intuition d'une valorisation publique ultérieure, Dragomir se referme dans la notation fruste et le commentaire philosophique occasionnel, plutôt inspiré par les exploits de ses amis. Dragomir semble « effacer sa trace » dans le nouveau monde de l'histoire, « s'adapter », renoncer et « changer de métier », alors que Noïca se recentre philosophiquement d'autant plus que l'adversité du monde est grande, et, à la limite, il est prêt à faire de la philosophie en se tenant sur une seule jambe. Lorsque Dragomir sortira du souterrain, la surprise sera totale, précisément parce que la « moisson » ne s'était jamais laissé soupçonner, alors que chez Noïca la sortie à la surface se fera naturellement, comme si Noïca était de plein gré entré dans les coulisses et dans la profondeur de l'histoire, pour y chercher la forme de son œuvre future.

la rencontre Rue de l'Arc

J'ai rencontré Dragomir chez lui, en 1976. Peu de temps auparavant, Noïca lui avait donné mon livre sur le tragique, « une phénoménologie de la limite et du dépassement », qui venait de paraître aux éditions Univers. Je suppose qu'il voulait lui montrer ce qui se passait dans le « monde philosophique » de chez nous et, peut-être aussi, s'enorgueillir d'un exploit de ses « enfants ». « Dinule, Dinule – nous a raconté, plus tard, Alexandru Dragomir lorsqu'il s'adressait à Noïca – fais attention de ne pas les faire coffrer, ceux-là aussi, comme les autres! » (Dragomir faisait référence à ceux qui avaient fait partie du « lot Noïca »[1] à la fin des années 1950). En tout cas, il a pris le livre, attiré sans doute aussi par l'audace de voir sur la couverture le mot (pour lui, plein de connotations nostalgiques) « phénoménologie », dans un contexte culturel officialisé comme « marxiste ». Noïca m'a annoncé, un bon jour, que nous allions « chez Sanduc Dragomir ». « Gabi très cher, c'est un élève de Heidegger, il vient juste de partir à la retraite il veut se remettre sérieusement à la philosophie, il n'a cessé de lire toutes ces années, mais un peu à l'avenant, il le fait pour son plaisir, il n'a pas de projet

[1]. Le « lot Noïca » est le nom donné à un groupe d'intellectuels (Nicolae Steinhardt, Dinu Pillat, Alexandru Paleologu, Vladimir Streinu, Sergiu Al. George, Păstorel Teodoreanu, Arsavir Acterian) arrêtés dans 1958 par les autorités communistes et condamnés à la prison pour avoir participé aux séminaires philosophiques privés de Noïca.

particulier. Un temps, après ma sortie de prison, il a refusé de me voir, soit parce qu'il avait peur, soit parce qu'il était en colère contre moi à cause de la mort de Mihai Rădulescu [1]. Je lui ai demandé, par l'intermédiaire d'un ami commun, de me prêter l'édition Diels-Kranz des Présocratiques – il était le seul à l'avoir, il l'avait ramenée d'Allemagne – et il m'a fait dire que je ne devais plus le contacter. Entre temps, il s'est adouci, je lui apporte parfois des livres et, je ne te le cache pas, je lui donne aussi, de temps en temps, quelque chapitre de ce que j'écris, parce que, comme il est très sévère dans ses jugements, il m'est très utile. Il a d'ailleurs lu ton livre et il a des choses à te dire ».

Dragomir, qui venait d'avoir 60 ans, nous a accueillis, Noïca et moi, dans son minuscule studio, avec cette désinvolture qui caractérise les êtres dont le centre de gravité ne se situe jamais *en dehors* d'eux-mêmes. Dans l'heure qui a suivi il a bien entendu mis en pièces mon livre, en le démontant depuis ses fondations, c'est-à-dire en partant de la définition même de la *pératologie* (« la théorie de la limite considérée dans son rapport à la conscience ») sur laquelle j'avais dressé, pétri d'une fierté philosophique toute juvénile, toute ma théorie du tragique. Je me souviens encore maintenant que la discussion a commencé par le fait que ni la « limite », ni la « conscience » n'étaient définies comme il fallait dans mon livre, après quoi, tout au long du texte je les utilisais indistinctement, selon les impératifs du contexte. La « conscience », par exemple, était employée tantôt dans son acception pascalienne-kierkegaardienne, c'est-à-dire individuellement-souffrante, tantôt kantienne, comme propriété de l'espèce humaine (« la conscience générique »), tantôt hégélienne (la conscience historique d'une époque). Mon héros

---

1. « Embarqué » dans le « lot Noïca » en 1959, Mihai Rădulescu mourra quelques semaines après son arrestation. Alexandru Dragomir refusera un temps de revoir Noïca après sa sortie de prison, donc après 1964, le tenant pour directement responsable du sort de son ami.

tragique était, par conséquent, tantôt Werther (ou Hamlet), tantôt le représentant indéfini de l'homme (mortel par essence), tantôt Nicolae Balcescu ou Götz von Berlichingen. D'une manière analogue, la « limite » était tantôt la limite intérieure du héros, tantôt la corporéité comme finitude (« la nature »), tantôt une frontière de l'histoire. Dragomir a ensuite entrepris de démonter une phrase dont je me souviens car j'avais été très fier lorsque je l'avais écrite : « Le degré maximum de difficulté dans le dépassement de la limite devient, à la limite, une limite principiale indépassable ». « Qu'entends-tu ici par "difficulté" ? » Dragomir m'a demandé. « Obstacle, barrage, condition ? Dans la phrase précédente tu parles de la "possibilité du dépassement" et alors, l'un dans l'autre, il résulte que nous sommes dans la zone du "aïe aïe aïe, que c'est dur, ah que c'est dur, et c'est même parfois impossible". En fait, la limite elle-même n'a pas la "qualité d'être dépassée", c'est-à-dire, d'être plus ou moins facilement dépassable, et − à la limite − indépassable. "Dur" ou "difficile" tient uniquement de l'homme, et cela varie d'un individu à l'autre ». J'ai protesté, en disant que la « limite » était pour moi « transcendantale », que donc, elle n'était pas à considérer autrement que dans le champ de la conscience et que, dans ma « pératologie » aux références tragiques il n'y avait pas de limite « en soi ». Il m'a alors attaqué à partir d'un autre angle, en me disant que je ne faisais pas de distinction entre la « conscience de soi de la limite », et la « conscience de soi de la limitation » et que, en général, je pratiquais une « technique de l'amalgame » − « La chose la plus dangereuse en philosophie! Tu mélanges par exemple le tragique grec au moderne, en transférant de manière indue des catégories de la philosophie moderne dans l'univers hellène ». La conclusion était que l'un dans l'autre, c'était bien, mais que, s'il s'agissait de « pensée », il me restait encore quelques petites choses à apprendre.

Nous nous sommes séparés − Noïca est resté − et je suis parti avec la conviction que « les vieux » avaient ourdi un complot qui, sans l'ombre d'un doute, faisait partie du « programme païdéïque » de Noïca : Dragomir avait été la « douche froide » qui devait m'être administrée de manière préventive, pour que mes débuts avec un livre sur le tragique ne me montent pas à la tête. En chemin, tout en grommelant, j'ai retourné de tous les côtés les objections de Dragomir. Ensuite, pendant la nuit, avant de m'endormir, je me suis demandé un bon moment ce que cela voulait bien signifier, que pour ce qui est de « penser », il me reste des choses à apprendre.

Près de dix autres années passèrent. De temps en temps, Noïca venait se plaindre à nous que Dragomir venait de démolir encore un chapitre de son *Traité d'ontologie* auquel il travaillait. Je le voyais rarement, plutôt de manière accidentelle, et j'avais une image plutôt floue de la manière dont il passait son temps. Je savais, toujours par Noïca, quelque chose au sujet d'un « travail » sur le temps, auquel il s'attelait, semble-t-il, depuis les années 1950, mais je ne savais rien quant aux résultats, ni si ce travail allait un jour prendre fin. J'avais juste pu savoir qu'il « n'écrivait pas » et que son refus – refus qui nous, élèves de Noïca, élevés dans le culte de l'efficacité, de la publication et de l'« œuvre », nous laissait perplexes – avait sa raison dans une espèce d'égoïsme de la compréhension, dans l'idée que tout ce qui compte, puisque de toute manière on est ici-bas, c'est d'essayer de s'éclaircir les idées à son sujet, de « ne pas mourir idiot ». Lorsque j'arrivais parfois chez lui le matin – il me demandait des livres –, je le trouvais avec Platon ou Aristote en grec ouvert sur sa table, et, à côté, un cahier au papier de mauvaise qualité où j'apercevais à distance des lignes serrées écrites au stylo-bille. « Ainsi donc, vous écrivez ! », je le taquinais, heureux. « Je n'écris pas, je me confronte avec ceux qui se sont posés le problème avant moi ». – « Et pourquoi est-ce que vous ne publiez pas ? » je recommençais. – « Parce que je ne suis pas in-té-ré-ssé, ne comprends-tu donc pas, Monsieur Liiceanu ? ». – « Mais si Aristote, Descartes, Leibniz et les autres, enfin, vos gens, n'avaient pas non plus publié, avec qui vous seriez-vous confronté aujourd'hui ? Il est clair que vous êtes un grand égoïste! », concluais-je, l'air triomphant.

Ce jeu s'est répété quelques dizaines de fois. Je le trouvais parfois un petit carnet posé sur la table, et un stylo à côté. « Que faites-vous ? » — « Je note quelque pensée qui passe. Comme Wittgenstein. C'est-à-dire comme moi. Parfois il m'arrive de penser ». Parce qu'il entourait son travail de tant de discrétion, je ne lui ai jamais demandé de me montrer ou de me lire quelque chose. Lui, encore moins, il ne s'est jamais proposé de le faire. Je ne sais plus comment, un jour, il nous est tombé entre les mains son essai de jeunesse, « *Du miroir* », celui qui était annoté par Mircea Vulcănescu et ensuite « jugé », en présence de Noïca, dans l'une des rencontres au chalet de la forêt d'Andronache. Nous nous sommes, Andrei Pleşu [1] et moi, exaspérés par tant de « mystère dragomirien » et heureux de pouvoir enfin le juger, jetés avec une gourmandise sur les sept-huit pages de l'essai. Nous avions, enfin, un « échantillon » de Dragomir. J'ai rapidement conclu que ce n'était pas grand-chose. Je l'ai ensuite passé à Petru Creţia, qui était notre « spécialiste en miroirs » (il jetait depuis dix ans des petits billets dans une grande boîte en carton, avec des notes « sur les nuages » ou « sur les miroirs ») : « Pour quelqu'un qui ne s'est pas beaucoup occupé de cette question, c'est pas mal », a-t-il déclaré, plein de componction, et avec cela la discussion fut terminée. Nous étions tranquillisés. Nous savions maintenant qui *était* Dragomir. Il était clair que nous n'avions rien à redouter. Nous nous étions fait des complexes pour rien. L'homme n'écrivait guère, ou, de toute manière, « ne savait pas écrire ». De Noïca, nous avions appris qu'une idée philosophique devait renverser la manière habituelle de voir les choses, devait *surprendre*. À tout pris. Tout le reste n'était que *manière* de dire. Nous faisions donc des contorsions et nous nous surpassions en afféteries stylistiques. Nous écrivions

---

1. Andrei Pleşu (n. 1948), Philosophe roumain, disciple de Constantin Noïca.

bien. Et à la fin, c'est cela qui comptait. J'ai tourné le dos à celui qui, muni d'un doctorat inachevé chez Heidegger, ne savait pas nous dire autre chose qu'il fallait *comprendre* le monde où nous vivions, et apprendre à *penser*.

les conférences Intrarea Lucaci

Au début 1985, Alexandru Dragomir demanda à Noïca, dans un superbe scénario ludique, de lui « prêter » ses disciples devenus entre temps des « personnages de roman »[1] (il s'agissait de Sorin Vieru, Pleşu et moi-même), dans l'idée de les « utiliser » comme auditoire pour une série de conférences privées. Noïca fut enchanté par l'idée, avec l'arrière-pensée que, de cette manière, il ferait sortir Dragomir de sa tanière, il le forcerait à se manifester. Lors d'une rencontre solen-nelle qui a eu lieu chez moi, à Intrarea Lucaci, Noïca nous a « cédés » à Dragomir. Pour commencer, trois rencontres hebdomadaires ont été fixées, et à la première, Dragomir nous a annoncé à notre grande stupeur qu'il allait nous présenter « une interprétation platonicienne de *La lettre perdue*[2] (J'ai hésité entre une interprétation leibnizienne, aristotélicienne ou platonicienne, mais j'ai finalement opté pour la troisième », a-t-il commencé sur un ton on ne peut plus sérieux). Il a parlé pendant une heure, une feuille à la main où il jetait un œil de temps en temps, ou il y lisait une citation. Nous étions assis chacun dans un fauteuil et nous prenions, je pense, tous des notes. Nous n'avions, de toute évidence, jamais vécu une chose pareille. Dragomir parlait avec son regard où se reflétait le pèlerinage d'un logos subtil vers un lieu connu de lui seul, il affectait la non préciosité (« parce que le difforme, n'est-ce pas ?

---

1. Après la parution du *Journal de Paltinis* en 1983.
2. Pièce de théâtre écrite par Ioan Luca Caragiale (1952-1912), l'un des plus grands dramaturges roumains, qui décrit dans une manière comique et parodique le saliment du système politique de son temps et met en scène l'ambiguité morale de la société.

C'est une chose laide, c'est un « beurk »), il passait de plans généraux – « Toute la pièce de Caragiale met en scène un rapport entre *eikôn* et *eidos*, entre périphérie et centre, le comique n'étant rien d'autre que la forme fatalement difforme de l'*eikôn* (du local, du provincial) dans son rapport malheureux à l'*eidos* (le centre, la capitale) » – à la savoureuse herméneutique du détail (« La réponse automatique du subordonné Pristanda – « c'est clair et net » – représente l'*écho*, qui n'est rien d'autre que la réponse vide dont le chef a besoin pour s'entendre soi-même de manière amplifiée »).

Pour l'interprétation de la pièce de Caragiale, il n'avait mobilisé rien moins que des citations du *Timée* platonicien, des commentaires de Saint Augustin au *De anima* d'Aristote, la séquence du maître et de l'esclave de la *Phénoménologie de l'Esprit*, des détails sur la conjuration de la province dans l'Empire Romain, le mot hongrois *vilag* (pour expliquer « darea în vileag », la divulgation des secrets comme perte de l'intimité et racontars), des sentences d'Ennius... Et une quantité gigantesque d'intelligence, de verve et de profondeur. À la différence de l'herméneutique démonstrative de Noïca sur le *Lucefărul* [1] ou sur le conte « Jeunesse sans vieillesse », faite pour illustrer (et confirmer) son propre modèle ontologique, Dragomir ne voulait rien prouver (aucune idée préalable et aucune théorie ou doctrine propre), mais laissait, de manière heideggérienne, parler la chose par elle-même, se manifester, paraître en plein jour, sortir de la cachette où elle était jusqu'alors enfouie. Et nous, comment avions-nous fait pour ne pas voir jusqu'alors ce que nous avait « montré » Dragomir ? Il a terminé cette première conférence (parmi les trois que son interprétation a demandées) en disant qu'au fond, il ne nous avait rien communiqué d'original, et que n'importe qui, s'il voulait penser les choses attentivement, y trouverait exactement ce qu'il venait de nous en dire.

---

1. Fameux poème écrit par Mihai Eminescu (1850-1889), le plus grand poète roumain.

C'était la première fois que je voyais, ailleurs que chez Heidegger, la phénoménologie « à l'œuvre », et ce sans aucune trace d'épigonisme laborieux, mais simplement comme si, après avoir appris à jouer d'un instrument de musique, on peut choisir seul les mélodies que l'on veut jouer.

Au bout des trois conférences, mon enthousiasme fut tel que, après un certain temps, j'ai ressenti le besoin de donner à l'ensemble la cohérence et la cursivité d'un texte écrit. Dans la version standard, dactylographiée sur la machine à écrire suédoise que je m'étais achetée en Allemagne, le texte faisait 30 pages. J'en étais tombé amoureux. Je ne savais pas, évidemment, que de cette manière j'avais mis au monde les pages qui allaient ouvrir, 18 ans plus tard, le premier volume de l'« œuvre » de Dragomir [1]. J'ai essayé plusieurs fois de les lui donner à lire. Il a chaque fois refusé. Quant à leur publication ? Aucune chance, évidemment.

Nos rencontres « de travail » avec Dragomir, à des fréquences extrêmement irrégulières, ont duré jusqu'en 2000. La plupart du temps, elles s'ouvraient par une conférence de Dragomir, suivie de discussion. Il arrivait parfois que les rencontres soient « libres », sans point de départ et sans thème bien défini. À partir d'un moment donné, nous avons cessé de prendre des notes, parce que Dragomir avait accepté d'avoir, sur une petite table à proximité, un magnéto-phone pendant qu'il parlait. Pour nous qui avons été confrontés pendant 15 ans à *l'oralité* de Dragomir, la question de savoir s'il écrivait malgré tout, ou non, est restée jusqu'à sa mort, en 2002, un mystère. À l'exception de la traduction de la conférence de Heidegger, « *Qu'est-ce que la métaphysique ?* », publiée dans une revue d'exil et co-signée avec Walter Biemel, Dragomir n'a *jamais rien* publié en son nom propre. Lorsque nous lui demandions, l'un ou

---

1. « O interpretare platoniciană la *O scrisoare pierdută* [Une interprétation platonicienne d'*Une lettre perdue*] », dans Alexandru Dragomir, *Crase banalități metafizice*, Bucarest, Humanitas, 2004, p. 3-38.

l'autre d'entre nous, s'il écrivait, sa réponse était standard : « Ce n'est pas important. J'essaie uniquement de *comprendre* ». Qu'il faille, pour « comprendre », prendre des notes, faire des annotations, des citations, une page écrite ou, parfois, plusieurs pages écrites d'affilée – c'était pour lui, de toute manière, inessentiel. Après sa mort – il n'avait pas d'héritier et il a tout « laissé » à Nina Călinescu, la femme avec qui il avait partagé sa vie depuis 1973 – j'ai pu emporter toutes les « archives » chez moi. Qu'est-ce que j'y ai découvert ?

l'ouverture des archives

Des cahiers, plus de 90 cahiers, chacun empreint de l'air de l'année dont il provenait, certains aux couvertures brochées, reliés et collés au tissu sur la tranche, datant de la période fribourgeoise, d'autres, la plupart d'entre eux, des cahiers « socialistes », soit en grand format « étudiant », soit ordinaires, peu épais, ou bien très épais, de 300 pages, aux couvertures en vinyle aux couleurs différentes. Ils étaient tous numérotés, de manière étrange, depuis le tout début, au moyen d'un carré sur le coin du haut de la page de droite avec, au milieu, un chiffre impair (La majorité des cahiers commence avec le chiffre 1 ou 3). Il apparaît clairement que la numérotation était faite à l'avance et non à mesure que l'écriture avançait, puisque les pages du cahier non seulement ne se remplissaient pas, mais étaient le plus souvent abandonnées bien avant la dernière page numérotée. L'intention d'écrire au moins jusqu'à la page numérotée était à chaque fois démentie par l'abandon du cahier bien avant d'y arriver. C'est ainsi que, grâce à cette « terreur du plein », beaucoup de cahiers étaient plus vides que remplis, comme si, une fois commencés, ils étaient fébrilement quittés pour un nouveau cahier qui attendait ensuite, avec une bonne partie de ses pages numérotée, à être quitté à son tour. Il y avait, en revanche, des carnets et des petits calepins, de tailles, de formes et de couleurs différentes, parmi lesquels certains étaient entièrement remplis. Cela donnait l'impression que celui qui les avait remplis avait été banni par une main invisible des « grands cahiers » et qu'il s'était réfugié, armes et bagages, dans une pièce minuscule, où tout était entassé et mis sens dessus dessous. Ici, on pouvait trouver des extraits des philosophes grecs, latins ou allemands (avec le renvoi précis à la source) – parfois commentés, d'autres fois non – des réflexions d'une ligne ou deux ou le développement d'une idée sur trois ou quatre pages, des notes sur les événements courants, familles de mots, schémas, bibliographies, citations. Certains carnets portaient des titres qui rendaient compte de ce bric-à-brac inépuisable : *Graines, Pêle-mêle, Gribouillages...* A considérer les dimensions modestes de la page, Dragomir semble avoir préféré mener la bataille avec les problèmes qui ne le laissaient pas en paix non pas à champ découvert, mais en provoquant des embuscades, en les attirant dans des fourrés, des vallées et des cols étroits.

Il y avait quelques dizaines de cahiers au contenu bien défini, avec le titre inscrit clairement sur la couverture. Parmi eux, les cahiers de notes des séminaires de Heidegger, le cahier de notes de lecture de la *Logique* de Hegel (également des années 1940), le cahier du cours de Nestle sur Homère, et aussi une avalanche de cahiers de notes issues de la lecture de Dragomir jusque dans les années 1950, puis reprise dans les années 1970, des grands philosophes européens : 14 cahiers Platon, 8 cahiers Aristote, 4 cahiers Descartes et 4 Leibniz, 2 cahiers Wittgenstein, et ensuite, de manière disparate, occupant des cahiers à part ou regroupés dans un même cahier, des lectures de Kant, Hegel, Tarski, Russel, Freud, Jung, Lacan, Eliade. Sous le titre « Moi et d'autres », un cahier commencé en 1986 rassemble des citations de Platon, Aristote, de logiciens médiévaux, saint Thomas d'Aquin, Galilée, Kepler, Kant, Fichte, Freud – en majorité pourvues de commentaires. Il y avait ensuite des notes de lecture et des citations issues de la littérature secondaire, depuis Gilson jusqu'à Koyré ou Janik et Toulmin, de même qu'il y avait des cahiers consacrés à la géométrie, l'arithmétique, ou à la logique mathématique. Un gigantesque laboratoire qui se ramifiait dans d'innombrables directions, pour arriver jusqu'aux grandes dynasties européennes, aux prénoms roumains traditionnels en voie de disparition ou à la dénomination typographique des principaux caractères de lettres.

Séparément, dans un sachet blanc en plastique, il y avait quatre grands cahiers, tous consacrés au problème du temps. Le thème du temps avait traversé de manière évidente toute la vie de « penseur » de Dragomir. Le premier cahier avait 160 pages (numérotées une sur deux) et il était écrit uniquement sur les pages de droite. Sur la couverture il était écrit, comme sur les couvertures des trois autres, en lettres grecques, *Chronos*, et en dessous, cinq années étaient énumérées : 1948, 1949, 1950, 1951 et 1952. Ce cahier aux feuilles presque rouillées sur le bord et, comme presque tous les cahiers utilisés par Dragomir, d'une mauvaise qualité de papier, était écrit au crayon à papier (à un moment donné au crayon de couleur bleu à la pointe usée, c'est pourquoi l'écriture devenait relâchée), tantôt en allemand, tantôt en roumain et, à chaque fois avec la mention du jour de la rédaction. Les pages écrites le 2 mars 1948 sont, par exemple, consacrées à l'horloge : « L'horloge n'a pas de passé, n'a pas d'avenir, n'a même pas de présent. Et c'est parce que l'horloge n'*est* pas du temps, mais qu'elle *montre* seulement le temps. En fait, elle *montre* uniquement le présent. On peut parfaitement concevoir – si cela n'a pas déjà été fait – une horloge à l'aiguille fixe et les chiffres qui bougent tour à tour... ». Le 30 Août 1948, Dragomir note : *Was bedeutet « wie » ? Was bedeutet « so » ? Jedes Vergangene ist immer wie (d.h.so) und nie Existenz. Jedes Jetzt ist immer Existenz und nie so. Was bedeutet aber « so » ?* (« Que signifie « comment » ? Que signifie « ainsi » ? Tout passé est *toujours* « comment » (c'est-à-dire « ainsi »), jamais existence. Tout « maintenant » est *toujours* existence, et jamais « ainsi ». Mais alors que signifie « ainsi » ?). La manière de penser – s'attaquer au sous-entendu, à ce qui circule sans obstacle et sans interrogation dans la langue – de même que la terminologie, sont heideggériennes, le courage d'aller droit à la difficulté maximale (le temps, l'existence, l'événement, l'espace, etc.) est à la fois orgueilleux et juvénile.

Après avoir parcouru les « cahiers du temps », qui constituent un volume de quelques centaines de pages [1], j'ai ouvert les autres grands cahiers, que j'avais baptisés, à cause du fait qu'ils étaient tous recouverts de protège-cahiers en plastique (vert, noir ou marron), « les cahiers de vinyle ». Il y en avait six : trois d'entre eux avaient été marqués par ce *horror pleni* qui s'emparait régulièrement de Dragomir, et qui l'avait amené à les abandonner après 17, 21 ou 25 pages (des 300 que comprenait chaque cahier), pour se réfugier dans les petits calepins et bloc-notes. Les trois autres, en revanche, étaient importants et on pouvait mieux y voir ce qu'était devenue, à la fin, en remontant jusqu'en 1997, la pensée de Dragomir. « Le cahier vert », commencé après 1986, contenait des micro-essais, pas plus courts que 4 pages, et pas plus longs que 18, aux titres inattendus : « Le réveil du matin », « L'immortalité de l'âme » (avec la spécification « à la mode des grand-mères »), « Dans la contrée du laid-dégoûtant », « De l'usure », « De l'erreur ». Le « cahier noir » et le « cahier marron » − intitulé *Moi, 1* − étaient les plus consistants, et ils contenaient une sorte de « journal d'idées », pour ce qui est du « cahier noir », tenu pendant des années. Les notations de ces cahiers s'étendaient sur 12 ans (entre 1980 et 1992), et dans le deuxième, sans date, elles commençaient le plus probablement après 1994 [2].

---

1. Alexandru Dragomir, *Caietele timpului*, Bucarest, Humanitas, 2006 (traduction française par Romain Otal : *Cahiers du temps*, Paris, Vrin, 2009 ; traduction allemande par Eveline Cioflec : *Hefte der Zeit*, Königshausen und Neumann, 2008).

2. Plusieurs textes de ces cahiers ont été publiés dans Alexandru Dragomir, *Cinci plecări din prezent. Exerciţii fenomenologice [Cinq manières de quitter le présent. Exercices phénoménologiques]*, Bucarest, Humanitas, 2005.

Les deux cahiers semblaient atteints d'une espèce d'impatience de la pensée, d'une « faim noïétique », du besoin de dévorer mentalement chaque détail de la vie, de le déplacer de son lieu propre (où il était sagement posé, sous-entendu, ignoré), de le retourner de toutes parts pour le poser (un temps) de côté, et ensuite le reprendre, comme si le premier examen n'avait pas suffi, et comme si une foule de détails dans ce détail essentiel de la vie avait échappé au premier regard de l'esprit

un naufrage raté

Tout cela traduit une indifférence souveraine face à son existence publique. Dragomir ne recevait et n'attendait rien de personne, il n'attendait en aucun cas de la reconnaissance, qui, en l'absence de communication et de publication, ne pouvait lui venir de nulle part. S'il ne nous avait pas rencontrés, nous, les quelques uns, dans l'idée de faire de nous un débouché pour certaines de ses idées et une occasion de penser à voix haute, la solitude de sa pensée aurait été parfaite. De plus, sa vie et ses « faits de pensée » auraient acquis — ainsi qu'il l'avait peut-être souhaité — le même statut d'existence incertain qu'ont les trésors disparus au fond des mers et qui, tout en continuant d'exister d'une certaine manière, n'existent plus en réalité pour personne. Au fond, tout ce qui se passe maintenant avec lui — ces pages, le livre qu'elles accompagnent, les volumes qui vont paraître par la suite — représentent l'histoire d'un naufrage raté. Pour une fois, chez les Roumains, nous nous trouvons, avec Dragomir, dans l'ontologie du « cela devait arriver ».

La soif de Dragomir de tout apprendre *à son propre compte*, par lui-même, son besoin, devenu avec le temps très pesant, de clarifier ce qu'il en est de lui-même et du monde où il avait été « jeté », le rapprochent étrangement d'un penseur qui a vécu 2500 ans avant lui, et qui, d'ailleurs, est le seul sur qui il ait écrit de manière récurrente : Socrate. Tout le cortège de la question socratique du « savoir » (croire savoir, ne pas savoir que l'on sait, savoir que l'on peut savoir ou qu'on peut essayer de savoir, etc.), dont dépend en fin de compte la manière dont *nous choisissons notre vie*, a constitué pour Dragomir la suprême énigme de la philosophie, et ce à quoi il vaut la peine de vouer sa vie.

L'histoire de Dragomir retiré dans les tranchées de la pensée pose la question des chemins qu'un intellectuel a à sa disposition lorsqu'il ne veut pas recourir à la seule voie officiellement admise, celle qui finit par un dialogue de soumission avec le pouvoir. Pour le dire autrement — et en termes dramatiques — l'histoire de Dragomir répond à la question suivante : comment accomplir son destin lorsqu'il est incompatible avec le monde historique où l'on vit ? Dans le cahier de 1997, où Dragomir a inscrit « *Pêle-mêle* » sur la couverture, à la page 14 — sous le titre « *Dictée du sommeil-veille d'après déjeuner, 26 avril* » —, il y a l'histoire suivante : Trois hommes discutent ensemble dans l'au-delà. L'un dit : « Je n'ai pas fait grand-chose dans ma vie, mais j'ai accompli pas mal de bonnes actions ». Le deuxième dit : « Moi, je n'ai pas fait de bonnes actions, mais j'ai bien fait les choses que je connaissais ». Et le troisième dit : « Moi, j'ai accompli des bonnes actions, et j'ai aussi bien fait les choses que je savais faire ». Dieu les entend, et leur dit : « Qu'est-ce que vous venez faire ici ? Ici, on ne *juge* pas ce que vous avez fait. Ici, c'est un endroit pour ceux qui ont vécu la vie que je leur ai donnée et qui ne devait être vécue et appréciée que comme un don. Je ne vous ai pas demandé de refaire le monde fait par moi, ni par des bonnes actions, ni par vos œuvres ». Et Dragomir de terminer l'histoire du rêve d'après déjeuner avec ces mots : « J'ai demandé ce qu'il advient de celui qui n'a pas pu vivre sa vie à cause des circonstances qui la lui ont rabaissée et sacrifiée — mais je n'ai reçu aucune réponse ».

Aujourd'hui, que les quatre-vingt dix cahiers sont sortis du souterrain de l'histoire en attente d'être déchiffrés, publiés et jugés (mais par qui ?), il se pose véritablement cette question : Le destin de

Dragomir, est-ce un destin mutilé ? Ou alors, Dragomir n'aurait-il peut-être pas su interpréter sa propre vie ? Il est possible que, dans l'après midi du 23 avril 1997, Dragomir se fût réveillé trop tôt pour entendre la réponse qu'il attendait. Peut-être que, suivant des calculs plus élevés, l'histoire mutilée dans laquelle il a vécu lui a donné la chance, dans la mesure exacte où elle semblait lui voler sa vie, de l'accomplir.

Gabriel Liiceanu

Alexandru Dragomir
banalités métaphysiques

Nous nous taisons tous, au sujet du miroir. Nous érigeons la légende de Narcisse en métaphysique sexuelle, mais nous reléguons le miroir à l'arrière, parmi les meubles, comme un meuble parmi d'autres. Ce silence a un sens quelque peu pressenti par chacun, même s'il n'est pas toujours conscient.

Il s'agit toutefois d'une réserve destinée à être dépassée par la médiocrité du « scientifique » et il est même étonnant que jusqu'ici aucun psychologue (à notre connaissance) ne s'y soit « attaqué ». Au delà du fait que le problème, si problème il y a, soit resté « inexploré », peut-être est-ce dû à ce qu'il dissimule ses racines derrière une apparence de naturel, de « cela va de soi », grâce à quoi nous passons tous les jours à côté, comme on passe à côté des meubles de la maison ou à côté des paroles sans substance du quotidien.

Avant de le transformer en « objet de science », tentons donc d'en parler honnêtement, plus longuement, de ce monde inconnu qu'est le miroir pour nous tous, pour « l'homme ».

*

Le miroir, c'est ton lieu de rendez-vous avec toi-même.

Dans le miroir tu « te vois », tu te regardes toi-même. Tu te vois seulement te regarder toi-même, il est vrai, mais enfin, tu *te vois*. Comme tu verrais n'importe qui d'autre, « là bas », dans le miroir. L'oeil dont tu te regardes est critique, comme vis-à-vis d'un étranger, et ce, non pas volontairement, mais parce que réellement tu t'apparais ainsi à toi-même, comme un étranger. Le miroir te rend tel que tu parais, à savoir tel que tu parais aux autres et la première pensée devant le miroir est toujours « c'est donc à cela que je ressemble ».

Celui du miroir, c'est tout de même toi, non pas un étranger. Où est donc passé l'étranger ? En toi-même, sans doute, en toi qui regardes dans le miroir, dans le « point de vue » d'où tu regardes. Tel est, en vérité, le premier pas de la réflexion dans le miroir : nous nous regardons nous-mêmes comme si nous étions étrangers. Celui du miroir, c'est toi, mais ce « toi » qui regarde, c'est l'étranger.

Le paradoxe de la formulation est moindre si nous considérons qu'il s'agit, au fond, de « l'œil critique » avec lequel tout homme sérieux se regarde dans le miroir. Le lieu spirituel depuis lequel tout homme sérieux se regarde lui-même appartient aux « autres ». Il est « objectif », c'est-à-dire qu'il réduit son image propre à la neutralité d'une image de « n'importe qui », et il se regarde « comme si ce n'était pas lui-même ». Son but unique est (ou semble être) de réparer les défauts de son apparence, ou les irrégularités de sa toilette. C'est pourquoi ses relations avec le miroir sont fugaces, volontairement (ou apparemment) insignifiantes et réduites au « strict minimum ». Le miroir devient ainsi un « objet utilitaire », consulté avant de sortir devant « les autres », juste placé dans le vestibule. Nous sommes ici aux antipodes du narcissisme que l'homme sérieux ne comprend pas d'ailleurs. Nous avons affaire à une attitude « façonnée », en accord avec un certain style de vie.

« Façonnée », parce qu'elle limite la spécularité à « l'étranger » qui n'est que l'une de ses facettes, appauvrissant volontairement un vécu plus complexe.

En effet, aux côtés de l'étranger que nous percevons à chaque regard dans le miroir, et en le contredisant toujours, s'ajoute le « propre » de l'image. Ce que tu aperçois dans le miroir, c'est bien *toi*, pas « n'importe qui », mais enveloppé toujours dans l'intimité propre à toutes tes relations à toi-même. « Je » suis celui du miroir, et dans le regard que tu t'adresses il entre la tension de la curiosité de soi toujours renouvelée, tes rêves, tes déceptions, ou tes simples illusions, tout ce que tu vis et que tu échafaudes avec toi-même.

C'est pourquoi se regarder soi-même dans le miroir n'est pas jamais neutre et ne saurait l'être. C'est toujours, d'une manière consciente ou non, une activité chargée d'une profusion d'âme qui se *cherche* là-bas, et c'est la raison pour laquelle il ne s'agit pas non plus d'un simple regard, mais à chaque fois d'une « rencontre ».

Le regard que tu te lances à toi-même est le fait d'un œil bien plus profond, ouvert depuis l'intérieur de cette identité avec toi-même qu'autorise toute intimité, et qui fait que se regarder dans le miroir se fait véritablement sans témoins, comme une intime besogne de l'âme.

Nous, ceux d'aujourd'hui, parce que nous sommes tels que nous sommes, nous comprenons de moins en moins ce qu'est le miroir. Nous l'éliminons doucement des pièces à vivre et nous l'exilons dans la salle de bains. Nous ne nous souvenons plus des vieilles maisons, avec leurs grands miroirs, larges et fiers de la place bien en vue qu'ils occupaient, des miroirs de cristal qui te surprenaient au passage des seuils, te renvoyant un visage que seulement après tu identifiais comme le tien, des petits miroirs en médaillon qui attendaient secrètement dans les recoins des pièces bondées de meubles, de tapis, d'icônes, de poussière et d'odeur de renfermé. Les yeux couraient vers eux comme vers la diseuse de bonne aventure, avec l'impatience et le coeur serré de qui s'attend à recevoir des révélations sur son destin.

Dans ces miroirs venaient se réfléchir ceux qui, chaque fois, croyaient qu'il pourraient quand même se percevoir *tels qu'ils étaient*, ceux qui cherchaient à capter dans la fraîcheur du premier instant la sincérité d'un regard que l'amour de soi et la faim de voir ce que l'on a envie de voir dissipaient immédiatement, remplacé par un visage si désespérément *tien*, si bien connu. Ils venaient tous, graves et attentifs comme au combat, les adolescents, qui venaient secrètement se chercher fiévreusement eux-mêmes, les dames coquettes d'antan, enfin, pour qui le miroir était le plus précieux des amis, et aussi leur plus remarquable exploit. Au delà de la vanité de leur occupation, notre bienveillance doit montrer de la compassion pour ce fait spirituel vécu profondément par les belles professionnelles du miroir ; pour leur recherche pleine de tension de leur propre visage, pour leur inlassable veille à tout ce qui est à soi, pour leur courage de se voir vraiment et surtout pour la chaleur des longs instants de mélancolie où elles se regardaient sans se voir, durant lesquels l'âme entière semblait s'écouler doucement, paisiblement, depuis soi-même à son visage, dans la tristesse du silence intérieur.

Mais revenons à la « normale ».

Il y a, dans tout regard dans le miroir, une curiosité tout autre que celle, habituelle, pour le visage humain, une curiosité qui n'est pas issue de l'amour égoïste, mais, en partie, de son contraire ; vis-à-vis de ton propre visage dans le miroir tu as presque toujours un sentiment aigu d'étrangeté, d'un étranger qui n'est pas toi. L'étrangeté de tes traits ne te repousse pas, ne te rend pas simple spectateur, comme les autres visages humains étrangers, mais elle est là, au contraire, *pour t'induire en tentation*.

Il y a un besoin de se reconnaître dans celui du miroir, de s'approprier ses propres traits, de faire un avec ce que tu vois, besoin qui fait que le regard dans le miroir n'est pas seulement un regard, mais un processus de l'âme en entier. Il *advient* quelque chose avec toi lorsque tu te regardes dans le miroir, le regard a un sens, à savoir : l'assimilation de tes traits, de l'étranger qu'ils te dévoilent. C'est pourquoi, les hommes ne peuvent parfois se détacher du miroir, ils restent cloués devant au risque du ridicule, jusqu'à ce que ce qui se produit là soit fini, jusqu'à ce qu'ils ne se soient « confondus » à celui qui est dans le miroir. Car celui-là, c'est *toi*, et l'absurde de cela est tentateur. Non pas que tu « te verrais » comme sur une photographie où dans un film, mais plus encore : que tu te regardes te regarder, que tu es *les yeux dans les yeux avec toi-même*. En vertu de quoi se regarder dans le miroir est plus qu'une rencontre, c'est une conversation, la

46

plus précieuse de toutes parce que la plus spirituelle, parce que dépourvue de la curiosité des sens. Tu veux savoir « de quoi tu as l'air », parce que tu sais ce que tu as à l'intérieur, tu sais comment tu es, et c'est cela que tu cherches à voir ; c'est pourquoi ce que tu cherches est d'ordre purement spirituel : ce que ton visage exprime, dans son apparence ; ton visage comme expression de ta vie intérieure, de ton « moi ». En cela réside la raison de la soif de voir son visage, et, dans la spiritualité de cet acte, le caractère quelque peu secret du regard dans le miroir.

Nous voilà revenus à Narcisse. Narcisse, qui n'est pas cet éphèbe amoureux de sa propre beauté, non plus le garçon qui se glisse le soir parmi les herbes, se faufilant jusqu'au puits pour capter son visage adoré, parce que trop beau, tellement beau, qu'il le mène à sa perte :

> Je languis, ô saphir, par ma triste beauté.
> Paul Valéry, *Narcisse parle*

Non, ce qui aiguillonne Narcisse est beaucoup plus humain, plus proche de n'importe quel homme. C'est la soif de se voir soi-même, la soif de cette merveille, que de pouvoir se regarder yeux dans les yeux, le désir suprême de tout homme possédant une vie intérieure : de se trouver ensemble avec soi-même. Grande tentation, parce que, si cela était possible, ce serait précisément la réalisation d'une vie intérieure, de l'infinie conversation avec soi-même.

« Se regarder dans le miroir » serait, d'un point de vue extérieur, physique, matériel ou n'importe, ce qu'est la vie intérieure d'un point de vue spirituel. D'où cette nostalgie de se regarder, et le secret, la discrétion qui accompagnent, pour Narcisse, sa réflexion dans le puits.

Les mains rivées au bord du puits, Narcisse ne peut plus s'en détacher, ne peut même plus penser ou ressentir autre chose, parce que le reflet dans le miroir n'est pas juste un instant, il ne s'exauce pas en un regard, c'est beaucoup plus : là, il se produit une connaissance, la plus intime de toutes, la connaissance de *toi-même*, et toute la reconnaissance est accompagnée en permanence du charme profond, plus profond que d'une quelconque beauté, plus lourd que n'importe quelle chose étrangère au monde, c'est le charme du « propre », de la relation à toi-même, de la « conscience ». Narcisse ne part pas, ne peut pas partir, non pas parce qu'il serait resté sous le charme de la beauté de ses propres traits, mais parce que dans le miroir il *advient* l'assimilation à ses propres traits, et parce qu'il sait que c'est précisément *lui*, celui du puits.

Mais sa tentative ne mène nulle part, étant d'emblée vouée à la vanité. Car dans chaque reflet dans le miroir, tu cherches à voir « l'étranger » que l'on voit de l'extérieur, tu cherches à te regarder, mais ton regard ne répond à ton regard qu'une seule fois, après quoi la reconnaissance s'unit peu à peu à ton amour de toi-même et tu ne parviens plus à te voir, parce que le reflet dans le miroir, précisément parce qu'il représente la vie intérieure, est vain, est illusoire, lorsqu'il se réduit à l'acte pur de la conscience. « Tu te regardes toi-même » c'est la relation qui définit la conscience (Schelling, *Das System der transzendentalen Idealismus*), mais qui n'est rien d'autre si elle en reste à elle-même.

Voilà pourquoi l'épisode de Narcisse devient un drame, et c'est pourquoi aussi que, après de nombreuses tentatives, assoiffées mais vaines, de recherche de soi Narcisse comprend − en se *voyant, en se regardant* soi-même − qu'il ne parviendra jamais à se voir avec ses propres yeux, à être là où il est, lui, celui du puits, là où il veut être malgré tout. Et c'est alors que ses mains se détachent et que, perdu, il glisse par dessus bord, pour en finir, pour s'unir absurdement à son reflet dans le flot, en sombrant au fond de l'eau.

Bucarest, écrit en février 1945

Comment les souvenirs et les pensées nous « viennent »-ils (*einfallen*) ? Car souvent, ils *ne* sont *pas* en notre pouvoir, mais nous viennent purement et simplement par la grâce de Dieu, c'est-à-dire des-ordonnés. Nietzsche, au sujet de la mémoire, se demandait déjà, dans la *Wille zur Macht* : « Wer ruft es ? Weckt es ? ». Et encore : « dass "es kommt", dafür kann ich nichts, der Wille ist dafür untätig, wie beim Kommen jedes Gedankes ».

La parole (le langage) se fonde sur la mémoire. Nous *apprenons* à parler, à savoir nous mémorisons des mots, la grammaire, etc. A preuve que les personnes âgées oublient les mots, de faire des phrases, etc. La facilité de parole vient du bon fonctionnement de la mémoire, à tel point qu'elle en devient inconsciente. C'est seulement la vieillesse, à travers ses oublis, qui « découvre », c'est-à-dire rend visible la fonction mémorielle du langage. Il y a bien entendu d'autres fonctions du langage : la dimension communicationnelle (avec tout ce qu'elle implique), la fonction structurelle, etc.

Mais d'où vient ce trait spécifiquement individuel de la parole, la manière de parler singulière de chaque personne ? Les explications psychologiques ne manquent pas, mais d'où vient-elle, cette spécificité de la parole ? Cette question en ouvre une autre : combien d'unicités individuelles y a-t-il, à l'image des empreintes digitales, qui restent inconfondables pour chaque individu ? Nous naissons et nous mourons avec certaines formes d'unicité (comme les empreintes digitales), d'autres varient quelque peu, avec l'âge (la démarche par exemple), ou en fonction de l'humeur (le timbre de la voix), d'autres sont plus ou moins ressemblantes à celles des autres (la voix, par exemple), d'autres encore subissent l'influence étrangère, etc. La question de savoir est si l'on peut trouver un fondement dont toutes ces unicités procèderaient. Et s'il en existe un, alors comment se spécifie-t-il, c'est-à-dire quel rapport ce fondement entretient-il avec chaque spécificité singulière ? D'autre part, nous relevons en grande partie d'un « genre » (humain), et c'est même ainsi que nous percevons et nous décrivons les autres, en employant des catégories générales. Nous disons d'un tel qu'il est fier, ambitieux, laid, bon, etc., avec des notions, qui sont autant d'abstractions qui ne captent pas la singularité de quelqu'un ; d'ailleurs, les mots ne semblent pas être les instruments les plus appropriés pour la saisir. Mais *connaître* quelqu'un implique justement cette spécificité individuelle, par exemple la voix au téléphone (nous reconnaissons nos amis à partir d'un simple « Allô! »), la démarche (il suffit que je surprenne une personne connue de dos, l'espace d'un instant, pour l'identifier), etc. Comment connaît-on cette « spécificité » que nous ne pouvons pourtant pas exprimer avec des mots ? Cette connaissance inexprimable serait-elle ce « je-ne-sais-quoi, je-ne-sais-comment » ?

Mais revenons à notre sujet : comment les paroles nous « viennent »-elles ? Je ne les rappelle pas de ma mémoire, comme les souvenirs, parce que ce ne sont pas des « automatismes », tant que le langage est riche en structures, en diversité, en nuances pour chaque chose énoncée. Comment est-elle construite, cette jonction entre des « conservations », comme les mots et la grammaire d'une part, et la spontanéité, la créativité, le clair-obscur de la communicabilité, d'autre part, les deux étant revêtues d'une pure singularité individuelle.

Et enfin, voici l'autre versant du problème : cette spécificité individuelle *m'exprime*, mais elle m'exprime de telle sorte que les autres me voient, m'entendent, etc., alors que moi pas. Les autres peuvent connaître ma spécificité individuelle, mais moi, je ne le peux pas. Je reconnais à grande peine ma propre voix quand je l'entends sur un enregistrement (et la chose peut même me surprendre désagréablement), mon visage reflété dans une vitrine me surprend, je suis le seul à ne pas connaître ma démarche, je ne suis nullement conscient de la *manière* dont je parle, même si tout cela est accessible aux autres. Et ceci non pas par indifférence, ni par limitation de mon intelligence.

Il est intéressant de noter que cette singularité individuelle réside uniquement dans l'ex-position, et nullement dans l'introspection, ce qui veut dire que je n'ai pas de « méta », d'au-delà « en dehors de moi » à partir duquel je puisse connaître précisément ma manière singulière d'être (« Au plus secret de ses charmes / Un "je-ne-sais-quoi" et un "je-ne-sais-comment" »), les autres peuvent donc avoir l'intuition de cette singularité, mais quant à « savoir », ils ne le savent pas — au sens de la fixation par les mots — tandis que moi, je ne le sais pas, et je ne peux même pas en avoir l'intuition. Et pourtant, c'est justement ce singulier qui est au fondement, qui est inoubliable :

> Si les années devaient passer comme elles passèrent
> Elle me plaira encore, même davantage
> Car ce qu'imprègne tout son être perdure
> Ce « je ne sais comment », ce « je-ne-sais-quoi » [1].

[1]. Qu'est-ce qu'exprime le singulier individuel, ou bien qu'est-ce qu'il ex-pose ? Jusqu'à présent j'ai écrit sur *comment* il s'exprime, mais au fond, *qu*'exprime-t-il ? C'est une question en apparence dépourvue de sens : quoi d'autre, sinon l'individuel, à savoir la manière spécifique d'être de chaque individu ? Sauf que « la manière » est une notion trop générale, difficile à préciser et confuse, et « spécifique » est un mot qui désigne l'espèce, non l'individu. Quant au mot « individu », il ne dit rien en son contenu, il désigne seulement. Nous pourrions dire : « ce qui est propre à chaque vivant », mais le « propre » est pris dans sa relation essentielle avec le « commun », il se contente donc à nouveau de

1. Mihai Eminescu, *De-or trece anii...* [*Si les années devaient passer...*].

pointer le problème, sans compter que « propre » s'applique, selon Platon (*Philèbe*, 16) et Aristote (*Topiques*, livre V, chap. I) uniquement au genre et à l'espèce, non à l'individu.

Je ne suis donc pas certain que cette question ait un sens, mais je ne puis m'empêcher de constater le fait que chaque être humain (je ne considère pas d'autres êtres vivants que l'homme, parce que je ne suis pas compétent en biologie), a une réalité objective propre, *au niveau de l'individu*, ce qui est probablement une banalité, mais ce qui n'élimine pas pour autant le problème de l'individuel et du propre comme tels. Les connaisseurs peuvent, sans la moindre hésitation, *reconnaître* la musique de Mozart dans ce qu'elle a en propre. Comment se fait-il que toutes ses compositions portent son sceau, tout comme la façon de parler ou de se tenir de quelqu'un est inconfondable ? Il ne s'agit plus ici de l'allure de quelqu'un, de la manifestation vivante d'un être, mais d'une « création ». Le propre peut donc s'étendre dans ce cas jusqu'à une « quelque chose » subsistant en soi-même, s'incarner dans un art qui possède ses lois harmoniques, qui peut être analysé et, jusqu'à un certain point, déterminé avec précision, ce qui nous permet de parler des « caractéristiques » des compositions mozartiennes. Seulement, lorsque je dis « jusqu'à un certain point », cela veut dire précisément qu'à partir de ce point survient le propre individuel. Sa musique peut être imitée, une peinture peut être copiée, mais aussi bien l'« imitation » que la « copie » prouvent justement que « l'original » était « originaire ».

2. Si jusque-là j'ai envisagé l'individuel de l'extérieur (ce qu'il expose), je voudrais maintenant examiner comment le versant existentiel intérieur du propre, de l'individuel : chaque être humain vit sa vie comme sienne et uniquement sienne, comme sa *propre* vie, dans laquelle tout ce qu'il ressent, pense, imagine, est, qu'il le veuille ou non, rapporté à lui-même, c'est-à-dire d'une manière qui demeure totalement différente de tout ce qu'il sait des autres, de tout ce qu'on lui dit et qu'il sait des autres. Ma rage de dents est pour le

dentiste quelque chose d'« objectif », et quelque soit son désir d'y « participer », elle est tout autre chose que lorsque c'est lui qui a mal aux dents. Tout ce qui m'arrive ou ce que je fais a d'emblée une plus grande importance pour moi que ce qui arrive aux autres, ou ce que les autres font. Et ceci non pas par égoïsme, mais parce que la nature intérieure de l'individu est objectivement ainsi. Je suis à moi-même, de manière *originaire*, « important ». L'« importance » même est une propriété qui découle du dialogue permanent et *a priori* que je mène avec moi-même ou, pour le dire autrement, de la différence fondamentale entre moi (comme originaire et *a priori* « important ») et tout le reste qui s'étend au-delà des frontières de ce moi originaire. Plus encore : d'un point de vue existentiel, l'homme vit une vie dans laquelle « es geht um sich selbst » (Heidegger), c'est-à-dire qu'il y est question de lui et de lui seul, ce qui veut dire que mon existence est *centrée* sur moi-même. Cette immédiateté de moi à moi-même est mon *propre*, inexprimable, inanalysable, bref, une *donnée*.

En effet, du moment que n'importe quel être humain est ainsi, cela veut dire que l'immédiateté et le propre représentent un trait commun à tous les hommes, la preuve en est que je peux écrire sur ce trait. Mais le commun sur lequel j'écris est seulement une indication, tout comme le mot tonnerre n'est pas un tonnerre réel. Nous pouvons en conclure que je porte ce propre avec moi-même, que j'y suis enfermé, et qu'il est fermé à tous les autres précisément en ce qu'il est propre, qui fait de mon existence une unicité de moi pour moi-même. Tout le reste est pour moi, et quelle que soit ma sympathie, autre chose ou quelqu'un d'autre, fondamentalement différent parce qu'il est vu par rapport à l'unicité de moi-même à moi-même. C'est cela que Heidegger a pensé en profondeur, et les existentialistes ont écrit abondamment là-dessus, même si les meilleures pages c'est chez Schelling que l'on peut les trouver, ce sur quoi je n'insiste pas davantage. De toute manière, le corollaire de cette unicité de moi à moi-même est que, pour chacun, sa propre mort représente la fin du monde.

La conclusion de tout ce que j'ai écrit jusqu'ici est la suivante : d'un côté, je suis pourvu d'une unicité ex-posée, qui peut être vue et captée par les autres, mais qui m'est inaccessible à moi, et de l'autre côté, d'une unicité intérieure, évidente et continue pour moi, mais inaccessible aux autres.

Il m'apparaît clairement que ces deux unicités *existent* et qu'elles existent en tant que données, irréductibles, et quelque peu étrangères l'une à l'autre en apparence. Il en résulte schématiquement les choses suivantes :

1. L'unicité de l'individu humain est une réalité, malgré ce qu'il est dit et cru en philosophie depuis Platon et Aristote.

2. Cette unicité a été ignorée précisément parce qu'elle est inaccessible logiquement, en l'espèce sur chacun de ses versants.

3. Elle peut être exprimée parce qu'elle est « commune » à chaque être humain, mais elle ne peut être énoncée pour ce qu'elle est, elle peut juste être indiquée, comme je pointe quelque chose du doigt : on peut en dire les signes, et même les faits qui « prouvent » l'unicité, mais non l'unicité elle-même.

4. Le problème est d'importance, en particulier pour éclairer « l'individualisme » chrétien ou parce qu'il peut mener à des conflits psychiques, provoqués par la discordance entre l'intériorité et la perception extérieure, ou par l'incapacité foncière de tout un chacun à « se mettre dans la peau de l'autre ». De même, ce problème éclaire une série de choses derrière la création intellectuelle, parce qu'il nous aide à comprendre ce que signifie, dans une création culturelle, l'unicité existentielle et ce qui peut en percer, à savoir à quel point toute interprétation culturelle fausse, au fond, cette unicité.

5. Toute communauté humaine, en fait « l'humanité » elle-même, vit en permanence sur cette relation entre « l'unique » et « le commun ». Comment comprendre cette relation ? D'une part, les êtres humains, au moins dans les cas normaux, possèdent une série de traits communs à tous : les sens, la mémoire, la pensée, les

instincts, l'imagination, la conscience, etc. De ce point de vue, on ne peut parler de l'unicité de chacun comme d'une unicité « absolue ». Il n'y a pas d'être humain qui ne ressemble quelque peu à un autre. Nous ressemblons à nos parents ou grands-parents, à ceux d'une même race, ou bien d'une même nation, etc., etc. Pour un européen, il est parfois difficile de distinguer l'individualité d'un japonais et sans doute l'inverse est aussi valable. Il semble donc que l'unicité ex-posée, celle que l'on perçoit de l'extérieur, devienne à partir d'un certain niveau, une question de nuance. D'un autre côté, au-delà de tout ce qui est ressemblant, il reste, quoi qu'on en dise, un « je-ne-sais-quoi » d'irréductible et unique.

Mais c'est précisément parce que l'unicité intérieure, existentielle, peut être dite dans sa généralité, qu'elle permet l'effort de penser (et éventuellement de sentir) la manière dont l'autre ressent l'immé-diateté. Tout le courant de l'*Einfühlung*, de l'empathie, visait à cela. Malgré tout, tout effort que nous accomplissons pour abolir les frontières entre nos unicités, la transposition « dans la peau de l'autre », devient, au-delà d'un certain point, impossible. Je peux être accompagné avec un infini amour, dans ma mort, mais personne ne peut mourir ma mort à ma place. En comparaison du vécu qui nous vient depuis notre unicité ou de notre immédiateté, tous les autres ne représentent que des succédanées.

Ceci étant, comment se fait-il qu'aucune pensée jusqu'à Heidegger n'ait tenu compte de l'unicité comme problème (ni même les monades leibniziennes), comment se fait-il qu'il y ait une rupture entre la pensée (en tant que pensée conceptuelle) et l'unicité ?

6. Bien que l'unicité ait été *énoncée* (par exemple chez Schelling et Heidegger), son énonciation ne peut au fond saisir l'unicité. Comment expliquer cela ?

7. Nous devons nous demander – et c'est fondamental – quelle est la relation entre l'unicité ex-posée et l'unicité intérieure, existentielle. Comment *deux uni*-cités peuvent-elles coexister chez un même individu ? Ou bien n'y a-t-il aucune relation entre elles ?

Je me propose pour la suite d'analyser quelques *exemples d'unicité intérieure*. Je pense à la mémoire, à l'importance et à l'imagination, mais pour l'heure je mettrai l'accent sur la mémoire et l'importance plus particulièrement.

La mémoire — La mémoire est toujours *ma* mémoire et, en tant que telle, elle est unique. Elle peut comprendre de nombreuses données communes, des souvenirs que je partage avec quelqu'un d'autre, par exemple avec mon frère, ou avec les souvenirs de beaucoup d'autres que ma vie a croisés. Recoupés de la sorte, ils peuvent, à la limite, dévoiler ce qui s'est passé en totalité, à une certaine époque, quelque part. Seulement, l'unicité de ma mémoire ne réside pas dans les données comprises dans le point I. (leur aspect, de mon point de vue) et II. (leur trame en moi, qui forme *ma* mémoire et qui *me* forme de la sorte) (cf. *Synthesis* chez Kant, *Critique de la raison pure*). De cette manière, il se forme une unicité qui fonde ce qui s'inscrit dans le contenu de la mémoire comme « donnée ». Grâce à cet *a priori*, tout contenu de souvenirs qui pénètre dans la mémoire est à moi, est coloré en quelque sorte par cette unicité de moi à moi-même.

Ce n'est pas seulement le passé, par ma mémoire, qui est unique ; l'avenir aussi reflète (et peut-être mieux encore que le passé) l'unicité temporelle de l'homme. Chacun projette (cf. chez Heidegger, *Entwurf*) son propre avenir, sa vie future, puisqu'il s'agit d'un trait existentiel, donc commun à tous les êtres humains. Mais mon propre *avenir*, même si d'un point de vue formel il est commun à celui de tous les autres (nous avons tous un futur), se distingue de celui de n'importe qui d'autre précisément par sa « mienneté », par le fait qu'il est *mon* avenir. Non seulement dans son contenu, non seulement formellement-existentiellement (puisque je le rapporte à moi, puisqu'il est question de moi comme pour chacun il est question de lui-même), mais aussi dans une immédiateté *en dehors* de ces caractères, une immédiateté foncière, qui est une donnée primordiale. Bien sûr, je sais que, d'un point de vue existentiel, il en est de même pour chaque être humain, mais ici la conceptualisation déforme, cache, quand elle ne rate pas tout à fait le problème, puisque c'est l'immédiateté, donc le propre de mon avenir, qui reste non dit, ou, plus exactement, qui se perd dans le registre conceptuel de la généralisation (« nous avons tous un futur qui est uniquement à nous-mêmes »). Ce premier pas qui vise à décrire une structure commune est sans doute nécessaire, en tant que premier pas, mais il ne faut pas oublier un seul instant que, pour l'unicité, il n'est pas question d'une structure théorique (fut-elle existentielle), mais d'une réalité irréductible à un concept (ainsi que Platon l'a compris dans le *Philèbe*, 16). La mémoire du passé et le projet du futur sont à peu près identiques pour tous les êtres humains, mais en revanche, dans les deux cas « es geht um mich selbst », il est question de moi-même, de sorte qu'ils sont chaque fois fondamentalement différents, précisément par l'immédiateté de ce qu'ils n'appartiennent qu'à moi et à moi seul, leur « mienneté ».

Il s'agit d'une chose simple et pourtant difficile à exprimer, étant donné son caractère paradoxal : c'est précisément la conceptualisation qui empêche de comprendre l'irréductible qu'elle vise, qu'elle tente désespérément de saisir, et qu'elle détruit précisément parce qu'elle est conceptualisation. Cet irréductible ne peut être qu'indiqué (mais comment ?), non pas énoncé, parce que le langage se déroule dans l'espace logique des jugements. Pour cette raison, il est bon de garder tout ce que j'ai écrit sous le signe de l'indication, non de l'énonciation.

L'importance et l'intérêt – « Important » c'est un mot que l'on rencontre à tout bout de champ, mais qui est difficile à définir. Comment « mesurer » l'importance ? Au moins, quel critère utilise-t-on pour décider de ce qui est important et ce qui ne l'est pas ? Ou bien, pour décider de quelle importance est une chose ? Qu'entend-t-on, à peu près, par « important » ? Y entend-on plutôt quelque chose de grande valeur, de fameux ?

Est-ce que l'importance première et naturelle est celle qui est liée à moi ? Ce qui me concerne est, *ipso facto*, important, mais autrement important que l'importance « objective », uniquement important parce que cela me regarde. L'importance au sens habituel provient d'une importance primordiale, liée à celle qui me concerne en propre. L'ordre est ici inversé : n'est pas « important » ce qui me concerne, mais c'est parce que cela me concerne d'abord que cela devient ensuite « important », important à l'égard du reste, qui ne me concerne pas. Il y a une rupture, ici, entre ce qui me concerne et ce qui ne me concerne pas, à la lumière de laquelle tout ce qui me concerne se colore en important, par contraste avec le reste qui reste non-important ou moins important. L'immédiateté de l'unicité fonde le critère de ce que nous appelons « important ».

Voici par exemple, la salle d'attente d'un médecin. Chaque patient y est muré dans sa douleur (ô combien importante!), impossible à transmettre aux autres dans ce qu'elle a de propre (même si chacun est ici, avec sa douleur, extrêmement importante et, en principe, souffre aussi fort que n'importe qui d'autre parmi les patients), ni même au médecin, pour qui ils ne représentent que des cas. Unis dans leur souffrance et dans leur attente, l'importance de la douleur de chacun dans son immédiateté unique les sépare de deux manières : d'une part, vis-à-vis de l'immédiateté de la douleur des autres, prise séparément (chacun ne peut sentir que sa propre douleur) et d'autre part, vis-à-vis de l'objectivité du médecin, qui ne peut ressentir aucune des douleurs de ses patients dans son immédiateté, et ne fait qu'encadrer chacune d'entre elles par sa science objective (en partant des symptômes, des analyses, etc.). Entre chacun d'entre eux, puis entre chacun d'eux et le médecin, c'est la même incommunicabilité, conséquence directe de l'immédiateté de l'unicité.

Prenons un autre exemple, un tremblement de terre. Nous apprenons qu'il y a eu tant de morts, tant de blessés, tant de maisons détruites, etc. Une information, une « simple » information. Nous pouvons passer indifférents à une autre information, ou, si nous sommes sensibles, nous hochons tristement la tête, nous nous exclamons, nous « compatissons » et, si nous avons à qui le dire, nous disons à quel point la nouvelle nous attriste. Que signifie alors cette nouvelle ? Que tant et tant d'être humains en ont été affectés. Les chiffres, la quantité, neutralisent et cachent tout autant de catastrophes individuelles : la souffrance de ceux qui ont été pris sous les décombres, les parties du corps écrasées, la panique et le désespoir de celui qui s'est trouvé seul sous les poutres tombées sur lui, les gémissements des blessés, la mort lente de certains, la perte d'un être cher ou, dans le meilleur des cas, « seulement » la perte de son abri, de ses biens, etc. La catastrophe est individuelle, seule son ampleur est quantitative. C'est ici que ressort très clairement l'abîme qui persiste entre le caractère objectif et l'immédiat de l'unicité, de même qu'en ressort la relation fondamentale entre l'unique et le nombre (fondée par Aristote dans les *Catégories*, ch. V, en référence à πρώτη οὐσία et dans la *Métaphysique* D, 13, 1016b fin et D, 8 fin), qui fait qu'un tremblement de terre, une catastrophe, puisse devenir une information chiffrée.

[*Observation*. Toute création culturelle – philosophie, science, arts, etc. – présuppose deux choses qui semblent se contredire, à savoir : 1) que ce que je crée sera compris ou peut être compris par les autres ou par une partie d'entre eux ; 2) que ce que je crée, du simple fait qu'il s'agit de création (*i.e.* n'a pas existé avant), est entièrement nouveau. Mais les deux présupposés, apparemment contradictoires, ont pour fondement la conviction inconsciente qu'il existe un potentiel (δύναμις) spirituel fondamental, commun à tous les êtres humains, en vertu duquel toute création est seulement une réalisation (ἐνέργεια) de quelque chose qui est latent dans l'homme].

Il subsiste, bien entendu, le problème ouvert sur la manière dont se fait le « transfert » depuis l'unicité immédiate, comme j'essaie de la décrire ici, et le concept de l'unicité immédiate ? Car il ne s'agit pas ici seulement de l'unicité des grands hommes (Platon, Léonard de Vinci, Mozart, Shakespeare, etc.), mais de l'unicité de chacun d'entre nous, ce qui veut dire, de nous tous. D'autre part, il n'est pas non plus ici question du fameux « chaque homme est une fin en soi », mais du fait que *chacun est, pour soi et pour le dehors, donné comme unique.*

Il se peut que l'unicité intérieure soit une sorte de sentiment, alors que l'unicité extériorisée serait objective, en quelque sorte donnée par nature. L'unicité *ex-posée* peut être réduite à la biologie. Dans le développement des organismes nous avons atteint une complexité impossible à saisir. Chaque individu est le résultat de milliards et milliards de croisements qui font qu'au présent, il est unique, alors qu'en réalité il n'est pas foncièrement unique, mais seulement probablement (ou relativement) unique. Il se pourrait donc qu'il existe deux êtres humains semblables, mais c'est fort peu probable, étant donné que l'ascendance biologique est tellement étendue, que le hasard seul pourrait mener à l'indiscernabilité de deux êtres humains. L'unicité intérieure peut, à son tour, être réduite de la même manière. Tout organisme évolué, pour pouvoir survivre en tant qu'organisme, est quelque peu autiste. L'apparition de la conscience, dans l'évolution des organismes, ne fait que rendre conscient le fait de cette autonomie, de l'auto-centrement sur soi, et cette conscientisation est précisément l'unicité dont nous parlons.

Il vaut sans doute mieux qu'il en soit ainsi, mais nous ne résolvons pas de la sorte les problèmes, tandis que les explications biologiques soulèvent, à leur tour, d'autres problèmes.

Ainsi, à propos de l'unicité ex-posée : la relation taxonomique entre genre — espèce — individu se transforme en relation temporelle, dans laquelle l'individu (ou, pour les sexués, chaque paire d'individus) devient espèce pour les descendants, ce qui veut dire que la différence fondamentale entre espèce et individu s'efface et l'in-dividu devient origine de l'espèce, ce qui, d'un point de vue taxonomique, est un contresens, ou, en tout cas, un problème, qui s'est d'ailleurs manifesté comme tel dans la pensée biologique du XIXᵉ siècle sous la forme du conflit entre la taxonomie et l'évolution. Mais, de toute manière, le problème subsiste : l'individu en tant qu'individu a ses propres caractéristiques, que l'on ne retrouve pas comme telles, dans leur totalité, chez les descendants, mais, disons, « combinées », et ce, grâce à l'hétérosexualité, ce qui implique l'individualité de chaque individu tout au long de l'évolution, son unicité. Cette unicité est exposée, donnée comme telle, comme une empreinte.

A propos de l'unicité intérieure, l'explication biologique ne fait que déplacer le problème. Comment se peut-il qu'il y ait quelque chose d'« autistique », quelque chose où l'accent est mis sur la relation fondamentale avec soi-même ? Toute histoire fait ressortir des individualités : Socrate, Galilée, Kant, Bach, Léonard de Vinci, Praxitèles, Goethe, etc. Dans ma « mienneté » singulière, dans mon unicité, je me distingue justement par ce que j'ai d'identique avec les autres, par le fait que tout ce qui m'arrive se rapporte à moi-même. On peut dire que cette relation à soi-même définit tout organisme (vivant), mais cela ne résout pas le problème de l'essence de cette relation. La référence à soi-même n'est ni un sentiment, ni une sensation, ni conscience (*con-scientia*, *Be-wusst-sein*), mais elle repose au fondement de tout cela, elle les accompagne, comme une toile de fond sur laquelle ils apparaissent comme tels (comme sentiment, sensation, etc.). Toute sensation réelle, tout sentiment, etc. a lieu non seulement d'une certaine manière, à un certain endroit et à un moment déterminé, mais aussi, appartient tout d'abord *à quelqu'un*. « À quelqu'un », ce n'est pas au sens possessif qu'il faudrait l'entendre ici, mais au sens relationnel pur. Mais peut-on au moins définir en quoi consiste ce rapport ? Nous pouvons dire seulement qu'il est une sorte de « centrement ». Tout vient à moi et tout part de moi, et je ne puis faire qu'il en soit autrement, même en rêve. Cette référence à soi est une *donnée*.

Le centrement n'a rien de spatial. Physiquement, je suis ainsi fait, que tout ce dont je suis conscient est en rapport à mon corps. D'autre part, je sais que je ne suis pas le nombril du monde, que, d'un point de vue physique, je ne représente pas grand-chose dans ce vaste monde. Psychiquement parlant, je sais également que la conscience propre accompagne tous mes actes, mais je sais aussi que je ne suis pas l'âme de l'univers. Ensuite, la conscience progresse (cf. Hegel, *Phénoménologie de l'esprit*), elle est en elle-même un progrès biologique, tandis que la « mienneté » est simple (ἁπλῶς), donnée, et reste inchangée. Or, c'est sur elle, sur la mienneté, que se fonde la conscience. La différence de la mienneté est identique chez absolument tous les êtres humains, mais en même temps elle différencie aussi de manière absolue, chacun pour soi. Or, c'est cette différence absolue – et identique à tous – qui constitue *l'unicité*.

Il n'en reste pas moins que la différence est conçue comme une relation entre quelque chose et quelque chose d'autre, ceux-ci – quelque chose et quelque chose d'autre – étant ce qui est à différencier. Ils – quelque chose et quelque chose d'autre – peuvent être considérés soit d'un point de vue qualitatif, soit quantitatif. Qualitativement, ils – quelque chose et quelque chose d'autre – se distinguent parce qu'ils ont chacun une autre manière d'être, tandis que d'un point de vue quantitatif, nous avons la même manière d'être quelque chose, mais les individus sont différents : le même « quelque », mais autre. Par exemple, si je compte des graines, j'ai toujours affaire à des graines, mais je compte d'abord un grain, et ensuite *un autre grain*, « un autre » considéré comme autre dans le comptage, mais non différent, qualitativement, du premier grain. En revanche, si je distingue deux choses d'un point de vue qualitatif, je le fais parce que le « quelque chose » de l'un (un arbre) est *autre chose* que le « quelque chose » de l'autre (un chien), ce qui fait qu'ils sont chacun *autrement* (autres). La différence qualitative semble ontique (ces choses sont *en réalité* de nature différente), alors que la différence quantitative suppose quelqu'un qui « compte » et pour qui les « quelques choses » décomptées sont identiques qualitativement du point de vue du comptage, mais diffèrent ontiquement par leur seul nombre. Je pense que c'est comme ça qu'il faut interpréter le texte du *Philèbe*, 16, et les textes d'Aristote, selon lesquels au-delà du γένος – εἶδος il n'y a plus que du nombre (*Métaphysique*, Δ, 6, 1016b, fin).

Ma « mienneté » m'es-seule (seul – singulier = *unique*, en latin *singulus*, « chacun en particulier »), instituant une séparation fondamentale entre moi et le monde. Cela ne veut pas dire que je sois seul au monde, j'en suis même une partie, j'y suis inscrit et je le sais très bien, mais en même temps, par ma « mienneté », je suis en quelque sorte coupé du monde au monde, je suis seul avec le monde, je suis unique au monde. La solitude propre à la « mienneté » n'est pas l'isolement, mais le fait qu'en dehors de ma relation simple « de moi vers l'extérieur » qui me situe au monde, il y a aussi ma relation « de moi à moi-même », qui ne se limite pas à la « vie intérieure » ou à la « réflexion » (Leibniz) ou retraite, mais il s'agit d'une autre assise au monde que celle purement extérieure. C'est précisément cette « autre » assise au monde qui retourne l'ordre premier à travers la référence à moi de toute chose (ma mienneté comme immédiateté), et comme telle, elle constitue une lignée singulière qui, par ses caractéristiques (l'importance issue de ma relation à moi-même, ma mémoire, mon avenir, imagination, pensée, etc.), crée ainsi mon unicité. Ainsi, la mienneté rend possible un autre monde ou, plus exactement, un monde vu autrement, un monde centré sur moi-même précisément parce que son fondement est la relation de mienneté, comprise non comme un ajout, mais comme structure fondamentale, comme modalité d'être. L'immédiateté de la mienneté signifie que pour moi, je suis unique par structure, et « pour moi » ne signifie pas « selon moi », mais à l'inverse, c'est mon avis qui se fonde sur ce « pour moi », comme relation essentielle qui fonde réellement mon unicité. Toutefois, « unicité » ne veut pas dire dans ce contexte que je suis différent de n'importe qui d'autre, mais que, par la relation de la mienneté, je suis singulier parce qu'es-seulé, condamné dans la fondation de mon rapport à moi-même comme modalité d'être. Je suis unique parce que je me rapporte à moi-même. Evidemment – je l'ai répété plusieurs fois – cette référence à soi est identique pour tous, *mais c'est la référence elle-même qui crée l'unicité par l'esseulement qu'elle implique*. La référence à moi-même, comme *modalité d'être* par son immédiateté, me coupe du monde, que j'acquiers par les sensations, la connaissance, etc. Ainsi, j'ai un autre monde, intérieur, avec *ma* mémoire, *mon* avenir, mon imagination, *mon* important, un monde qui est singulier, unique, seulement pas qu'il est à *moi*. Nous appellerons ce monde « mienneté – singularité – unicité ».

La référence à moi-même est doublée d'une référence « en dehors de moi », au monde en général. Cette autre référence est aussi, à son tour, l'une de mes modalités d'être, à ceci près que, au moins pour l'être humain, la référence au monde vient « recouvrir » la référence à moi-même comme fait primordial. Je suis ainsi fait que la référence au monde est en même temps référence à moi, comme quelque chose de secondaire, mais cachant réellement la priorité de la référence à moi-même, de la mienneté, alors que c'est *moi* qui ai des sensations, c'est *moi* qui bouge, fais, c'est *moi* qui pense, parle, écris, respire. Moi… moi… moi… Le moi semble ainsi couver sous mon rapport au monde, il est ὑποκείμενον, un *sub-jekt*, et le monde, *ob-jekt*. C'est ainsi que le sujet a été déterminé dans la philosophie moderne jusqu'il y a peu, depuis Descartes. Kant – et à sa suite Fichte, Schelling, Hegel – a poursuivi, en affirmant la prééminence du sujet et en réduisant l'objet (*das Ding an sich*) à l'inconnaissable pour l'homme. L'idéalisme allemand est spéculatif autour du problème de la priorité du sujet (devenu con-science) comme sujet connaissant, donc du problème de la philosophie comme science (*Wissenschaft*). Toute la philosophie moderne tourne autour de *Wissen* comme le papillon autour de la lumière. Or, il n'est pas question ici de *Wissen*. « Sujet » et « objet » sont des concepts relatifs l'un à l'autre (l'accent *peut* être mis sur l'un ou l'autre d'entre eux, et dans l'idéalisme moderne il a été mis sur le sujet), pensés l'un en fonction de l'autre, l'un parallèlement à l'autre, le tout rapporté à – et conçu en fonction de – la connaissance, de *Wissen* et *Bewusstsein*. Ce que j'ai tenté ici, c'est de pénétrer dans une strate plus profonde que la « conscience » éclairée.

Supposons que le réveil soit la frontière entre le sommeil et la veille, entre le monde du rêve et le monde réel. Nous devons reconnaître que nous avons des incertitudes sur l'un comme sur l'autre. Le rêve que tu viens de faire retentit encore en toi, qu'il s'estompe déjà et disparaît peu après, alors que la vérité du monde réel t'enveloppe, toute-puissante. Le monde du rêve devient chimère, tandis que ce monde-ci, « le vrai », apparaît seulement maintenant dans toute sa « réalité ». Le rêve devient illusion, mais il ne paraît ainsi que s'il est regardé dans la perspective du réveil ; mais c'est la vérité, par rapport aux deux mondes, qui devient douteuse, puisque les rêves, nous les *vivons* aussi.

Le seuil du réveil renvoie aux deux mondes, en les séparant et en les spécifiant comme tels, de même que « maintenant » réunit et sépare à la fois un instant de l'autre, et aussi le royaume du passé de celui de l'avenir. Le rêve devient rêve et le monde réel devient réel durant les quelques instants du réveil, pendant lesquels tu es dans la confusion des deux, dans leur « tout-en-un » [1].

Je ne cesse de m'étonner de l'effort permanent que les hommes ont accompli de tous temps pour interpréter les rêves (depuis la magie, les religions, et jusqu'aux superstitions et à la psychanalyse), sans qu'ils aient éprouvé au préalable le besoin de se demander comment le rêve est possible. Le monde dans lequel je vis est en dehors de moi, je le perçois à travers des stimuli du dehors (que l'on en sache beaucoup ou peu sur ce sujet), je le comprends donc comme un

---

1. Il s'agit d'un jeu de mots en roumain qu'on ne peut pas traduire en français, jouant sur la liaison entre *totdeauna* (toujours) et *tot-de-a-una* (tous-en-un). [N.d.T.]

monde consistant. Le monde du rêve est lui aussi, incontestablement, un monde, mais un monde d'où il manque les stimuli extérieurs à moi. C'est, en quelque sorte, *uniquement un monde à moi*, issu de moi ou inventé par moi et que, à la différence de l'autre monde, je peux garder pour moi exclusivement. Personne ne peut entrer sans mon autorisation dans le monde de mes rêves.

Mais au-delà de ce fait que le monde du rêve se limite à moi, il n'y a pas d'autres éléments pour distinguer le monde du rêve du monde éveillé. En rêve, je suis aussi toujours quelque part, dans la rue, dans les champs ou dans une maison, je parle avec des gens, connus ou inconnus (mais pas toujours les mêmes qu'en réalité), je me mets en colère, je m'inquiète, je me réjouis, je fais l'amour, et parfois, si je vole, par exemple, je suis même heureux. Seulement, il se trouve que tout est « différent ». Plus étrange encore, c'est que dans le rêve, moi, c'est moi toujours. Ce que nous appelons avec tant de légèreté, « conscience », m'accompagne dans le rêve comme elle m'accompagne à l'état de veille. Dans le rêve je suis le même, c'est à moi qu'il arrive ce qui arrive, et le cauchemar que j'ai vécu continue de me hanter, moi toujours, longtemps après le réveil. Il semble donc qu'entre le rêve et la veille il n'y ait aucune différence, ni quant aux gens que je fréquente et aux événements que je vis, ni quant à la conscience propre. Qu'il y ait entre les deux une différence, c'est un jugement que l'on produit à l'état de veille. En état de veille, le rêve nous apparaît en tant que rêve, tandis qu'en rêve l'état de veille n'apparaît jamais. Nous ne disons jamais en rêve « ce n'était qu'un état de veille », tandis que, lorsque l'on se réveille, nous nous disons chaque fois que ce que nous avons vécu durant le sommeil n'était qu'un rêve.

Comment le rêve est-il possible, finalement ? Comment se peut-il que je vive (dans mon propre rôle), toutes les aventures, les lieux et les êtres irréels du rêve – comme réels ? Comment ce double monde est-il possible (je dors environ une moitié de ma vie), en accordant à chacun des deux mondes le signe du vrai et du faux ? On dit que le monde réel a une continuité, et c'est juste. Mais les rêves aussi, parfois, ont leur continuité. Il y a des gens qui rêvent de manière répétée presque le même rêve, et nous reconnaissons tous en rêve le monde où l'on se trouve, comme si nous le connaissions exactement de la même manière que nous connaissons et nous reconnaissons le « monde réel ». Alors d'où vient cette idée que le monde de l'éveil est réel, tandis que le monde du rêve seulement « un faire comme si » ? Car je sais, au réveil, sans l'ombre d'un doute, que « tout cela n'était qu'un rêve » et que c'est seulement maintenant, une fois réveillé, que je suis dans la réalité. Le réveil m'éveille, me ramène dans la « réalité », et il provoque un retour sur le rêve, qu'alors il juge. S'il le juge depuis la hauteur de sa « réalité », elle le juge non pas parce que son monde serait faux (il y a même des prémonitions oniriques qui s'accomplissent) mais parce qu'il est *inexistant*. Entre le rêve et la réalité, le problème qui survient est celui de l'existence. Il est évident que la chose rêvée existe quelque peu, seulement son monde, moi compris, celui du rêve, nous n'existons pas en tant que tels. Pour employer une formule facile, le monde des rêves est une réalité irréelle. Et ceci à la différence de l'imagination, par laquelle je construis consciemment une irréalité, auquel cas il n'est question que de *Bewusstseinsmodifikation*, comme dirait Husserl.

Pour le dire plus précisément, dans le rêve, c'est moi et ce n'est pas moi. *C'est moi*, non seulement parce que j'ai ma conscience habituelle, mais aussi parce que le rêve provient de quelque part en moi, il se produit uniquement au dedans de moi, puisqu'il est, par essence, mystérieux. Mais *ce n'est pas moi* dans le rêve parce que je ne sais jamais comment est possible ce qu'il m'arrive, très souvent je ne comprends pas « comment j'ai pu rêver d'une telle chose ». (C'est là précisément la source de la psychanalyse) [1]. Parmi les deux mondes

1. « Nec ego ipse capio totum quod sum. Ergo animos ad habendum se ipsum angustus est, ut ubi sit quod sui non capit ? Numquid extra ipsum ac non in ipso […] Quomodo ergo non

séparés par un abîme, le réveil est celui qui, pour quelques instants, jette un pont, et ce pont, même mystérieux, je peux très bien l'ignorer, du moment qu'il est jeté par-dessus chaque journée, de sorte qu'il peut me paraître comme allant de soi. Si j'y réfléchis, le réveil est une sorte de métempsycose de tous les jours. Parce que, au bout de compte, je vis *trois mondes* : le monde d'hier, d'avant le sommeil, ensuite le monde du rêve, puis enfin le monde dans lequel je me réveille, le même que le premier mais tout de même différent, parce que je nais à ce dernier monde comme si je renaissais, en revenant du deuxième. Au moment du réveil, j'ai en moi, réfractées à part égales, ces trois mondes ensemble. Nous avons tendance à passer outre le deuxième monde et à créer un continuum entre le premier et le troisième, tout en plaçant le monde du rêve sous le signe de l'irréalité, pour l'éliminer ainsi de la structure de nos mondes. Autrement dit, nous refusons de prendre acte de la discontinuité que le rêve introduit dans notre vie et, implicitement, de la façon dont nous renaissons chaque jour à un nouveau monde.

A ce stade, il est bon de noter qu'il y a également une étrange analogie entre la nuit et le rêve. La nuit n'est pas réservée aux oiseaux qui voient dans le noir, aux serpents qui cherchent leur proie, aux cafards qui commencent à grouiller, mais elle est aussi le monde de l'imagination déchaînée, le monde des esprits, des fantômes, des chimères de toutes sortes, de la peur annonçant des périls ignorés (auxquels nous croyons sans y croire). Bref, ce monde qui, parce qu'aussi monde du rêve, est la nuit des romantiques. Il y a encore la nuit claire, quand l'horizon s'étend jusqu'aux étoiles et que l'on est saisi du sentiment serein d'être une partie de l'univers. C'est pourquoi la nuit est aussi le temps de l'univers, de ce qui reste insaisissable à l'échelle humaine, tout comme le jour est le temps de

capit ? Multa mihi super hoc oboritur admiratio, stupos aprehendit me » (Augustin *Confessions*, X, 8.) (lat.).

la divulgation, de la proximité qui, même poussée à l'échelle planétaire, comme aujourd'hui, reste proximité. La nuit claire, c'est le monde des sphères célestes de Pythagore et le monde du ciel étoilé de Kant.

Mais sont-ce seulement les humains qui rêvent et se réveillent ? Les fleurs, les arbres, les bêtes, ne rêvent-ils pas aussi ? Nous ne savons pas encore s'ils rêvent tous, mais il est certain qu'ils se réveillent tous. Les fleurs ouvrent leurs corolles, les animaux ouvrent les yeux et tous se rouvrent au monde éveillé.

La vérité c'est que nous réintégrons tous le monde comme si nous n'en avions jamais été séparés, et comme si le sommeil n'avait été qu'une simple interruption. Nous rentrons comme si nous allions recommencer quelque chose. Le matin, c'est le commencement-recommencement de la fête du monde. Mais c'est également un recommencement tant et tant de fois repris, que nous ne réalisons même plus à quel point il recèle les secrets de l'obscurité et de la lumière. Nous sommes tellement pris dans cette venue revenue que nous ne nous avisons plus, dans toute son ampleur et tout son mystère, du cycle jour/nuit jumeau du cycle veille/sommeil à l'intérieur du rythme circadien. Le soleil recommence chaque fois, et sans que cela nous étonne encore, son chemin céleste, nous commençons le chemin de notre journée et l'être entier « commence », rené, à vivre. Tout ce que nous faisons en premier lieu, après le réveil, porte le signe du commencement de ce chemin et de la préparation pour notre voyage diurne : se laver, faire peut-être quelques mouvements d'assouplissement, passer en revue les principaux moments de la journée, et enfin, se mettre en route pour les tâches à accomplir. En faisant cela chaque matin, nous avons un moment où nous consonnons avec l'ensemble des êtres vivants, nous vivons une brève union qui se dissipe ensuite, au fur et à mesure que nous prenons le rythme de notre journée. Ceci est un *fait*, ce fait du matin, qui existe sur un mode différent, mais tout aussi objectivement que les choses, les êtres vivants ou les notions. Aristote (*Physique*, III 6, 206a) a été à ma connaissance le premier penseur de la philosophie occidentale à avoir constaté l'existence des entités temporelles. Le matin est un *fait*, tout aussi réel que le merle ou la chaise, seulement *sur un autre mode*, réel comme l'est le coucher de soleil, l'opposé du matin, réel en tant que fin de la journée par rapport à son commencement. En quoi consiste la différence entre ces deux entités temporelles ? Dans leur *orientation* : en tant que commencement, le matin est orienté vers l'avenir, tandis qu'en tant que passé, le coucher de soleil est orienté vers le passé. Nous sommes pleins d'avenir le matin et pleins de passé le soir, même si nous ne le voyons pas ainsi, même si depuis tellement longtemps, nous ne tenons plus compte du fait du matin ou de celui du soir. Depuis plus de deux millénaires, depuis que nous sommes sortis de la nature et plongés dans l'histoire, depuis que nous vivons l'enfermement avec nous-mêmes, la nuit est de plus en plus sujette à la lumière artificielle dont la source est en nous, tandis que le jour est devenu une ouverture vers le travail situé sous le signe du progrès. Nous avons, semble-t-il, complètement oublié la double face de tout exploit humain, le fait que notre vie se partage naturellement entre la nuit et le jour.

Les lignes ci-dessus ne répondent à aucune question. Elles ne sont qu'un bilan d'apothicaire, issu du besoin d'une plus juste réflexion dans notre vie de tous les jours.

l'attention et les cinq manières de quitter le présent

L'attention est aussi bien un état qu'une fonction de la conscience. Qu'est-ce qui pourrait les distinguer ? Le fait que l'état est involontaire, alors que la fonction est volontaire.

L'attention aurait-elle son fondement dans le présent ? Il est certain que, par son aspect de fonction surtout, l'attention peut être orientée. L'orientation de l'attention peut porter la conscience soit vers le passé, soit vers l'avenir, soit vers l'espace.

Mais que signifie « porter la conscience » ? Autrement dit, que signifie « je pense à… ». Et, en général, toute pensée est-elle une sortie du présent ? Par exemple, lorsque je pense au passé, est-ce que je vais avec ma conscience dans le passé, ou, au contraire, est-ce que j'amène le passé dans le présent ?

L'attention (surtout celle qui est volontaire) se dirige (« diriger son attention »). Y a-t-il un moment où je ne dirige pas mon attention ? Y a-t-il une « attention zéro » ? Ou alors, serait-ce que je dirige toujours mon attention vers quelque chose ? *Toute* ma vie consciente est-elle intentionnelle ? Si oui, alors l'attention est juste un resserrement, une concentration du champ de la conscience. S'il en était ainsi, alors l'attention ne serait qu'un ajout (une potentialisation) de la « simple » intentionnalité. Sauf que l'attention est aussi bien intentionnelle que différente de l'intentionnalité, précisément à travers *le fait qu'on peut la diriger*.

Grâce à l'attention, je peux voyager – par la pensée, bien entendu – tant dans le temps que dans l'espace, au cas où je ne veux pas admettre qu'au fond les voyages dans l'espace se résument à des voyages dans le passé. Je peux voyager dans le passé ou dans l'avenir en dirigeant tout simplement mon attention vers le passé ou vers l'avenir. Comme c'est étrange!

Le départ de la conscience dans l'espace (par exemple lorsque je pense à Cluj) ressemble à un voyage, mais son départ/l'évasion dans le temps n'est analogue à rien d'autre.

Quel est l'état le plus simple de la conscience ? Supposons que je regarde un paysage, mais sans regarder quelque chose en particulier. Je « m'y perds », tout simplement. Soudain, je me mets à regarder « attentivement » un point du paysage où, disons, les rayons du soleil tombent d'une manière particulière à travers les feuilles d'un arbre. Dans ce cas, « l'attention dirigée » semble en quelque sorte se superposer à l'attention première. Ou bien, pour continuer la métaphore, l'attention semble se concentrer, se focaliser sur une zone plus restreinte. Dans cet exemple, je peux saisir les deux aspects de l'attention : l'état et la fonction. At-tentif et in-tentif.

L'attention est dirigée soit par notre volonté, soit par notre imagination, mais je m'intéresse tout d'abord aux manières dont l'attention est dirigée en général.

Je peux diriger mon attention vers le passé (par exemple vers ce que je faisais il y a 50 ans) ou vers l'avenir (vers ce que je vais faire demain), ou vers un autre endroit que celui où je me trouve. Comment puis-je faire une telle chose ? Alors que je demeure où je suis, immobile même, je peux, de manière consciente, diriger mon attention vers un ailleurs ou vers un autre temps. De l'extérieur, on n'y prend même pas garde, on dirait tout au plus « il planait ». Il est clair que tout se passe dans mon esprit, et que ce que je « vois », ce sont des représentations, mais cette façon d'expliquer n'est qu'un *obscurum per obscura* [1].

---

1. Expliquer « une chose obscure en ayant recours à d'autres choses obscures » (lat.), [N.d.É.].

Il serait peut-être plus approprié de parler d'un *état* de veille et d'un *état* de rêve (ou, pour le dire plus savamment d'une situation de veille et d'une situation de rêve). Et ensuite, d'une direction de la conscience (dans l'état de veille). Mais le fait de « diriger sa conscience » nous détourne-t-il de l'*état* de conscience ? Je pense que oui, et c'est précisément là le problème. Ce n'est qu'ensuite que se pose la question : qu'est-ce qui pousse la conscience à se diriger vers… ? Là encore, il faut mentionner que c'est la volonté qui est impliquée lorsqu'il s'agit de diriger volontairement sa conscience, et l'imagination lorsqu'il s'agit de la diriger de manière involontaire (dans le cas de la rêverie, par exemple).

(L'attention est toujours sélective, elle se fixe, de manière consciente et volontaire, sur quelque chose qui fait partie d'un tout indifférent où nous vivons de manière originaire. Il y a également une attention dirigée involontairement, par exemple lorsque je me souviens de quelque chose. Mais est-elle également inconsciente ? Comme, par exemple, lorsque je me « perds dans les souvenirs » ou dans la « rêverie » ? Dans ce cas, il n'y a pas de sélection, et l'attention vient *après coup*, comme pour un bruit que j'entends et qui me fait dresser l'oreille, pour savoir ce que c'est et d'où ça vient).

Donc, la question est : comment peut-on quitter le *hic et nunc* [1] ?

Le fait de pouvoir quitter le *hic et nunc* donne à l'attention un autre sens que celui usuel (de « focalisation », de « concentration ») et peut-être faudrait-il plutôt parler d'« orientation » que d'« attention » ou d'« intentionnalité ».

Il y a deux possibilités d'explication :

1) L'attention, l'orientation représente un *état* de base naturel, que l'on peut toutefois *modifier* − précisément en quittant le *hic et nunc* pour aller vers le passé ou vers l'avenir.

---

1. « ici et maintenant » (lat.) [N.d.E.].

2) J'ai *a priori* la possibilité d'être avec la conscience soit dans le présent, soit dans le passé, soit dans l'avenir, soit ailleurs. Ces possibilités sont toutes égales entre elles.

Dans la solution (2) je dispose d'une entière liberté de conscience à travers la volonté, tandis que pour (1) j'en ai une qui est conditionnée par un état de base, plus ou moins naturel.

Husserl dit, prudemment, qu'il ne s'agit que de *Bewusstseinsmodifikationen*, de « modifications de la conscience », pour s'en tenir au pur constat phénoménologique. Mais au-delà de cela, se pose la question : comment puis-je quitter le présent selon mon bon vouloir ?

Il y a plusieurs façons de quitter le présent :

a) Je dirige mon attention vers quelque chose de passé.

b) Je dirige mon attention vers quelque chose de futur.

c) Je dirige mon attention vers un autre endroit qu'ici.

d) Je pense de manière abstraite (je calcule par exemple 32 x 3).

e) Je m'imagine quelque chose.

Dans quelle classe situer, de ce point de vue, le fait de parler (sur) ? Nous sommes orientés vers ce dont nous parlons (nous sommes plus ou moins attentifs à ce dont nous parlons), et ce que nous disons est, de manière intentionnelle, orienté vers « l'objet » du discours. Dès lors, « parler sur » peut s'insérer dans n'importe laquelle des cinq catégories : nous parlons de quelque chose de passé, de futur, de quelque chose se trouvant quelque part, etc. (C'est uniquement l'acte imaginatif qui semble impliquer plus de solitude).

Mais comment puis-je, en parlant, diriger mon attention à la fois vers le *Sinn* (vers le « sens ») et vers la *Bedeutung* (la « référence ») ? Bien sûr, les cinq points peuvent être séparés en deux groupes : les trois premiers se réfèrent à quelque chose d'existant (ontique), mais non pas les deux derniers.

Procédons en sens inverse.

Ne sommes-nous pas toujours, ou presque, soit dans la rétention du passé, soit dans l'intention (dans la projection de l'avenir), soit dans un calcul d'une sorte ou d'une autre ? Ne serions-nous pas rarement présents dans le présent en tant que pure présence ? (D'une certaine manière, seules les vieilles personnes ont accès au présent pur lorsqu'elles *restent* simplement à l'écoute du monde). Tout cela est certainement vrai, mais le problème n'est pas celui-ci, c'est un autre, plus petit, plus limité : comment puis-je retourner mon attention, comme un volant, vers une autre hypostase du temps ou de l'espace, ou comment puis-je me plonger dans des calculs ou dans le jeu de l'imagination ? Et il est certain que je peux le faire, puisque je peux m'interrompre dans mon écriture pour penser à dessein à quelque chose du passé, ensuite à l'avenir, etc. Et cela paraît à tout le monde normal ou évident. Mais si j'en viens à m'interroger, ce normal devient plus problématique, tant parce que l'attention a été traitée en psychologie de manière plus ou moins marginale, que parce que ma manière de m'interroger et ma compréhension de l'attention ne sont pas les mêmes qu'en psychologie.

Si nous évoquons le « normal », cependant, c'est que normalement nous sommes faits pour le présent : je vois, j'entends, je sens, je touche, je goûte uniquement quelque chose au présent. *Nihil est in intellectum quod ante non fuerit in sensu* [1]. « *Ante* », quand ça ? Dans un présent.

Dans l'histoire de la philosophie, pour résoudre ce problème on s'est engagé dans l'hypothèse d'une distinction fondamentale entre la sensation et l'intellect, entre le corps et l'âme, entre le sensoriel et le spirituel, etc. Dans toute cette problématique ainsi formulée, la temporalité du problème est recouverte, ou, si elle est posée explicite-

---

1. « Rien ne peut se trouver dans l'intellect qui ne soit d'abord passé par les sens » (lat.) [N.d.E.].

ment, elle est « résolue » par l'opposition temporel-atemporel (éternel), comme l'une des caractéristiques du monde « d'ici bas », et de « l'au-delà ».

Toutes ces distinctions présupposent néanmoins de quitter le présent.

Nous devons également prendre en considération le caractère volontaire ou involontaire des départs du présent. Parfois, sans le vouloir, je me souviens de quelque chose, d'autres fois, lorsque j'ai peur par exemple, je ne peux pas m'empêcher de penser à quelque chose de futur, d'autres fois encore, mon imagination me porte à inventer sans le vouloir toutes sortes de choses. Seule la pensée abstraite est, je crois, toujours volontaire, mais dans ce cas aussi, nous devons penser d'où nous viennent les idées.

Pour l'heure, toutes les manières involontaires de quitter le présent me paraissent mystérieuses.

Bien sûr, « quitter le présent » est une manière (impropre) de le formuler, parce que tout se produit dans un présent, c'est-à-dire avec le caractère d'un *maintenant*, au sens où je me souviens maintenant, je fais des plans maintenant, etc., et qu'en général, tout ce que je fais, je ne peux le faire que maintenant. Il s'agit toujours du seul contenu dont je remplis le présent, à savoir si je suis maintenant dans le souvenir, maintenant dans l'avenir, etc. Dans le parler ordinaire on dit « il est plongé dans le passé », « il vit dans le futur », « il a la tête dans les nuages », etc., mais nous savons fort bien qu'à chaque fois, il est question du présent.

Nous devons éviter les pièges du discours métaphorique, parce que nous pouvons tout aussi bien dire que nous « partons du » présent, et que nous « rapportons dans » le présent le passé, l'avenir, etc. De toute manière, dans tous ces cas, nous substituons autre chose au présent.

La substitution d'autre chose au présent peut être un état, ou un « acte de volonté ». Je m'arrête maintenant à ce dernier.

L'acte de volonté découle d'une *possibilité*. Toutes les manières de quitter le présent sont, avant tout, des possibilités que j'ai. Je peux tourner mon attention vers le passé (me souvenir) ou vers l'avenir (faire des plans) selon mon bon vouloir, de l'intérieur de ce qui constitue mon *horizon* temporel (encore une explication métaphorique).

Ce qui est essentiel, toutefois, c'est que cela tienne du possible. L'horizon spatial est ici, donné, tandis que l'horizon temporel est seulement possible. Bien sûr, dans l'espace aussi je vis dans une proximité étroite, sur fond d'un horizon étendu (étendu jusqu'au « monde »), que je *peux* uniquement embrasser, en dirigeant mon attention sur lui. Mais le passage de la proximité à l'horizon est dans une certaine mesure quantitatif, ou, tout du moins, peut aussi être accompli de manière quantitative : si je regarde à droite je ne vois pas la même chose qu'à gauche, mais pas non plus essentiellement autre chose. Si je démarre près de ma cour et que j'embrasse du regard la ruelle, le champ, les collines et la forêt, tout se passe de manière imperceptible, il ne se produit rien de particulier en moi. Je ne fais qu'élargir mon horizon, mais la dimension dans laquelle je me « meus » reste la même.

Lorsqu'il s'agit du temps, en revanche, le passé et l'avenir sont des hypostases différentes du temps, tant l'une à l'égard de l'autre, que par rapport au présent ; ce sont des dimensions différentes parce que ce sont des modalités d'être différentes. Et je change, dans le mouvement de ma conscience, lorsque je me souviens ou que je fais des plans.

Heidegger a insisté sur le caractère ek-statique des hypostases de la temporalité, en particulier sur l'*Entwurf*, le « projet » d'une *Daseins-möglichkeit*. Je ne suis pas ici cette voie, mais je prends la position (moins philosophique) suivant laquelle ces ek-stases sont pour l'homme du domaine du possible, elles *en dépendent*, et qu'il peut à tout moment y « accéder ».

La réflexion sur les manières de quitter le présent en tant que possibles et à notre portée, *toujours* possibles (mais non pas en tant qu'actuelles par elles-mêmes), a conduit à l'idée de la mémoire (des souvenirs) comme entrepôt, comme remise (voir *Theaitetos*, etc.), et de là, à la δύναμις, c'est-à-dire à la compréhension de la mémoire comme puissance de passer dans l'actualité. Au fondement de la conception aristotélicienne de la δύναμις d'une part, et de l'ἐργόν et de l'ἐντελέχεια, d'autre part, il y a l'idée du passage du souvenir de l'état virtuel à l'état actuel (l'acte de se souvenir). A son tour, cette compréhension se fonde sur une manière métaphorique de penser ontologiquement le passé à la lumière de l'im-puissance, étant obligés de concevoir quelque chose qui est et qui n'est pas à la fois. Mais laissons cela pour une autre fois.

Ce qui importe ici, c'est le fait qu'il dépende de moi (au sens où il est en mon pouvoir) de sortir ou non du présent, et dans quelle direction sortir. Ce qui veut dire que l'horizon temporel m'est en quelque sorte donné (puisque je l'ai à ma portée), et que, d'un autre côté, il ne m'est pas donné (puisque je peux ne pas en faire usage).

A ce stade, je suis tenté de penser que le moi (la conscience) est quelque peu « en dehors » (maudite métaphore!) des hypostases du temps, puisqu'il peut diriger sa conscience vers n'importe laquelle d'entre elles, puisqu'il peut conduire selon son bon vouloir l'orientation de son attention vers n'importe laquelle d'entre elles. Il semble que nous puissions aller plus loin, car l'homme, en pensant abstraitement (les mathématiques, par exemple), peut bondir au-delà de la temporalité, dans l'atemporel, ou au-delà du réel, à travers l'imagination. De telles alternances donneraient un fondement plus solide aux termes de temporel-atemporel, réel-irréel, même si l'atemporalité et l'irréel sont illusoires, sans jamais cesser, toutefois, dans le contexte de ma discussion, d'*être*.

De toute manière, le besoin s'impose d'approfondir plus sérieusement ce que signifie « se souvenir ». Par exemple :

– comment le passage du vécu dans le présent au vécu dans le souvenir est-il possible ?

– comment éclaircir l'ambiguïté du départ (du vécu) dans le passé, et du fait de rapporter le passé dans le présent ? Lequel des deux est réel (non pas métaphorique), et pourquoi ?

– que signifie, d'un point de vue existentiel, le passé à la différence de l'avenir, tout au long de la vie d'un homme ?

Il y a trois choses qui ne peuvent advenir qu'au présent : 1) le faire ; 2) le sentir ; 3) l'aimer. Tout ce que je sens (j'entends, je vois, etc.) et tout ce que je fais (les actions), et surtout l'amour, se passent toujours au présent. Or, ce sont là les deux classes (je *sens* et je *fais*) à travers lesquelles je suis (de manière passive et active) en contact avec le monde. Autrement dit, ce sont des interactions entre moi et le monde. (Ce qui ne veut pas dire que tout présent est interaction).

A ce niveau, les choses semblent simples ou simplifiables : je suis affecté par les sens et je réagis par des actions (au sens large du terme), comme dans une sorte de circuit. Beaucoup de ce qui nous arrive pourrait être résumé de la sorte, et le reste peut indirectement y être rapporté (*nihil est in intellectum…*).

Tout le reste a été considéré comme « activité complexe du cerveau », conséquence de la brillante carrière du νοῦς, respectivement *animus* et *Geist*. Le temps dans ses hypostases n'a pas été pris en considération. Or, il me semble essentiel non seulement que je puisse ne rien faire, mais aussi que je puisse me soustraire (ou me soustraire quasiment) aux sens, que je puisse en venir à ne même plus contempler, bref, que je puisse tout simplement quitter le présent. Evidemment, je ne quitte pas ma propre présence, mais je sors de mon présent.

Quelque paradoxal que cela puisse paraître, dans ce cas mon présent est constitué de mon absence (souvenir, faire des plans, pensée abstraite, etc.), ou, plus simplement, l'interaction entre moi et le monde est interrompue. C'est précisément de cela qu'il s'agit : que ce qui ne peut être autrement que présent (les sens, l'action) soit remplacé par ce qui ne saurait être présent (le passé du souvenir, le futur de l'intention, etc.).

Pour résumer : il y a une zone de l'interaction avec le monde (les sens et l'action), et une zone de non interaction (les cinq points cités plus haut). L'une a le caractère du présent, l'autre pas. Ce qui n'est pas présent constitue un horizon humain dans les dimensions temporelle – spatiale – rationnelle – imaginative, qui peut être décrit de manière structurale.

Jusqu'ici, tout est relativement clair, parce que l'approche est phéno-ménologique. Mais alors, cela peut signifier que la question « comment est-il possible de quitter le présent » n'a pas de sens ? Si elle n'en a pas, alors toute une zone, la zone de base de l'humain, nous demeure inconnue.

Tout le passé est teinté de (en) présent : nous n'avons pas de souvenirs purs. Mais nous avons une mémoire pure, par exemple, lorsque je me remémore le théorème de Pythagore. Peut-on déli-miter de manière précise la mémoire du souvenir ?

Observation. L'attention a, comme je viens de l'écrire, tant une fonction de focalisation (je concentre mon attention), qu'une fonction d'exploration (je parcours tour à tour les différents aspects d'un paysage). Aucune des deux n'implique une modification de la conscience au sens de quitter le présent. Alors, peut-on dire que l'attention a deux fonctions ? Ou bien ne s'agit-il que d'attention dans les deux cas ?

Dans le passage de l'attention vagabonde, par exemple, à celle qui est dirigée sur un ailleurs ou un autre temps, il semble qu'il n'y ait pas de distinction essentielle, ou, tout du moins, que je ne la ressente pas en tant que telle.

Tant pour Kant que pour Heidegger, le temps, et respectivement la temporalité, est un donné, respectivement en tant que forme pure de la sensibilité et comme ek-stase. Ce que je tente, c'est d'aller au-delà de la résolution en termes de donné. Et cela, parce que l'attention montre dans quelle mesure le passé et l'avenir peuvent également en dépendre, donc dépendre de ma liberté. Ce qui veut dire que, au moins dans cette mesure, ils ne sont pas donnés. Je ne vis pas tout simplement le temps, mais *soit* le passé (le souvenir, la mémoire), *soit* le présent, *soit* l'avenir. Le temps, ce ne sont que les philosophes qui le saisissent.

Dans la conception heideggérienne de l'ek-stase, l'horizon temporel est donné, et, précisément parce qu'il est donné, j'ai la possibilité de m'y étendre. Cela revient toutefois à hypostasier les hypostases du temps, comme si le passé et l'avenir existaient comme des choses.

Dans la vie de tous les jours, le passé, le présent et l'avenir sont mélangés, entrelacés, etc. Je vis le présent, avec son horizon spatial et son « au-delà » qu'il suscite, mais aussi le passé qui est à son fondement, et aussi l'avenir vers lequel, que je le veuille ou non, je suis toujours tendu ; et encore, je pense en même temps, et avec la pensée de l'avenir, j'imagine. Tout cela est à tel point entrelacé, que je ne me rends pas compte à quel moment je glisse de l'un à l'autre.

La genèse des manières de quitter le présent peut être pensée comme une progression, comme une avancée pas à pas (ἄλλο καὶ ἄλλο) : la proximité, l'horizon, les lointains, l'au-delà ; ou bien : tout à l'heure, hier, il y a un mois... ; ou bien : tout de suite (à l'instant), plus tard, une autre fois peut-être. Même la vie au présent permet le balayage de ce que je vois, disons point par point, selon la direction que je donne volontairement à mon attention. C'est d'ailleurs de là qu'est partie ma question sur l'attention.

Et me voilà revenu à l'ἄλλο καὶ ἄλλο, dont les fonctions seraient :
— l'infini dans l'espace : plus loin, encore plus loin, toujours plus loin ;

– l'infini dans le temps (en avant et en arrière) ;

– l'infini du plaisir (*Philèbe* : le plaisir *réclame* un « encore ») ;

– l'infini de la nuance, dont il serait question ici.

Dans l'ἄλλο καὶ ἄλλο de la nuance, les cinq manières de quitter le présent que nous venons d'évoquer semblent se perdre, mais *semblent* seulement.

Le *no man's land* de l'imagination pure : il se passe à un moment donné et à un certain endroit, mais non dans l'espace et dans le temps. L'action du conte se déroule de manière cohérente, avec un avant et un après (mais teinté de passé, parce qu'il est raconté « il était une fois ») et quelque part, dans un espace du conte, mais étendu.

La pensée abstraite, dans une démonstration géométrique, par exemple, est aussi un « premièrement » et un « ensuite », un ordre de l'argumentation et, naturellement, un espace géométrique. Mais la succession des opérations dans une démonstration (leur ordre) serait-elle une succession temporelle ? Non, bien évidemment. Et pourtant : à chaque fois que je l'accomplis, elle est temporelle. Mais quid de l'éternel problème de « l'espace géométrique » ? L'« espace géométrique » est-ce un espace, ou non ? Serais-je amené à dire qu'il s'agit en l'occurrence d'un temps qui n'est pas un temps, et d'un espace qui n'est pas un espace ?

Les mots n'ont pas dans ce cas beaucoup d'importance. Je pourrais aussi bien et avec le même sens, demander : y aurait-il un temps qui ne soit pas temporel et un espace qui ne soit pas spatial ? La réponse habituelle qui est : « il s'agit d'un temps imaginaire et d'un espace imaginaire » ne clarifie rien, parce que l'espace et le temps ne peuvent être que réels (ou des « formes pures », ce qui pour notre propos revient au même), c'est-à-dire que leur sens est réel, ils sont vécus. Il semble, donc, qu'il ne puisse y avoir de temps ou d'espace qui n'existe pas.

Qu'est-ce que les cinq manières de quitter le présent ont apporté à la culture ?
– le départ vers l'espace : la géographie, la cosmologie ;
– le départ vers le passé : l'histoire, la cosmogonie ;
– le départ pour l'avenir : les prédictions, la divination, la prévision, la planification ;
– le départ vers la pensée abstraite : la philosophie, la science ;
– le départ vers l'imagination : les arts.

Qu'est-ce que le vécu du présent a apporté ?
– le plaisir des sens ;
– l'éthique, la gymnastique et la technique en tant que *pratiques*.

Naturellement, la cosmologie et la géographie ce sont des sciences (c'est-à-dire qu'elles ont l'attitude scientifique), seul leur objet vise l'espace (les endroits), et, d'autre part, leur objet n'est pas un endroit « au-delà » (autre que l'« ici »), mais tous les lieux à la fois, et dans une égale mesure ; un espace unique et *ordonné*, qui me permet de progresser.

Dans les arts, en revanche, les objets sont rapprochés (juxtaposés), et l'histoire de l'art n'est pas l'histoire des objets d'art. (Le paysage des arts n'est pas ordonné de la même manière que celui de la géographie).

Il convient également de noter que toutes les évasions du présent tendent vers la science ou se constituent en tant que sciences.

Ainsi, nous sommes parvenus à deux plans : l'un existentiel et l'autre scientifique, celui de l'*objektiver Geist*, de « l'esprit objectif ». C'est pourquoi Hegel a d'abord pressenti l'*objektiver Geist*, et Heidegger ensuite, l'existential.

Les souvenirs, les marques, les signes ne sont pas l'histoire, mais l'objet de l'histoire, la description d'endroits ailleurs n'est pas la géographie, mais l'objet de la géographie, etc. L'histoire ne se constitue pas de faits passés (comme le souvenir), mais à partir de témoignages, des traces des actions passées. C'est-à-dire que nous n'avons pas besoin de preuve pour un souvenir d'enfance (il *est*, à savoir qu'il imprime en moi la marque de son existence passée), alors que l'histoire se constitue indirectement, à travers l'existence de documents (de tout ce qui, au sens large, constitue une trace) ; c'est pourquoi seuls les faits historiques doivent être prouvés, non pas les souvenirs (en tant que souvenirs).

Du point de vue du départ depuis le présent vers le passé, le souvenir et le fait historique objectifs sont égaux, quoique différents par ailleurs. Quel est celui qui fonde l'autre, ou quelle serait leur racine commune ? Et si, comme je le crois, le souvenir est à l'origine de l'histoire, comment le souvenir se change-t-il en discipline historique ? Est-ce seulement par la communication et par les doutes ? (Mais ce n'est pas là ce qui nous préoccupe ici).

Je me répète peut-être :

Le passé et l'avenir existent deux fois (de deux manières) dans le présent :

1) parce que le souvenir, l'intention, etc. se passent dans un présent et uniquement au présent ; je ne peux voyager dans le passé *que dans le présent* ;

2) parce que dans la structure du présent il me semble qu'il entre un passé immédiat (la rétention) et un avenir immédiat (l'intention).

Comment peut-on clarifier tout cela en partant de la vie comme passage, de l'existence (*Sein*) comme passage ininterrompu d'une suite de « maintenant » ?

que signifie « distinguer » ?

Lorsque je me pose cette question, ma pensée se porte en première instance sur les choses extérieures, qui sont dans l'espace : je distingue le ciel de la terre, la rue de la maison, le tapis de l'armoire, etc. Nous dirions que nous percevons des « choses » distinctes. En réalité, nous percevons des couleurs différentes, des volumes différents, des sons différents, des goûts différents, etc. Chaque sens nous procure ses propres sensations, qui sont différentes des autres. Je perçois ensuite différemment le proche du lointain, ce qui arrive en premier par rapport à ce qui vient ensuite. Il est vrai, je n'ai pas un « sens du lointain », mais je vois si quelque chose est au loin, et je fais une distinction claire entre « l'horizon » et le « proche ». Il en est de même pour les sons (mais non pour le goût, le toucher et l'odorat). Je distingue aussi entre l'imagination et la mémoire, et les deux, de la pensée. Enfin, je distingue les hypostases du temps et je dis « passé », « présent », « futur ». En tout et pour toute chose, je fais des distinctions.

Seulement, de cette manière, nous arrivons insensiblement à l'*omnis determinatio est negatio* : toute détermination, toute chose nous apparaît comme telle dans la mesure où elle n'est pas une autre, dans la mesure où elle se distingue d'une autre (le tapis n'est pas l'armoire). Mais qui a la préséance, dans ce cas ? Est-ce que je détermine d'abord quelque chose, pour le distinguer ensuite de ce qui l'entoure, ou l'inverse ? Peut-être qu'il en est ainsi parfois, et que d'autres fois, il en est autrement, ou peut-être tout arrive-t-il en même temps. Mais, au fond, est-ce que cela a une importance ? Oui, puisque tant chez Platon (où il est question de *diairesis*, de « division ») que chez Descartes et Leibniz (et avec eux, toute la philosophie de la science), le discernement (avoir des « idées claires et distinctes ») joue un rôle fondamental. Que dire encore de l'importance de la définition chez Aristote ? Et toute la philosophie néo-platonicienne (Plotin) se fonde également sur la distinction. Seulement ils prennent tous, à l'exception de Platon dans le *Sophiste*, la distinction pour quelque chose de connu et de donné.

Combien de sortes de distinctions existe-t-il ? Commençons par les grandes distinctions, plus intérieures : je distingue les rêves du « réel » de l'état de veille. Ce n'est pas une distinction entre des choses, mais une distinction entre des « mondes ». Il y a un monde des rêves, avec ses paysages et ses labyrinthes, dans lequel, exactement comme dans le monde réel, j'arrive à me repérer ou non. Chaque réveil me place aux confins des deux mondes en tant que radicalement « distincts ». Si l'on en croit Freud, le monde des rêves porte en lui une autre distinction encore, entre le conscient et l'inconscient, ce qui nous amène à la mémoire inconsciente et à ses résurgences. Je suis, donc, hétéro-ontique dans l'être et dans mon étant. – Je distingue ensuite au-dedans de moi, les sens, la raison, l'imagination, les actions, les sentiments, le passé – le présent – l'avenir, et tant et tant d'autres choses. Tout cela, ce sont des distinctions intérieures et chacune, à son tour, porte en elle de nombreuses autres distinctions. Ce ne sont pas des distinctions entre des choses dans le monde réel, et en tant que telles, elles sont autres, par leurs différences, que les distinctions entre les choses qui existent dans le monde en dehors de moi. Et pourtant, elles portent toutes en elles une relation au monde « réel », fût-elle négative : les rêves ne sont pas la réalité de l'état de veille, lorsque je m'imagine quelque chose, j'imagine ce qui n'existe pas, le passé n'est plus, le futur n'est pas encore, l'inconscient n'est pas conscient, etc. Tout cela possède en commun le trait de se rapporter à la réalité.

Seulement, nous brossons de la sorte un tableau unilatéral. Je distingue (toujours ?) quelque chose d'autre chose. Ce qui veut dire que je rapporte quelque chose à autre chose, d'où il s'ensuivrait que la distinction relève de la catégorie de la relation. Mais la relation fait partie de la variété (*Mannigfaltigkeit*, dit Kant). La distinction et la variété ont ainsi partie liée. Toute distinction entre une chose et une autre constitue une variété, et toute variété est constituée de distinctions. Sauf que la distinction s'opère entre les choses distinctes, alors que la variété les unifie dans leur distinction même. Il semble que l'on ne puisse penser l'une sans l'autre, mais l'une distingue plutôt, alors que l'autre unifie. La variété, c'est la distinction indifférente, la distinction envisagée du point de vue de l'extériorité.

Cependant, il y a différentes sortes et différents degrés de distinctions et de variétés. Comment la variété unifie-t-elle les distinctions ? Parfois, selon le genre prochain (lorsqu'il s'agit d'espèces), d'autres fois selon l'organisme (lorsqu'il s'agit d'organes), ou bien tout simplement dans l'espace (lorsqu'il s'agit d'un kaléidoscope, par exemple, ou d'un pay-sage), ou bien encore, dans le temps (pensons, par exemple, à l'histoire). Les objets peuvent être complètement hétérogènes, cela ne les empêche pas de former, dans leur variété, un « paysage ». Ou bien ils peuvent se rassembler (l'imagination, les sens, etc.) dans le genre prochain « facultés », et celles-ci dans le tout qu'est l'être humain. Une sorte classique de variété, c'est le jugement. Le sujet est distinct du prédicat, et, rassemblés dans le jugement, ils forment autre chose que leur simple variété. Le système est également une variété. *Finis finorum* : tout, au monde, est constitué de variété et de distinctions, et « le monde » lui-même, c'est la variété omni-englobante *a priori*. Par principe, tout se distingue de tout.

Maintenant, la question suivante se pose : lorsque je fais des distinctions, comment est-ce que je fais pour distinguer ?
La réponse la plus générale et la plus neutre me semble être : je distingue « une chose » d'une « autre chose », au sens de « quelque » chose d'une « autre » chose. Mais cet « autre » (*allos*, en grec, *alius* en latin) représente précisément la distinction, et

quelque [« chose »] est composé du préfixe « quelque » qui exprime
– tout comme la construction « n'importe… » – les principales
catégories aristotéliciennes (« quelque chose », « quelqu'un », « en
quelque sorte », « quelque peu », « quelque part », « quelque
temps »), toutes parties de quelques questions fondamentales[1]. Le
terme « quelque » de « quelque chose » exprime d'une certaine
manière la réponse la plus générale à la question « quoi ? », la
réponse formelle, et non la plus adéquate, sur le contenu. Or, le
contenu qui répond de manière adéquate à la question « quoi ? »
c'est, dans la philosophie occidentale, depuis Aristote, l'*ousia*,
l'« essence ». Et inversement : l'*ousia*, c'est ce qui fait que quelque
chose – n'importe quelle chose – soit ce qu'elle est. L'identité à soi-
même de tout « quelque chose » n'est pas une identité formelle
(A=A), mais c'est l'identité à soi-même dans le fait d'être ce que l'on
est, en substance, en son essence ; c'est l'identité déterminée,
l'identité par et dans la détermination. Rien ne peut être quelque
chose s'il n'est pas d'abord une chose, un quelque chose-ci.

---

1. Dragomir fait appel à la flexibilité systématique de la langue roumaine, qui construit
toute une série d'adverbes, de pronoms ou de locutions à partir de plusieurs interrogations
essentielles : la substance-chose : « *ce ?* » (quoi ?) ; la personne « *cine ?* » (qui ?) ; la
modalité : « *cum ?* » (comment ?) ; la quantité : « *cât ?* » (combien ?) ; l'espace :
« *unde ?* » (où ?) ; le temps : « *când ?* » (quand ?). À partir de ces interrogations fondamentales, la langue roumaine construit des concepts définis et indéfinis. Les concepts
définis sont construits par le suffixe « -va » (que le français peut rendre par le préfixe
« quelque »). Les termes indéfinis sont construits par le préfixe « ori- » (que le français
peut rendre par la locution pronominale indéfinie « n'importe… »). Ainsi, pour la
catégorie « substance-chose » (*ce ?*) nous avons « ce*va* » (« quelque chose ») et
« *ori*ce » (« n'importe quoi ») ; pour exprimer la personne (*cine ?*), nous avons
« cine*va* » (« quelqu'un ») et « *ori*cine » (n'importe qui) ; pour affirmer la modalité
(*cum ?*), il y a « cum*va* » (en quelque sorte) et « *ori*cum » (n'importe comment) ; pour la
quantité (*cât ?*), nous avons « cât*va* » (quelque peu) et « *ori*cât », (n'importe combien) ;
pour le temps (*unde ?*), il y a « unde*va* » (quelque part) et « *ori*unde » (n'importe où) ;
enfin, pour le temps (*când ?*), nous avons « când*va* » (quelque temps) et « *ori*când »
(n'importe quand). [N.d.T.]

Tout ce qui est doit être quelque chose, à savoir une chose en particulier. Une chose « en particulier », pourtant, c'est quelque chose non pas pour autant qu'elle se distingue d'autre chose, mais par ce qu'elle est elle-même. Il y a, ainsi, fondamentalement, deux sens du mot « être » (exister, existence) :

1) que la chose existe, qu'elle n'est pas un rien ; 2) que la chose est quelque chose, que cette chose est, qu'elle existe par cela même qu'il y a un quelque chose-ci, c'est-à-dire qu'elle est déterminée « en elle-même » (*substans*).

Aristote a rassemblé ces deux sens pour une raison simple : si tout ce qui est doit être une chose en particulier, alors « ce particulier » c'est l'existence même de ce quelque chose ; il existe par et dans son *ousia* et, si celle-ci n'était pas, il n'existerait pas non plus. A partir de là, la substance (*ousia*) se développe comme *sub-stans* (*hypokeimenon*), en tant qu'« élément » qui « gît » et persiste au fondement (« en dessous ») de la chose – étant différent des accidents – et en tant que déterminé dans son enchevêtrement, donc en tant que définition et jugement. Heidegger, en revanche, distingue radicalement ces deux sens, le *Sein* et le *Seiendes*, le « fait d'être » et « l'étant », en hypostasiant le *Sein* ; d'où découle toute la problématique du pont entre *Sein* et *Seiendes*, pont que la « différence ontologique » (*die ontologische Differenz*) cherche à trouver.

En termes aristotéliciens, la question qui se pose tout d'abord est la suivante : en quoi consiste la substance, si « quelque chose » signifie détermination : dans la détermination, qui est une généralité, une « notion » (*substantia secunda*), ou dans la singularité ontique (*substantia prima*) ? Aristote accepte les deux, dans *les Catégories* – et ailleurs non plus, il n'est pas décidé (le principe d'individuation) – mais, du point de vue de la connaissance, il n'y a que l'*ousia* comme substance seconde qui est féconde, non pas l'individuel, comme chez Platon dans *Philèbe* (16c et passim.).

Mais à quel niveau apparaît ce « quelque chose » ?

Un son, par exemple « boum », apparaît au niveau de la sensation de l'ouïe, une odeur au niveau de l'odorat, etc. Mais dans tout cela il y a déjà une « interprétation » (identification) et une expression, parce que ce que j'entends c'est « quelque chose » du domaine de l'ouïe, qui, une fois « représenté » en moi, se superpose à d'autres sensations du passé du domaine de l'ouïe, d'après lesquelles il s'identifie (comment ?) à d'autres, similaires – tout cela à travers la mémoire – et s'exprime à travers un mot (« boum ») du langage que j'emploie, et qui représente une notion. Mais au niveau de la sensation, je ne fais qu'entendre « quelque chose ». J'ai choisi à dessein un mot à l'origine onomatopéique (« boum »), parce que le secret du langage n'a pas d'importance ici.

Mais rechercher la distinction en soi est-il justifié ? Ou alors dans la réalité n'y a-t-il jamais de distinction, mais toujours une multiplicité (le kantien *Mannigfaltigkeit*), la distinction étant une question purement formelle ? D'autre part, la multiplicité ne présuppose-t-elle pas la distinction, n'est-elle pas, précisément, une multiplicité (pluralité) de distinctions ? Dans une pluralité, il y a au moins deux « quelque chose » distincts, et s'il y en a plusieurs, le problème ne change pas de toute manière, puisqu'il n'est pas quantitatif.

Donc, le problème, c'est ce « quoi », c'est-à-dire : qu'est-ce que ce « quoi » ? Une question ? Si « quoi » (*quid*) est à l'origine un pronom relatif interrogatif, alors il semblerait que tout se réduit au langage, et que le langage exprime une généralité. En effet, toute chose est quelque chose[1], c'est-à-dire une généralité (une « notion ») bien déterminée : une « généralité » parce que le langage n'exprime pas l'individuel, et « déterminée », parce qu'autrement je ne dis rien. Toujours, quand je dis, je détermine, je délimite.

---

1. Jeu de mots intraduisible : « orice (ori-ce) este ceva (ce-va) » : tout « n'importe quoi » [ou « quoi que ce soit »] est un quelque chose. Voir la note précédente pour des clarifications supplémentaires. [N.d.T.]

Premièrement, le « quoi » signifie (se réfère à) l'essence, mais il peut aussi se référer à l'événement (« qu'est-ce qui s'est passé ? »), à l'action (« qu'est-ce que tu fais là ? », « qu'est-ce que tu fais demain ? »), à la pensée (« à quoi tu penses ? »), etc., donc, à toute chose, mais dans la catégorie de l'essence (à n'importe quoi, mais pas n'importe comment, n'importe où, n'importe quand, n'importe combien ; et à quelque chose et non pas à quelque sorte, quelque peu, quelque temps ou quelque part).

Je remarquais tout à l'heure que le monde est la variété omni-englobante *a priori*, et que, par principe, toute chose se distingue de toute autre. Seulement, par le fait de se distinguer, une chose se distingue d'une autre chose par quelque chose.

Les distinctions peuvent se ranger dans différentes catégories, par exemple selon chacune des catégories aristotéliciennes. Ou bien, toujours selon Aristote, en *kata posoteta ê kata physin*[1], division fondamentale dans l'histoire de la connaissance occidentale. Les distinctions *kata physin* (« selon la nature ») sont les distinctions essentielles (substantielles), alors que les distinctions *kata posoteta* (« selon la quantité ») sont celles que l'on peut mesurer quantitativement. Cette division a conduit à deux fondations différentes, l'une étant la métaphysique essentialiste, l'autre la science moderne. Les couleurs, par exemple. Goethe, dans les *Farbenlehre*, les concevait comme différentes par essence. Pour lui, philosophe substantialiste, chaque couleur a une qualité distincte, une différence spécifique à l'intérieur du genre « couleur ». Pour les physiciens, en revanche, les couleurs se distinguent quantitativement par leur longueur d'onde. De même pour les sons, ou encore pour les couleurs-sons réunis.

---

1. Selon la quantité ou selon la nature (gr.). La formule comme telle est introuvable dans le corpus aristotélicien. On trouve le terme *posotes* dans *Met.* 1028 a 19 (*posotetes*, nominatif pluriel), 1029 a 14 (*idem*), 1071 a 26 (*posotetos*, génitif singulier), mais la formule *kata posoteta* semble être forgée par Dragomir pour expliquer son propos. [N.d.E.]

— D'un point de vue catégorial, ensuite, tout est soit identique (*to auton*), soit distinct (*heteron*), ce qui veut dire que l'identique est distinct d'une autre chose qui, par rapport à l'identique, est différente.

L'identique est identique à lui-même (A=A), ce qui ne présuppose même pas de tautologie, si nous considérons qu'il est identique *à* ....

Si nous l'envisageons ainsi, alors l'identique n'est, à strictement parler, qu'une différence nulle, c'est-à-dire une relation entre deux termes qui ne se distinguent pas l'un de l'autre. Ou bien peut-être faudrait-il dire que l'identité est une relation entre deux termes qui signifient la même chose. Or, l'identité n'est pas la même chose que l'égalité, ni que la synonymie. $6 = 2 \times 3 = 1+5 = 3+3$, mais les expressions entre les signes « = » n'indiquent pas des identités. Il n'y a que 6 qui est identique à 6.

Pour la logique, toute identité présuppose la différence : deux choses sont identiques si elles ont les mêmes propriétés. L'identité signifie ici que deux noms indiquent le même individu, et nous avons une « quadruple relation » (*vierstellige Relation*) : « [*Bezeichnet*] (n, a, g, l) », avec n pour le nom, a pour la chose, g pour la signification et l pour la langue, c'est pourquoi l'expression signifie : « Un nom n indique, pour une chose a, un certain contenu g dans la langue l ». Ce qui serait, selon Menne, la synonymie.

Ou bien l'identité peut être considérée comme un « concept fondamental » (*Grundbegriff*) indéfinissable, ce qui donne :

$$\vdash \forall xy : I(x,y) \rightarrow \cdot \forall f \cdot f(x) \leftrightarrow f(y)$$

Il en résulte la nécessité de deux dénominations différentes (x et y) pour exprimer l'identité.

Nous avons à faire, dès lors qu'il s'agit d'identité, à plusieurs choses :

1) la synonymie peut être de deux sortes :

a) *stricto sensu*, elle est la désignation du même par deux mots différents dans un même langage. Par exemple, « cadavre » et « charogne ».

b) la désignation du même par des mots différents dans des langues différentes. Par exemple « Deus », « Dieu », « Gott », « God », « Dumnezeu ».

Donc, dans la synonymie linguistique, le même peut s'exprimer par des mots différents. La distinction consiste en la dénomination, l'identité résidant quant à elle dans le dénommé. Autrement dit : deux ou plusieurs dénominations distinctes indiquent une chose identique. Les plans sont différents. L'identique ici ne l'est pas à lui-même, mais il résulte de la signification des mots. C'est-à-dire que l'on part de distinctions ou par des distinctions (de mots) pour arriver à un même « quelque chose ». Il s'agit uniquement d'une identité de désignation à l'intérieur d'une distinction de moyens.

2) le langage mathématique : « 6 » ou « 3+3 » semblent être des synonymes, parce qu'ils expriment la même chose. Est-ce vrai ? Bien sûr, on peut employer pour le calcul l'une ou l'autre des notations indifféremment, parce qu'elles ont la même valeur de vérité. Mais alors, peuvent-elles dire aussi ce que c'est que le « 6 » ? C'est-à-dire : quelle est la définition du 6 ? Le septième nombre entier naturel, ou le troisième nombre pair etc. ? Je ne crois pas que ce soit la même chose. Alors que la définition de « cadavre » et « charogne » dans une même langue est la même.

3) La chose dénommée, la réalité : dans le langage ordinaire, les notions ou les classes comprennent des individus identiques dans leur extension : deux renards (ou « fox » ou « Fuchs ») sont identiques *qua* renards. En réalité, en tant qu'existences singulières, ils sont différents. Or, en tant que tel, singulier, ce renard est-il identique à lui-même ? Mais qu'est ce que cela peut vouloir dire ? Qu'est ce que cela peut vouloir dire qu'un grain de sable soit identique à lui-même ? Nous avons tendance à répondre : il a les mêmes propriétés. Seulement, de la sorte nous avons introduit une nouvelle distinction — les propriétés, dont nous disons qu'elles sont identiques, donc nous n'avons fait que déplacer le problème. (Sans parler du problème parménidien chez Platon).

Il est clair que tout ce que nous pensons – une chose, un être vivant, l'univers, une relation, une loi physique, un axiome mathématique – nous le pensons déjà comme identique à lui-même. Mais si l'identité en tant que « identique à soi-même » est une relation et si la relation elle-même, comme toute relation, est identique à elle-même, alors la relation d'identité est-elle deux fois identique ? – Et si l'identité repose sur la différence, comme il vient d'être démontré, alors pourquoi y a-t-il un principe d'identité et un principe de distinction ?

Il en est de même avec la distinction.

La différence semble toujours exister entre deux ou plusieurs choses, à supposer qu'elles soient identiques à elles-mêmes (tout au moins lorsqu'on les distingue et qu'il s'agit de mêmes choses, êtres vivants, pensées, mots, formules, etc.).

La conclusion naturelle en est : il n'y a pas de différence sans identité, ni d'identité sans différence.

Pourtant, si l'on envisage les choses de cette manière, l'identité ne semble être qu'une différence nulle ou une distinction à termes... identiques. En vérité, chaque fois que nous pensons une identité, nous pensons en même temps une différence, et chaque fois que nous pensons une différence, nous pensons également une identité. C'est de fait de cette manière que nous pensons. Par exemple, le peuplier est différent du bouleau, mais ce sont tous les deux des arbres. Les arbres sont différents des animaux, mais tant les arbres que les animaux appartiennent au règne vivant. Les êtres sont différents des choses (inertes), mais les deux sont « quelque chose ». (Nous arrivons ainsi à l'arbre des divisions). Un nombre est différent d'une fleur, mais les deux sont « quelque chose ». Un carré est différent d'un cercle, mais les deux sont des figures géométriques. Les figures sont différentes des choses inertes, mais les deux sont « quelque chose ».

Mais qu'est-ce que « quelque chose » ? Est-ce l'identité en tant que différence nulle ? Et de ce « quelque chose », quelle est la première division ? Est-ce « quelque chose » et « autre chose » ? Bien sûr que non.

Serions-nous alors forcés de revenir à *tauton* et *heteron* pour tout reprendre depuis le début ?

Toute relation entre êtres humains comprend :

1) ce que nous enregistrons sans le savoir,

2) ce que nous enregistrons tout en le sachant et sans le communiquer,

3) ce que nous enregistrons tout en le sachant et tout en le communiquant.

La « communication » n'occupe donc qu'une partie des relations inter-humaines, une partie qui peut être plus ou moins grande, mais qui n'occupe jamais la totalité de la relation. C'est le lucide loquace qui communique le plus, tandis que le taciturne non lucide communique le moins.

Deux hommes se rencontrent, par exemple, et se parlent, c'est-à-dire qu'ils se disent différentes choses l'un à l'autre (3). A côté de cela, chacun enregistre, disons, l'apparence de l'autre, ses tics, s'il s'exprime de manière prolixe, s'il sait raconter une blague, s'il porte des habits de prix, s'il regarde les femmes, s'il ressemble à son frère ou à quelqu'un d'autre qui n'est pas de sa famille ; ou, s'il s'agit d'une femme, il va observer, disons, si elle est jolie, s'il aimerait voir ses jambes, etc. (2). Mais il reste un tas de choses que l'on ne sait pas, comme par exemple qu'il porte un lourd cabas, qu'il est rasé de près, que sa moustache a poussé, qu'il répète certains mots, qu'il t'énerve au bout de cinq minutes. On peut même dire que plusieurs détails parmi ceux que je viens de citer sont enregistrés par certains seulement de manière inconsciente.

Du point (2) font habituellement partie les extrêmes : ce qui est déplaisant et ce qui est trop plaisant. Mais en font également partie les choses que nous ne voulons pas dire, parce que nous savons qu'*une fois dites*, les choses seront différentes, et que, pour finir, tout « devient » différent.

Cette dernière catégorie peut elle-même aboutir à une communication interhumaine non-dite. Supposons que l'on voie quelqu'un faire quelque chose de mal, alors qu'il ne le sait pas, mais qu'il s'en aperçoit dans un second temps. Aucun des deux ne bouge, et pourtant la communication (A : « J'ai vu ce que tu es capable de faire » et B : « Je sais que tu m'as vu ») s'est produite, c'est-à-dire qu'elle est *advenue*. De même, lorsque l'on se trahit en public (on s'est énervé et on a laissé échapper quelque chose qu'il n'aurait pas fallu dire) et lorsque l'on *sent* la communication dans le silence des autres, par exemple.

Mais cette communication non-dite devient parfois le moyen de base de la communication, par exemple dans une longue intimité (époux-épouse, très vieux amis, etc.). Ils ne se parlent pas beaucoup, ils n'ont pas grand-chose à se dire. Leur soi-disant « entente tacite » est une sorte de barrage de communication, né de l'absence « d'étrangeté » à l'autre, qui est le revers de l'intimité de longue date. Ce n'est pas tant qu'ils se comprennent tacitement, mais ils se sont peut-être fatigués l'un de l'autre. A l'intérieur de l'intimité (qui perdure, et qui peut rester positive dans la durée), chacun s'est isolé dans son monde, *depuis lequel* il enregistre l'autre, comme dans une sorte d'indépendance dépendante : indépendance de jugement et dépendance de *Zusammensein*, du fait d'être ensemble. Il y a là tout un domaine de communication non-dite, avec ses signes, ses règles et sa dialectique spéciale, un domaine dans lequel parfois la communication et l'irritation coexistent.

Avant tout acte de dire, il faudrait résoudre les choses suivantes : 1) Ce que l'on dit. 2) Si on le dit. 3) A qui on le dit. 4) Quand on le dit. 5) Combien on en dit. 6) Comment on le dit.

Tout est clair et peut être développé sans trop de peine. Ainsi, par exemple, le point 3 :

a) choisir *à qui* dire, c'est-à-dire éviter les autres (à qui on ne parle pas) ainsi que la décision de dire à celui à qui on le dit ;

b) qui est celui à qui on s'est décidé de dire, c'est-à-dire quel genre d'homme récepteur il est, en tant qu'interlocuteur ;

c) si, et combien, il peut comprendre de ce que l'on lui dit ;

d) s'il va retransmettre ou non (transitivité) ;

e) à supposer qu'il retransmette ;

— à qui il va dire ;

— que vont faire, à leur tour, ceux à qui il va dire ;

— combien vont-ils être ;

— s'il est bon ou mauvais que ce que j'ai l'intention de lui dire soit diffusé.

f) comment il va déformer, s'il va retransmettre ce que je lui ai dit, ou purement et simplement comment ce sera quand il « re*transmettra »* etc.

Je tiens néanmoins, sur le deuxième point (« Si on le dit »), à noter une chose : en dehors de « l'opportunité » de dire ou de son secret, on doit tenir compte du fait que *ce que* l'on dit fige en quelque sorte l'objet de la communication. On peut à ce sujet distinguer deux moments :

I) Quelque chose qui existe (*realiter* ou autrement) encore non-dit, entre dans le monde du dire, devient dit et, ainsi, change de nature. A savoir :

a) le non-dit (et c'est là l'écrasante majorité de ce que nous vivons) possède son monde et son évolution propres, qui sont, d'une certaine manière, différents de moi. Non pas en tant qu'« inconscient », « sous-conscient » ou je ne sais quoi. Freud a montré (mais de quelle manière ?) l'hétérogénéité de ces mondes dans leur interpénétration, mais il a buté sur « l'inconscient », étroit, confus et préconçu. Ici, il s'agit à l'inverse, du fait que l'intrusion du dit, lorsqu'il « surprend » le non-dit, déforme, à l'instar du photon de Heisenberg. Lorsque je me décide à dire, je ne passe pas du non-dit au dit, mais je transforme un non-dit en dit, quelle que soit « la réussite » du dire. La meilleure réussite verbale, par exemple, ne peut rien dire sur le monde ambiant (*Umwelt*) à ce que l'on veut dire (ainsi, me semble-t-il, que l'a montré Mihai Şora, en affirmant cependant que la poésie y parvient), parce que ce monde ambiant du non-dit est autre chose que le monde ambiant du dire. Autrement dit : le non-dit est dans un monde, et en « énonçant » quelque chose à travers lequel on le dit, nous l'arrachons au monde qui est le sien pour en « faire » un élément d'un autre monde, celui du dire.

b) Le dire change l'évolution naturelle du non-dit en ce qu'il introduit la relation dit − non-dit inversée, à savoir le non-dit d'avant, « identifié » en tant que dit, devient − pour moi − dorénavant, le dit, même si, en réalité, celui-ci se superpose seulement au non-dit. Ainsi, je *recouvre* le non-dit et le dit devient instrument.

g) Le dit, parce qu'il appartient à la communication, est objectivé et il a, en tant que tel, son évolution propre, sa propre vie.

C'est ainsi qu'un parallélisme survient entre l'évolution du dit et du non-dit, qui est souvent (ou toujours) loin d'être un parallélisme.

Ce qui est clair, toutefois, c'est que le dit fige le non-dit.

II) Il y a un certain « mystère » dans le passage du non-dit au dit : tant au moment du « dévoilement », qu'à celui du « poids » des mots, et, *last but not least*, dans la « situation » créée par le dire. Tout ce dont j'ai connaissance qu'il a été dit sur la « magie » des mots c'est seulement *herumreden* [1], d'une part parce que la « magie » des mots opère également sur le penseur (« la valeur » est toujours du côté du dit : l'homme est λόγος ἔχειν [2], les animaux ne parlent pas), d'autre part parce que l'on présuppose entre dit et non-dit une relation de « vrai ou faux », sans analyser auparavant la relation « non-dit −

---

1. « Tourner autour du pot » (all.) [N.d.E.].
2. « Doté de *logos*, de raison et de parole » (gr.) [N.d.E.].

dit », dans sa nature d'hétérogénéité, en transformant donc la relation initiale non-dit – dit en relation de « connaissance », c'est-à-dire de sujet à objet, dans laquelle le non-dit – dit est considéré comme allant de soi.

Les trois moments (le dévoilement, le poids des mots et la situation) ne sont qu'une esquisse simpliste, et c'est aussi de manière simpliste que je les détaillerai ici :

I) Le dévoilement a sa « magie » précisément dans la révélation d'un secret. Mais au-delà de la magie, en tant que religion, quelle est son origine ? Autrement dit, pourquoi le dévoilement a-t-il pu devenir magique ? Le non-dit serait donc « secret » par lui-même, ou par son non dire même. De manière simpliste, ou scientifique, il n'est pas « sain » de dire (ainsi que le dire a toujours été considéré chez les Anglais), il n'est pas « correct », mais c'est un peu aplatir le problème.

Le dévoilement par la parole crée un θαυμάζω (un état d'émerveillement) tout en enveloppant le λόγος dans un δεινός (comme *furchtbar weil gefährlich, gewaltig*[1]). Le dire crée une sorte d'extramondanité, et ceci est ressenti comme un *sacrilegium*[2]. Mais dans quel sens le non-dit est-il *sacer* ? Dans le bon sens, celui de *sacerdos*, ou dans le mauvais, comme dans *interstabilis et sacer esto* ? *Lego* a dans « sacrilège » uniquement le sens de « voler ». Donc, je prends

---

1. « Terrible parce que dangereux, doté d'une force déchaînée » (all.) [N.d.E.].
2. « Pillage d'objets saints (dans un temple), profanation, sacrilège ». Le mot est composé de : 1) *sacer* (*sacra, sacrum*), mot dont le bi-sémantisme inspire Dragomir par la suite : d'une part « consacré (à un dieu) », donc *saint* (*sacerdos* c'est le serviteur des choses saintes, le prêtre), d'autre part « damné, infâme » (comme dans l'expression que cite Dragomir plus loin, *intestabilis et sacer esto*, « il est en vérité infâme et damné ». Et : *lego, – ere*, (cueillir, ramasser) qui peut signifier d'une part « s'emparer de quelque chose en le volant », *voler tout simplement* – comme dans l'expression *sacra legere*, « voler des reliques, des choses saintes » – et d'autre part, « cueillir des yeux », *lire*, comme dans l'expression que mentionne Dragomir, *sortes legere*, « lire les oracles » (voir aussi *sortilegius*, « devin, prophète ») [N.d.E.].

quelque chose à quelqu'un, ou je prélève quelque chose de là où il appartient. Mais non sans danger, le dire n'étant pas naturel, à savoir qu'il ne fait pas partie de la « nature », donc du monde. Et c'est pour cette raison précisément qu'il est souvent besoin d'un labeur, d'un certain courage, pour dire. (Beaucoup de gens ont une profonde réticence à l'égard de la parole). Le discours poétique est la forme la plus dévoilante du dire, et il est encore θαυμάσιος [1], parce que là, on *sent* le *passage* du non-dit au dit, et le *frisson* qui provient de ce que le dire a l'intensité du δεινός.

Au moment du « dévoilement », le passage du non-dit au dit est encore marqué par le non-dit. On sent encore pleinement le monde d'où quelque chose a été « volé », et le dire est encore poursuivi par le non-dit, il en relève toujours.

II) Le *poids* des mots.

Aujourd'hui où l'exactitude, la correction sont les « critères », alors que l'expression « tend vers quelque chose » et non pas « vient de quelque part », il est plus difficile de comprendre le poids des mots, même s'il joue pleinement dans notre vie et qu'il « tient » de nous. Par exemple, les allocutions orales comme instrument de gouvernement, le serment écrit, les injures, les slogans, l'aberration du langage (Eugène Ionesco), les réunions, les congrès, etc.

La difficulté originaire du dire vient du sacrilège, mais elle a un autre sens encore, celui opposé, de se retourner vers le non-dit. Les injures, par exemple, mais aussi tout dire qui implique un non-dit, comme l'ironie.

Il existe en magie un sortilège du non-dit (qui provient également de *lego*, comme dans « sacrilège », mais dans un autre sens — *sortes legere*), par lequel le dire a de l'« effet », il agit sur le monde. Aujourd'hui encore, les gens évitent de dire le mot « cancer »,

1. « Merveilleux, étonnant » (gr.) [N.d.E.].

comme on dit aux enfants de ne pas dire « diable », justement parce que tout mot est une « invocation ».

Mais dans la communication, même habituelle, sévit clairement la croyance illogique que deux ou trois mots prononcés d'une certaine manière et au moment opportun, peuvent égaler ou dépasser une argumentation rigoureuse.

La tendance « cultivée » à intégrer uniquement intellectuellement (encore un mot composé à partir de *lego*), logiquement, ce qui est dit, représente non seulement un appauvrissement, quelque chose de négatif, mais encore, *à la longue* [1], elle est de surcroît illusoire et décevante.

Comment pèse-t-on un dire ? Certainement selon qui, quand, comment, pourquoi et à qui il dit. Mais ce n'est que de l'analyse, d'où il ressort seulement que les mots peuvent être différemment chargés, mais pour cela, il faut qu'il y ait déjà une « possibilité » qu'il en soit ainsi, et c'est là que je veux en venir.

Le problème est difficile, en fait complexe, mais je m'intéresse maintenant au poids « non su » du dire.

Nous ne savons pas, c'est-à-dire que nous ne maîtrisons pas le dire. Il peut déclencher ce que nous n'avons pas voulu, nous n'avons pas prévu, indépendamment de son sens. C'est que le « simple » fait de « dire » fait que, devant le non-dit d'avant, les mots acquièrent du poids, et c'est à cela que je me réfère ici. Quelque chose se *brise* quand on dit une chose, d'une certaine manière, ce n'est plus comme avant. Non pas que nous dirions des choses graves ou secrètes, ou injurieuses. Dans tout ce que nous disons, même si nous disons simplement « il pleut ». Brusquement, la parole est présente, le dire et tout ce qu'il implique est advenu

---

1. En français dans le texte. [N.d.T.]

III) La *situation* créée par le dire.

Beaucoup de gens pensent que « c'est bien » de dire, d'être sincère, ouvert, extraverti, lucide, présent, etc., en partant de l'idée préconçue que le dire est non magique. Ainsi, on ignore beaucoup de réalités, certaines lourdes de conséquences. N'importe quel dire (s'il n'est pas mensonger ou s'il nous amène à prendre en compte autre chose que le contenu) fait que ce que l'on dit devienne vraiment ce que l'on dit, à savoir :

– qu'il change une réalité (celle du non-dit),

– que c'est un commencement, c'est-à-dire qu'il crée une nouvelle réalité, celle du dire, avec laquelle on peut avancer.

C'est ce double caractère que j'entends dans la « situation » créée par le dire.

L'exemple classique (et extrême) en est : « Je ne t'aime plus ».

En voilà assez.

Je pense en écrivant et j'écris en pensant, de sorte qu'à la fin peut-être, je vais pouvoir m'en faire une idée, c'est-à-dire mettre de l'ordre et ranger ce thème à sa juste place pour moi.

La vaste contrée du laid et du dégoûtant (L-D) possède, en quelque sorte, les traits de « l'inconvenant » et c'est pourquoi elle est systématiquement évitée, cachée et entendue sous le signe du négatif (à travers le prisme de son contraire : le beau, l'élevé, etc.), et même du repoussoir, de la répulsion. Seulement, ce que comprend cette vaste contrée *existe réellement*, même si nous faisons tout notre possible pour en ignorer l'existence, même si nous *ne voulons rien en savoir*. C'est la raison pour laquelle je tente de lever le voile de l'interdiction qui pèse sur le laid-dégoûtant.

Le négatif du L-D ne signifie pas seulement sa négation, mais encore, notre assise dans une positivité, d'où, une fois installés, nous jugeons du laid et du dégoûtant comme si nous vivions exclusivement dans le beau et l'attirant, et que le L-D n'en était que l'exception. Or, les choses ne se passent pas du tout comme ça, parce qu'en réalité, nous nous heurtons au L-D à chaque pas, nous le créons même jour après jour, nous usons, nous salissons et nous nous salissons, nous allons aux toilettes, nous avons de la morve au nez, des pellicules, nous produisons des ordures, nous polluons, nous grimaçons, nous faisons des choses répugnantes, etc. Bien entendu, il y a aussi des choses neutres, ni belles ni laides, mais le L-D se trouve aussi en-dessous d'elles, dans la couche la plus basse, celle que nous évitons et que nous ne savons plus comment cacher – il s'agit de la *couche du « beurk »*.

En elles-mêmes, les choses « beurk » ne se distinguent pas, en tant que *Seiendes*, en tant qu'« étants », de tout ce qui est par ailleurs. Pouvons nous dire, alors, que les choses qui composent la couche du « beurk » deviennent répugnantes uniquement à travers notre valorisation négative ? En réalité il n'en va pas toujours ainsi, puisque la contrée du L-D est à tel point étendue, qu'elle ne saurait être schématisée. Cette contrée semble parfois se situer au niveau de la sensation, être de l'ordre d'une réaction plutôt organique, comme dans le cas des mauvaises odeurs, auxquelles nous réagissons par la répulsion, la nausée, et, pour certains d'entre nous, les plus sensibles, par des étourdissements. Les explications physiologiques ne correspondent pas toujours à cette réalité, sinon pourquoi mes pets, par exemple, suscitent-ils le dégoût des autres, mais pas le mien, comme l'a dit naguère un latin ? A un niveau au-dessus, les dissonances, le chant faux n'impliquent pas une réaction physiologique, et pourtant ils sont ressentis par les personnes sensibles comme laids et insupportables. Que dire encore de la laideur proprement dite, du kitsch, qu'il soit naturel ou « créé » ? Sans parler du dégoûtant lui-même. Pourquoi ressentons-nous le dégoût à l'égard de la morve, des crachats ? Pourquoi, même ce que j'écris maintenant sur tout cela serait ressenti par n'importe qui de « normal », comme un bain de boue ou une sorte de perversion ? Pourquoi la saleté sous toutes ses formes nous répugne-t-elle ? Pourquoi passons-nous notre temps à laver, à nettoyer, à l'infini ? Pourquoi nous cachons-nous dans des réduits pour déféquer, pourquoi dissimulons-nous nos écoulements corporels dans des mouchoirs, et pourquoi sommes-nous dégoûtés par un cheveu dans la soupe ?

Que dire encore des déchets de toutes sortes que nous « jetons » et qui, une fois jetés, deviennent non seulement inutilisables, mais pis encore, des « ordures » ? Eux aussi, sans doute, font partie de la couche du « beurk », mais à la différence des mauvaises odeurs qui, au niveau du sensible, ont été, sont et seront des mauvaises odeurs, l'ordure indique la couche des choses dégradées, à savoir, des choses qui, avant d'être jetées aux ordures, ont été bonnes et utiles, et qui sont devenues mauvaises et inutiles précisément à travers l'usage. A travers tout ce qu'il fait des choses, l'homme les use, les érode, les casse, bref, il les dégrade jusqu'à l'inutilité.

Tant pour les ordures que pour les choses naturellement répugnantes, il existe bien sûr des explications faciles. Il est naturel que certaines choses se dégradent, ne soient plus ce qu'elles étaient, qu'elles tombent dans l'inutilisable et qu'elles deviennent ainsi des « ordures ». Il est tout aussi naturel qu'il y ait des choses contraires aux valeurs généralement admises, et que, en tant que telles, elles suscitent le refus, par exemple le laid parce qu'il n'est pas « beau », le sale parce qu'il n'est pas « propre », le désordre parce qu'il n'est pas « ordre ». Mais comment ces choses parviennent-elles à éveiller le dégoût, la répulsion ? Au fil des siècles, le critère du beau n'a cessé de changer, et même, le beau n'est plus aujourd'hui nécessairement une valeur (dans l'art, par exemple). Le propre n'a pas la même valeur pour tous, etc., et pourtant au fil des siècles, nous rencontrons une quasi-unanimité dans la répulsion pour le « beurk ».

Au fond, la question est la suivante : qu'est-ce qui confère (tant aux ordures qu'à ce qui suscite la répulsion unanime sans représenter pour autant une dégradation, comme les écoulements corporels), un statut ontologique différent ? Pourquoi le « beau » (variable), le propre et l'ordonné sont-ils ressentis comme positifs, tandis que le laid, le sale, le répugnant, le dégradé, comme négatifs ? Qu'est-ce qui donne à tous les « beurk » un statut ontologique dégradé ?

J'ai souhaité jusqu'à présent faire ressortir un substrat ontologique nouveau, peu exploré. Nous aurions alors non pas deux couches, comme nous avons tendance à le penser, mais trois : à côté de l'idéal esthétique (l'Idée du Beau, du Bien, de l'Ordre, etc.), puis à côté des choses belles qui nous entourent (et celles qui sont utiles, ordonnées), qui correspondent aux Idées et participent d'elles, nous aurions, au troisième rang, la couche la plus basse, celle du laid, du dégoûtant, de l'ordure et du désordre. J'utilise à dessein le schéma platonicien, parce que ce n'est que dans le *Parménide* (130) qu'il est question de cette couche au substrat ontologique (cheveux, ordures). Même si l'on rencontre les composantes de cette couche à tout bout de champ, même si nous les produisons nous-mêmes tous les jours, elles sont recouvertes sous un voile de silence, par un consensus de dissimulation. Dans notre monde où tout se dit, ces choses ne s'énoncent pas en dehors de la parole d'imprécation ou des jurons. Comme leur statut est bizarre! Elles ne jouissent ni des ressources de l'inconscient, ni de la charge érotique, ni abyssale, ni diabolique – en bref, elles sont à l'abri de toute tentation analytique. Leur seule manière de se manifester – mais toujours pour se cacher! – c'est le sentiment de *honte* qu'elles éveillent. Si ce n'est que la honte (ou la pudeur) n'est pas spécifique au sale-dégoûtant, elle couvre une aire bien plus vaste, qui comprend par exemple le registre érotique. Comment dès lors, distinguer la honte/ pudeur érotique de celle du sale/dégoûtant? Assez aisément, puisque la pudeur érotique implique un voilement qui est seulement ésotérique, et qui, le moment venu, devient dé-voilement. Ce voile est maintenu en vue d'une offerte finale, il est, pour ainsi dire, en chemin vers le dévoilement. La pudeur qui réclame que le corps soit couvert de vêtements est supprimée dans l'amour, et à sa fin triomphe, comme son propre accomplissement, la nudité. Tout voilement issu de la pudeur érotique se fait sous le signe du dévoilement final. En revanche, pour le sale-dégoûtant la honte est enfermée en elle-même, elle ne renvoie à rien d'autre, elle ne signifie rien. La honte ici apparaît comme honte pure, c'est pourquoi les mots qui indiquent le sale-dégoûtant restent les mots les plus durs de la langue imagée de l'injure. Remarquons enfin que la honte est un sentiment qui ne s'applique qu'à certain L-D. D'autres suscitent tant la honte que le dégoût, d'autres encore le dégoût seul.

La question de l'erreur traverse la quasi totalité de l'histoire de la philosophie occidentale, mais elle n'a pas, à ma connaissance, été particulièrement mise en évidence jusqu'à maintenant. Parménide nous interdit de suivre la voie erronée du *me on*, Socrate considère que le plus grand inconvénient de l'homme, c'est de croire qu'il sait ce qu'il ne sait pas (donc de se tromper, précisément), l'œuvre de Platon toute entière se fonde sur la lutte contre l'erreur entendue justement comme une décadence inhérente à l'homme. Chez Platon, non seulement les dialogues socratiques, mais aussi ceux de la maturité, ou les dialogues tardifs (*Théétète, Le Politique*, etc.) ont pour point de départ les erreurs. Que dire d'Aristote, puisque toute sa logique naît de l'intention explicite de combattre l'erreur ? Non seulement les *Topiques* et les *Réfutations sophistiques*, mais aussi *De l'interprétation* dans sa partie finale, et les *Analytiques*, lorsqu'ils abordent les figures syllogistiques fausses, sont des textes conçus dans la même finalité. La logique en général, c'est la discipline de la pensée exacte, *sans faille*, qui, au fond, se nourrit en permanence de l'erreur et prospère justement sur son terreau. C'est avec Aristote que commence effectivement cette période durant laquelle l'erreur en général et les erreurs des prédécesseurs en particulier sont systématiquement chassées (la pensée devient historique-critique), tandis que, à travers celles-ci, la pensée d'Aristote devient la vérité même, par la transformation de la pensée en logique.

En ce qui concerne le Moyen Âge, il est dominé par la croyance chrétienne dans le péché, qui n'est rien d'autre que la faute morale.

Avec Descartes s'ouvre la voie moderne : l'erreur n'est plus le sceau de l'être humain, mais elle appartient à ceux d'avant, elle est susceptible d'être vaincue méthodologiquement par le couple doute –

certitude. Le doute, c'est l'entrée en alerte devant le possible de l'erreur subjective, et la réparation de l'erreur ne peut venir, à son tour, que d'une certitude obtenue sur le même terrain du sujet (c'est-à-dire par l'implication de la certitude dans l'existence de la conscience). Descartes est, au sujet de l'erreur, *un homme averti* [1]. Pour lui, l'erreur est conscientisée et corrigée à son compte propre. Il n'est plus besoin pour ça de l'espace inter-individuel du dialogue. Une fois élaborée la méthode, j'ai à ma disposition la voie sans faille. Dans les *Règles utiles et claires pour la direction de l'esprit et la recherche de la vérité*, l'évitement de l'erreur traverse le texte comme un fil rouge.

Chez Kant, l'erreur devient l'objet explicite de la « critique », elle est savamment désignée comme erreur dans la structure de la raison – la « chose en soi » qui ne peut être connue (l'erreur de l'affirmation que nous pouvons connaître les choses en soi), les antinomies (l'erreur inhérente à la spéculation rationnelle sur les grands problèmes), etc. – ce qui conduit à une immunisation de la pensée par rapport à l'erreur, et, au final, à « encapsuler » la pensée.

Hegel, enfin : qu'est-ce que la *Phénoménologie de l'esprit* sinon l'énumération des erreurs assumées et dépassées (*aufgehoben*) de la conscience et de l'esprit dans leur histoire ?

En revanche, partout dans l'histoire de la philosophie occidentale, l'erreur est pré-jugée, à savoir qu'à aucun moment ne se cristallise cette question de savoir *ce qu'elle est*. Il est partout question d'erreurs concrètes, nulle part de l'erreur quant au fond.

Nous pouvons nous poser d'emblée la question du *domaine de l'erreur*. Nous pouvons énumérer : se tromper de cible, rater son but (dans l'*Iliade* et l'*Odyssée*, puis chez Eschyle), s'égarer (au sens de « se tromper de chemin »), se faire une opinion erronée, s'écarter de la

---

1. En français dans le texte. [N.d.T.]

vérité, négliger (Eschyle, *Agamemnon*, 213), confondre (*La République*, 334c), mal exécuter une tâche, se rendre coupable, etc.

Je crois que, en général, les erreurs se répartissent ainsi :

1) Les erreurs d'accomplissement, dans les actions extérieures, « exécution » de tâches, depuis le fait d'égarer son chemin jusqu'aux erreurs avec des appareils sophistiqués ;

2) Les erreurs envers soi-même : mal apprécier ses propres performances, prendre des décisions aux effets désastreux, se précipiter, rater des occasions, etc. ;

3) Les erreurs envers autrui : des gaffes, des culpabilités, des péchés, etc. ;

4) Les erreurs de raisonnement, depuis les simples erreurs arithmétiques jusqu'aux grandes théories erronées ;

5) Les erreurs sensorielles : confusions, hallucinations, etc.

Mais pourquoi nous trompons nous ? *Errare humanum est* — ce n'est pas une réponse. Parmi les erreurs énumérées ci-dessus, certaines sont faciles à expliquer : les erreurs sensorielles proviennent de défauts des organes sensoriels ou de la synthèse (l'interprétation) erronée de certaines données sensorielles ; les erreurs d'action sont dues la plupart du temps à la maladresse, à l'inattention, à l'incompétence professionnelle, etc. Mais tout cela n'implique-t-il pas déjà l'erreur ? La maladresse, par exemple, ne montre-t-elle pas que l'erreur de manipulation est le premier stade, en quelque sorte naturel, tandis que l'adresse est acquise ? Ce qui nous ramène aux problèmes soulevés dans les points 2, 3 ou 4. Par exemple, pourquoi pèche-t-on ? Parce que, étant mortels, nous sommes exposés au péché depuis la Chute du Paradis, dit le chrétien, ce qui ne fait que de déplacer le problème, parce que nous pouvons aussi bien nous demander pourquoi Adam a-t-il commis l'erreur au Paradis. L'erreur en religion acquiert un sens métaphysique—mystique, ce qui ne résout pas le problème et, de surcroît, nous *condamne* tous à l'erreur, sauf les quelques uns, peu nombreux, ayant obtenu le salut. Ainsi, en élargissant la question, nous aboutissons à la théodicée. L'erreur de pensée est encore plus obscure. Pourquoi pense-t-on de manière erronée ? A savoir : comment est-il possible de penser parfois de la bonne manière, parfois de manière erronée ?

Nous arrivons ainsi au cœur du problème : quelle est la nature de l'erreur ? De manière schématique, les réponses à donner peuvent être au nombre de trois :

a) l'erreur est dans la nature de l'homme et elle est primordiale : *errare humanum est*, la doctrine chrétienne, mais aussi celle de la philosophie indienne, par exemple ;

b) l'erreur n'est « qu'une erreur », elle est superficielle pour l'homme, car au fond de lui, il détient les vérités : l'*anamnesis* de Platon (sa définition de « l'apprentissage » comme « remémoration »), mais aussi en partie la théorie des idées innées (voir Leibniz, Gerhardt VII, 61 et passim.).

c) l'homme naît sans défense, toute sa vie il doit apprendre et s'adapter, réparer ses erreurs, être placé sous un incessant feedback. Cela conduit, au niveau biologique, à une forme peu orthodoxe d'évolutionnisme, et dans le domaine de la raison, au progressisme inhérent à la science moderne.

Aucune de ces réponses ne me paraît satisfaisante. Les deux premières déplacent le problème dans la métaphysique, or, toute métaphysique peut être vraie ou fausse. La troisième se fonde sur une expérience factuelle unanimement vérifiée et vérifiable, mais ici le problème se mue en celui de la bi-valence du vrai-faux, où le faux est une erreur constante, une erreur *post festum*, une erreur dépassée, non pas une erreur primordiale. Cela veut dire que l'on rate encore l'occasion de se pencher sur sa nature. La réparation de l'erreur *présuppose* l'erreur comme prémisse établie, et, par son dépassement dans « la vérité », elle est annulée, enterrée. L'histoire de la science est plus jonchée de cimetières que de conquêtes valables. Bien sûr, je peux théoriser l'erreur en énonçant le caractère falsifiable de toute théorie, mais de la sorte je ne fais qu'établir la possibilité inhérente du faux, chose que Socrate a déjà dite et montrée de manière bien plus étayée il y a un peu plus de deux millénaires.

L'erreur a été presque toujours couplée avec la réparation de l'erreur, c'est-à-dire, comme je le disais plus haut, prise en compte au moment de son dépassement. J'ai écrit « presque toujours », parce que parfois nous réalisons qu'il y a quelque chose qui ne tourne pas rond, mais sans savoir où précisément. C'est encore plus important si la théorie ne se vérifie pas, ou si elle ne se vérifie pas dans certains cas, parce qu'alors on sait que quelque chose, on ne sait où, est erroné, qu'il faut une nouvelle théorie. Le meilleur exemple en est la manière dont est née la théorie de la relativité.

Réparer l'erreur implique des conditions (des facultés) d'évitement : attention, concentration, soin du détail, application, apprentissage, préparation. L'erreur s'expliquerait ainsi par leur absence : inattention, manque de concentration, bâclage, manque d'application, d'apprentissage, de préparation. Seulement, tout cela présuppose le négatif, ce sont donc des conditions obtenues précisément par et pour la réparation des erreurs, c'est pourquoi elles impliquent un « tu dois » : nous ne faisons pas attention, nous ne sommes pas préparés et dès lors, nous *devons* l'être. Là encore, l'erreur est primordiale. Plus encore, nous devons tout le temps promouvoir ces qualités, parce que l'erreur nous guette à tout instant.

La réparation de l'erreur ne peut avoir lieu que si l'opinion que tu te fais est démentie par quelque chose. Ce démenti survient soit par confrontation à la réalité, soit par confrontation aux opinions des autres. Seulement, la réparation de l'erreur se fait avec une extrême difficulté. Il faut une motivation très sérieuse pour que la réparation ait lieu. Autrement, l'erreur prise pour la vérité, « l'opinion erronée » (*pseude doxa*) est un état d'inertie particulièrement puissant. Il faut que, dans notre manière de nous complaire à nos « vérités », il intervienne quelque chose d'inhabituel qui nous oblige à les réviser. D'où la *nécessité* du procédé socratique : nous avons besoin que quelqu'un, en mettant face-à-face nos affirmations, parvienne à nous montrer les contradictions dans lesquelles nous vivions sans le savoir. Car sinon, nous ne sommes pas disposés à changer d'avis, mais au contraire, à les garder indéfiniment. Plus la conviction est profonde et plus l'amour propre est grand, plus il est difficile de sortir de l'inertie.

Mais n'est-il pas naturel qu'une erreur soit une erreur uniquement lorsqu'elle est constatée comme telle, sinon il ne serait pas possible de l'appeler correctement erreur ? Non, parce que tout constat d'erreur ne fait que dévoiler l'erreur, sans en éclairer la possibilité, *wie ein Irrtum überhaupt möglich ist*, comment est possible l'erreur en général.

Par ailleurs, nous pouvons nous demander à partir de quand une erreur commence à être une erreur. Evidemment, à partir du moment où elle est constatée comme telle. Mais avant qu'elle soit constatée, qu'est-ce ? A l'évidence, une *vérité*. Une vérité pour celui qui croit (ou pour ceux qui croient) que les choses sont comme il les pense, et elle reste vérité jusqu'à ce qu'il surgisse quelqu'un qui pense que la vérité est autre, chose qu'il démontre, ou bien jusqu'à ce que la soi-disant vérité, confrontée à la réalité, s'avère être fausse, montrant implicitement que celui qui a pensé, compris, interprété les choses de la sorte, a commis une erreur. Il en résulte que nous n'avons pas affaire au simple binôme du vrai-faux, mais uniquement à des vérités relatives à une catégorie de gens et à leur manière de juger et de comprendre le monde. A un moment donné, ces vérités, l'erreur de compréhension ou d'interprétation une fois prouvée, deviennent des faux. (De fait, l'erreur met en évidence que nous *interprétons* toujours la réalité). La vérité de quelqu'un (ou de certains), confrontée à la vérité de quelqu'un d'autre (ou certains autres) devient soudainement simple opinion, simple avis. Mon opinion (la vérité fausse) est remplacée par une vérité *autre*, et c'est quelqu'un d'autre, non pas moi au présent, qui fait cela. C'est quelqu'un d'autre qui le fait, ou bien moi-même, plus tard. Mais pour qu'une chose soit vraie (même erronée), il en faut plus qu'une simple opinion. Pour une vérité (erronée ou non), il faut aussi de la conviction. Ainsi, le rapport réel n'est pas entre l'erreur et la vérité (qui est un rapport *post festum*), mais entre deux vérités. Et ce rapport suppose une « confrontation d'idées ». Parmi ces deux « vérités », il y en a une qui va s'avérer « vraiment » vraie. L'autre, en revanche, toujours comme vérité, qu'est-ce que c'est ? Il est évidemment l'expression de la position socratique de celui qui croit qu'il sait, mais qui ne sait pas (Platon, *Apologie* et *Sophiste* 229c : « croire que tu sais ce que tu ne sais pas ; pour ce motif *kindyneuei*, qu'il nous apparaisse à tous, toutes les erreurs que l'on commet par la pensée »). Socrate avait donc vu que ce qui est en question, c'est précisément la dualité des vérités, dualité d'où il ressort ensuite, par confrontation, la vérité vraie. Il se peut très bien, bien entendu, qu'une vérité commune ne ressorte pas dans la confrontation, et que chacun demeure avec sa vérité (la théorisation de cette situation débouche sur la position relativiste de Protagoras). Il est vrai que dans les dialogues de jeunesse que l'on appelle « socratiques », Platon se contente de montrer l'inconsistance de l'opinion qu'un interlocuteur confond avec une vérité. Une fois sa vérité établie comme fausse, le dialogue ne débouche pas sur la naissance d'une autre vérité, « vraie » cette fois, mais se contente de mettre l'interlocuteur sur la voie de la recherche, puisque le dialogue ne se termine par aucun résultat concluant, à savoir, par aucune vérité. Mais dans les dialogues tardifs il n'en est plus ainsi. Là, Socrate réussit à définir les critères pour établir la vérité, en renvoyant à sa juste place le *logos* de tout dialogue. Le *logos* qui apparaît à la fin de tout dialogue devient une modalité d'entrevoir la vérité. Le dialogue compris comme un chemin pour que, parmi les vérités relatives des interlocuteurs, il se crée un consensus sur quelque chose à quoi les deux participent par conviction (le *logos* c'est justement l'espace de ce consensus), c'est l'origine de la rationalité. A partir de cela, il a été plus facile de franchir le pas vers l'espace privilégié qu'est la logique.

J'insisterai sur le caractère social de la vérité, parce qu'il a été moins souvent mis en évidence. Peu importe si la vérité est ressortie du social concomitant au dialogue, ou bien — comme pour Ptolémée — Copernic — d'un dialogue à distance mené depuis environ un millénaire et demi, le caractère social n'en demeure pas moins (naturellement, l'existence en général d'un dialogue social n'exclut pas qu'il existe un dialogue intérieur).

Ce que j'ai écrit est aussi bien valable pour la pensée logique proprement dite, que pour la pensée spéculative. Il reste à discuter si une erreur de calcul (où il n'intervient pas encore la vérification par la réalité) est une erreur dans ce sens, ou plutôt, comme je le crois, une erreur d'exécution. Une erreur de multiplication est une erreur d'exécution, mais dans le raisonnement mathématique il arrive également des erreurs de conception. Le caractère social de la vérité ressort clairement de la théorie de Thomas Kuhn.

L'autre aspect de l'établissement de la vérité, c'est certainement la confrontation avec la réalité. Naturellement, toute pensée, étant intentionnelle, se réfère à quelque chose, et à la réalité en particulier, mais la vérification par la pensée (logique de l'homme), également distribuée à tous, c'est autre chose que la vérification par la confrontation avec le monde physique, objet de la physique, de la biologie, etc. Ici aussi le caractère social de la vérité continue d'apparaître, non pas dans ce qu'est la réalité, bien sûr, mais dans la façon de confronter théorie et réalité. La réalité ne saurait être équivoque, mais la confrontation peut l'être certainement. C'est la raison pour laquelle tant d'erreurs scientifiques se sont perpétuées, c'est pour cela que l'on a sans cesse perfectionné les outils de confrontation avec la réalité (de vérification), cela explique aussi le caractère falsifiable de toute théorie qui concerne une réalité physique.

Donc, en reprenant ce qui vient d'être écrit, le problème se pose entre deux « vérités » qui s'excluent, qui se confrontent. Mais y a-t-il des vérités pour l'être humain ? Au sens de la géniale prémisse socratique, la réponse est : oui. L'homme a des vérités sur quantité de choses, il a des vérités dans la mesure où chaque être humain doté d'opinions est persuadé qu'il a raison à tel ou tel sujet. L'être humain vit dans un monde de vérités propres, non pas dans un monde d'ignorance absolue. A un degré supérieur, néanmoins, il se passe tout autre chose : tu apprends que ce que tu croyais être vrai ne l'est pas, et dès lors la seule vérité sur laquelle tu puisses t'appuyer c'est que tu sais que tu ne sais pas. La conscience de cette ignorance supérieure confère une science à Socrate, une science négative, certes, mais une science qui fait que Socrate échappe à l'illusion de l'opinion, à la confusion de celle-ci avec la vérité. C'est pour cela que l'oracle a raison de dire que Socrate est le plus sage des Athéniens.

Mais nulle part Socrate n'affirme détenir la vérité, ni d'offrir des « solutions » (tout au moins dans les dialogues socratiques), ni de faire en sorte que sa vérité l'emporte, parce que, selon lui (*Apologie*), la sagesse, dans le sens de la science absolue, c'est exclusivement un attribut divin. Socrate se contente d'orienter son interlocuteur, d'un côté au sens propre, pour lui faire apercevoir son erreur, de l'autre, au sens de l'acheminer sur la bonne voie de la pensée juste.

Où donc est l'homme, avec ses soi-disant vérités ? Assurément pas dans un monde impensé, puisqu'il argumente sa position, mais dans une pensée en quelque sorte suspendue dans le vide, dans une pensée sans fondement. Tel est le sens de « croire que tu sais ce que tu ne sais pas ». Sa pensée ne peut pas rendre compte (expression que Platon place souvent dans la bouche de Socrate) de ce qu'il soutient. Plus particulièrement, il ne peut pas en rendre compte lorsqu'il est *questionné*. Saint Augustin l'a formulé clairement : « Quid est tempus ? Si nemo me quaeret, scio. Si quarenti explicare velim, nescio » [1] (*Confessions*, XI, 14). C'est pourquoi la question est le pivot de la démarche socratique. Socrate ne dialogue pas au sens de

1. « Qu'est-ce que le temps ? Si on ne me pose pas la question, je le sais. Si on me demande de l'expliquer, je ne le sais plus ».

discuter purement et simplement, il n'affirme pas, en dialoguant, ses vérités, mais il questionne, et la question pour lui a seulement le sens d'une mise à l'épreuve. L'essentiel n'est pas dans le fait que l'interlocuteur est amené à se contredire ; la contradiction n'est que le résultat des questions posées. Les questions, en revanche, sont un choc à l'effet paralysant, à l'instar de « l'action » de la torpille marine (*Ménon*). Pourquoi ? Parce que d'ordinaire l'homme pense de manière discursive, c'est-à-dire dans la forme opposée au dialogue. La pensée ordinaire se déroule par elle-même, va de l'avant, ininterrompue, sans rendre des comptes à quiconque sur sa façon d'avancer. Or, les questions et les réponses non seulement brisent le discours, mais également, elles déplacent la scène de la pensée depuis la solitude du soi isolé vers l'inter-individuel, pour tendre vers ce *logos* commun. La question casse l'élan du discours, le stoppe net, le paralyse, l'oblige à rendre compte de sa démarche. Socrate dit à tout bout de champ qu'il n'est pas disposé à écouter de longs discours (*Protagoras*), justement parce que le discours se complaît indéfiniment dans son propre déroulement. Parce qu'il va de soi, qu'il se complaît en lui-même en entassant des arguments, des raisonnements, des conclusions (peut-être tous faux), dans une file *ininterrompue*, et ainsi, en se renforçant lui-même jusqu'à la conviction, le discours ressemble quelque peu à une maladie. Socrate oppose à ce déroulement « la pensée juste » qui, à la différence du discours, avance à coup de questions et de réponses, celles-ci caractérisant la dialectique, la pensée supérieure (*République*, VI fin, *Ménon*, etc.).

La tentative de Socrate d'imposer le dialogue comme moyen d'accéder à la pensée supérieure s'est soldée par un échec. La pensée juste, faite de questions et de réponses, a d'ailleurs vécu la plus courte période dans l'histoire de la pensée occidentale. Le dialogue commence avec les sophistes, culmine avec Socrate, seul à l'avoir pensé philosophiquement, et se perd déjà à la maturité de Platon en devenant formel, tandis que chez Aristote (si toutefois il a écrit des dialogues), il devient une simple méthode d'exposition, rarement reprise par la suite, par exemple par Galilée, Leibniz, etc., pour qui le dialogue est réduit à la confrontation des théories, c'est-à-dire à un dialogue mort. Tout le reste, dans l'histoire de la pensée occidentale, c'est le règne du discours, *Stubedenken*, pensée à son propre compte et entre quatre murs. (Mais il est bon de noter que chez Socrate le dialogue vivant a été précédé d'un long dialogue intérieur, Socrate se montrant dans l'agora seulement après avoir su qu'il ne savait pas).

La réparation de l'erreur est souvent précédée par un doute, qui peut provenir de multiples motifs ; mais dans tous les cas il mine le discours (le doute concret, non pas le scepticisme), il en suspend, disons, l'auto-certitude. Le discours est foncièrement non-doutant [1]. En même temps, le discours en révèle davantage sur celui qui le prononce et moins sur la cible du discours. Il devient une sorte de déroulement de la personnalité (*le style, c'est l'homme*) [2].

Bien évidemment, le dialogue comme suite de questions et de réponses n'est pas la seule sorte de non-discours. Il y a encore le dialogue intérieur, le doute et le retour, tous trois pleinement présents chez Descartes. Chez Descartes, la pensée se subjectivise précisément à travers le doute, qui devient méthodique et restreint la certitude jusqu'au point initial du sujet, en vertu de quoi seul le dialogue intérieur devient gage de pensée juste. L'interruption du discours est présente dans les *Regulae* VIII, et le retour est traité dans les règles VII et IX.

Cela ne veut pas dire que Descartes ne soit pas un âpre défenseur du discours. L'élément absolument nouveau qui survient avec lui, c'est que le discours soit un discours *surveillé*, et par là, parfait, *ordonné*.

---

1. Le doute ne remplace pas une soi-disant vérité, mais la suspend seulement, c'est pourquoi son risque c'est la tendance au scepticisme. Le doute, c'est la conscience que quelque chose pourrait être erroné. Il peut aller d'une brise de doute jusqu'à la conviction que les choses ne vont pas comme on l'avait cru auparavant.

2. En français dans le texte. [N.d.T.]

C'est pourquoi le titre, *Discours de la méthode*[1], est essentiel. Mais l'aiguillon constant de la pensée cartésienne, à la fois point de départ et fondement constant, c'est le doute. Et le doute, ne l'oublions pas, présuppose l'erreur, part de sa réalité, à savoir d'une erreur social-historique qui présuppose que ce sont ceux *d'avant* qui étaient dans l'erreur.

1. En français dans le texte. [N.d.T.]

de quelques manières
de se tromper soi-même

Je vais tenter de parler aussi concrètement que possible, donc pas « philosophiquement ». Toutefois, je vais prendre pour épigraphe une citation de la *Science de la logique* de Hegel, plus exactement de la *Préface* à la deuxième édition (III, 18) :

> Le point le plus important pour la nature de l'esprit est formé non seulement par le rapport entre ce qu'il est *en soi* et ce qu'il est réellement, mais par ce qu'il *sait de lui-même* ; et ce fait de se savoir [*dieses Sichwissen*] étant essentiellement conscience est la détermination principale de sa *réalité* [1].

En fait, il s'agit d'une citation abusive, parce que Hegel y parle de la « science en soi », au sens de l'absolu logique. Mais ce *Sichwissen* convient à merveille à mon propos. J'espère que l'on comprendra cela.

Je vais partir de l'idée chère à Heidegger, selon laquelle nous ne sommes pas ce que nous sommes, mais beaucoup plus ce que nous pouvons être : *Seinkönnen*, « pouvoir-être ». Nous sommes un possible rapporté à nous-mêmes, nous sommes notre propre projection, nous sommes ce qui vient vers nous de l'avenir. Dans notre image de nous-mêmes, il entre surtout la somme de nos projets et projections. Nous évoluons, bien entendu, sur un terrain de déterminations préalables : nous sommes nos gènes, le temps et le lieu où nous sommes nés, la société où nous vivons, etc. Mais au-delà de tout cela, il reste un *Spielraum*, un « espace de jeu », quelque chose qui n'est

---

1. G.W.F. Hegel, *Science de la logique*, t. I, trad. fr. par S. Jankélévitch, Paris, Aubier Montagne, 1971, p. 19.

encore occupé par rien de particulier, une niche du possible où, nous y installant, nous nous plaçons librement dans une direction ou une autre de notre vie. Bien sûr, ce lot également, celui de notre possibilité, est en grande mesure prédéterminé par des circonstances qui ne dépendent pas de notre liberté : les modes, les idéaux qui flottent dans l'air, les styles de vie préfabriqués, qui limitent notre liberté, tout en nous laissant l'impression que nous choisissons. De toute manière, il reste vrai que mes propres projections se retournent sur moi-même en déterminant ma manière d'être. Je suis aussi ce que je tiens à être, je suis aussi l'éventail des possibles qui sont devant moi.

Et pourtant, le fait d'avoir devant soi ces possibilités ne suffit pas. Pour choisir parmi elles, j'ai recours à une « science » − je n'ai pas d'autre mot − qui me dit pourquoi il vaut mieux que je me dirige vers telle possibilité que vers telle autre. Tout choix d'une possibilité suppose une telle science − « science » au sens le plus large − qui m'indique la meilleure possibilité, celle à laquelle j'aspire pleinement, et vers laquelle, concrètement, je commence à me diriger. Une science, une connaissance si vous voulez, qui nous donne une orientation.

De cette situation, il résulte toutefois un lien plus profond entre notre existence et la science dans ce sens le plus étendu. Il ne s'agit donc pas de la science comme ensemble de données accumulées progressivement dans le cerveau, mais d'une connaissance sans laquelle je ne puis exister. Puisque je choisis en m'orientant, puisque je me mets en tête que c'est ceci et non cela que je peux et que je dois être, cela signifie que la science qui précède l'accès à mon possible est une condition de mon existence. Que mon existence se construit en fonction de cette science, que cette science est donc une *condition de mon existence*. Lorsque je choisis de faire des études à la Faculté de Mathématiques ou au Conservatoire, je le fais en vertu d'une exploitation des données propres. Et s'il s'agit, comme dans l'*Alcibiade* de Platon, de savoir ce que l'on va devenir, et ce que signifie de choisir sa vie, alors le choix, à plus forte raison, suppose de *savoir* ce que signifie une vie bonne. Voilà comment la confrontation avec le possible de ma vie suppose une « science des possibles » : je ne peux choisir sans une « science » préalable qui devient, finalement, la condition même de mon existence.

Seulement, le choix une fois opéré implique une *Richtungslinie*, une « direction » que je dois suivre désormais, et qui, par sa simple existence, élimine toutes les autres possibilités. En choisissant, je suis resté avec une seule parmi de multiples possibilités, je me suis *limité* à une seule d'entre elles, en écartant toutes celles qui se trouvaient devant moi avant de choisir.

Tout ce jeu du choix, qui présuppose la science comme condition de l'existence, implique également la nécessité de *prouver ce que l'on sait*. Si je peux prouver que j'ai une connaissance des possibilités, alors la base de mon choix est assurée, et, implicitement, la garantie du fait que, par le choix fondé que j'ai opéré, je vais exister de manière optimale et au maximum.

Puis-je apporter cette preuve ? Quelqu'un peut-il prétendre connaître à fond ses possibilités, et, implicitement, posséder une science de choisir sa vie ? Socrate a répondu que la seule chose certaine, c'est qu'il ne sache rien à ce sujet. Il a la science de sa non science. Choisir notre vie présuppose une science, mais cette science, nous ne l'avons pas, et, pour le dire en termes socratiques, nous ne pouvons pas l'avoir. Nous aspirons choisir la meilleure vie, parce que sinon nous gaspillons notre vie et nous vivons au hasard, ballottés de ci, de là ; mais d'un autre côté, si l'on me pose des questions au sujet des repères importants de ma vie — le courage, l'amour, l'amitié, la beauté, la piété, etc. — si je dois prouver une science de la vie, je ne peux donner que des réponses évasives et insuffisantes. Dans toutes ces sciences et ces connaissances nous sommes des cancres. Ma situation humaine a cette nature dramatique que je ne sais rien, alors qu'en fait *je dois* savoir, parce que *je dois* choisir mon existence, parce que mon existence même est un choix.

Quelle est la solution, alors ? Comment peut-on sortir de ce terrible paradoxe de l'existence humaine ? Il n'y a qu'une seule manière : la solution, c'est de « retourner le problème de tous les côtés ». Et c'est pourquoi Socrate discute, dialogue. Sans interruption. Tout le temps. Toute une vie passée à dialoguer. Je dois discuter tout le temps sur ce que j'ai à faire, en l'occurrence sur la manière dont je peux arriver à choisir la meilleure vie, sans m'installer pour autant un seul instant dans la position de celui qui « sait », et de la vérité. Lorsque nous lisons les dialogues socratiques, c'est la chose qui nous frappe à chaque pas. « Oui, il s'agit de courage », nous entendons dire à Socrate. « Il s'agit de savoir qu'est-ce que signifie le courage en soi ». Et pourquoi doit-on savoir ce qu'est le courage en soi ? La réponse est toujours la même : « Pour pouvoir choisir, pour que nous sachions choisir notre vie ». Ce n'était pas uniquement un problème pour Socrate, mais un problème en général chez les Grecs, c'était l'un des problèmes courants et importants qui ne les laissaient pas tranquilles. C'était le problème qu'il fallait « retourner dans tous les sens » sans cesse, et qui, pour Socrate, poussait le dialogue au premier plan.

Et pourtant, la pensée philosophique après Socrate n'a pas suivi cette voie. Déjà, chez Platon, qui au fond met en scène le problème du dialogue infini, la discussion ne signifie plus la même chose mais, comme il en sera par la suite constamment chez nous, elle était déjà devenue un prétexte pour rechercher et pour trouver la vérité. Ce postulat du dialogue infini, provoqué par le besoin d'avoir une science du choix dans les conditions du « je sais que je ne sais pas », c'est la première *fissure* que Socrate apporte dans l'histoire de la pensée européenne. (Au sujet de la seconde fissure – le question-nement – j'ai parlé longuement à une autre occasion). Et sur la base de cette fissure, notre choix s'avère être seulement une manière de parler. Nous voulons, bien sûr, choisir notre existence, et encore, la meilleure qui soit (cf. *Gorgias*, *Menon*, *Alcibiade*, etc.), mais en réalité, nous ne choisissons pas puisque nous ne savons pas et puisque nous savons que nous ne savons pas.

Eh bien, dans le cadre de cette problématique, de cette relation à soi-même, nous allons parler des mystifications de soi, *de la tromperie de soi*. Nous avons vu avec Heidegger que notre vie est, de manière essentielle, possibilité. Elle est possibilité tant comme réaction, que comme horizon. En tant que réaction, dans la mesure où je peux réagir dans une situation donnée soit d'une manière, soit d'une autre. C'est l'un des sens de mon possible. L'autre sens, c'est ma projection, ce que je pourrais être. Je pensais parler de l'horizon psychologique de la possibilité de la vie et, à l'intérieur de cela, d'ouvrir le problème de l'automystification. De voir comment, à l'intérieur de l'image de soi, apparaît la méconnaissance de soi, de voir quelle est relation entre moi tel que je suis, et moi tel que je crois être. Et tout cela sur la base d'une *structure temporelle* de l'automystification. Nous allons suivre, pour faire un inventaire des modalités de se tromper soi-même, les hypostases temporelles de l'avenir, du présent et du passé

l'avenir

1. *Les rêves* – Le rêve de celui que je serai est la projection propre dans un héros, projection par excellence personnelle. Les rêves commencent dès l'enfance. Dans mon enfance, je rêvais de devenir coureur automobile, aujourd'hui, un enfant rêve de devenir cosmonaute ou pilote de formule 1, d'être Schumacher. Les rêves commencent dans l'enfance, continuent sous d'autres formes durant l'adolescence, et accompagnent certains d'entre nous toute leur vie. L'une des formes de rêve prolongé jusqu'à la fin de la vie est celle du *génie méconnu* (encore), mettons sur le modèle de Van Gogh. Il y a des gens qui peignent ou qui écrivent des poèmes jusqu'à la fin de leur vie, en acceptant d'être ignorés comme Van Gogh l'a été, mais, au final... D'autres sont Don Juan jusqu'à un âge avancé, et Ortega y Gasset dit même qu'il n'y a pas d'homme qui ne croie qu'il a été Don Juan, au

moins pendant sa jeunesse, et qu'il l'est peut-être encore aujourd'hui, ou, s'il ne l'a pas été et qu'il ne l'est pas, qu'il aurait pu l'être si seulement il l'avait voulu. Il y a une myriade de variantes de ces rêves, et ce sont eux, ces rêves, qui engendrent les véritables ratés. Je le souligne, ces rêves sont *personnels*, c'est-à-dire qu'ils se sont formés par ma projection dans un modèle ou un idéal de personne.

2. *Les velléités* – Toute velléité met en jeu une appréciation surestimée de ses propres capacités. Il s'agit d'une évaluation erronée *vers le haut*. Si, par exemple, on rêve de devenir l'un des plus grands philosophes du monde, dans ce cas la velléité serait, par exemple, de résoudre le problème du temps. Pourquoi les velléités sont-elles dangereuses ? Parce qu'elles empêchent le « je fais » à travers le mirage du « je ferai », où ce « je ferai » nous devient précieux. La velléité est donc ce projet de faire qui nous empêche de faire. Exemple de velléité : lire les œuvres des grands penseurs à fond. Il s'agit ici d'une velléité, parce qu'il n'y a pas de lecture définitive des grands philosophes. Cette fois, il n'est plus question d'une projection personnelle : je pars de moi-même et je me figure en grand héros. Il s'agit ici d'une mystification sur le plan de l'action. Donc, le velléitaire est un homme d'action saboté par son propre projet de faire. Il se propose de faire dans son espace ce qu'il ne peut pas faire. Il veut attraper une baleine avec une frêle canne à pêche. La grandeur même du projet se constitue en frein à sa réalisation. Cette inadéquation aux possibilités propres est une autre source de ratage. Dans ma génération, il y avait un type, Stefan Teodorescu, qui passait son temps à composer des amples tables de matières. Il ne parvenait même pas à en écrire l'introduction. Toutefois, le velléitaire n'est pas un raté torturé : sa vie devient un *dolce far niente*, une manière de valser continuellement dans une foule de projets repris et abandonnés indéfiniment. Selon le proverbe chinois, « tout chemin commence par le premier pas ». Le velléitaire ne parvient pas à faire

le premier pas. Et s'il le fait, il quitte le chemin avant de s'y mettre vraiment.

3. *Les plans, les projets concrets* – Ils représentent une troisième source possible d'automystification du point de vue de l'avenir. Je dis « possible », parce que tout plan ne mène pas nécessairement à l'automystification, mais seulement celui qui ne peut plus être abandonné en cours de route lorsqu'il s'est avéré irréaliste ou erroné. Toute action que je commence présuppose un plan concret. Mais à mesure que le travail avance, il peut confirmer ou infirmer le plan initial. L'automystification commence lorsque je perds ma flexibilité, lorsque je deviens l'esclave d'un projet alors même qu'il ne me convient plus. Pour éviter cette manière de se tromper soi-même, il faut, lorsque j'ai un projet ou un plan, que je me demande tout au long du chemin s'il est bon pour moi de le suivre, si c'est véritablement le bon, etc. Il n'est pas obligatoire que cela se passe comme on l'avait prévu au départ, parce qu'en cours de route il arrive parfois que l'on apprécie mieux les choses.

le présent

1. *La problématique propre* – Il n'y a pas d'intellectuel sans une problématique propre. La *Selbstwissen*, la « science de soi », on ne l'obtient pas en restant assis, par exemple, dans son fauteuil, et en se demandant intensément « qui suis-je ? » (Cette fois je ne montrerai pas, comme dans les cas cités plus haut, comment on peut se tromper soi-même, mais comment on peut, dans l'hypostase du présent, l'éviter). Donc, la problématique propre. Il y a des gens, dotés d'un esprit particulièrement agile, qui vivent même dans une sorte de jungle de la problématique propre. Ils ont sans arrêt des idées, et des idées de toutes sortes. Il y en a qui peuvent écrire tous les jours, ou toutes les semaines, un article où il y a une idée nouvelle, et qui ne représente parfois qu'une partie des idées qu'ils ont eues. Le cas de Wittgenstein est parlant. Il avait tout le temps des idées. Il les écrivait

sur des bouts de papier et il les jetait dans un tiroir. D'autres sont arrivés ensuite, ils ont sorti les bouts de papier du tiroir et ils les ont ordonnés en leur donnant la forme « d'œuvres » immortelles. A première vue, toutes ces idées notées ressemblent à une jungle, alors qu'en réalité elles ne le sont pas du tout. C'est pourquoi on peut parler, sinon d'un système, au moins du mode de pensée de Wittgenstein. Ces notes éparses avaient un sens, elles avaient la cohérence d'un mode de pensée et, dans leur fond, elles étaient « systématiques ». Il en était de même avec Nietzsche : notations fébriles dans des cahiers, gribouillages sur des bouts de papier. Une bonne partie de l'œuvre de Nietzsche est constituée par des notes écrites. Si l'on considère tous les volumes qu'il a écrits, on se rend compte de la jungle d'idées qui était dans sa tête. J'ai pris deux exemples extrêmes pour comprendre à quel point la problématique propre tient du présent, des idées qui nous viennent à un moment donné. Et à travers ces idées notées on se révèle soi-même de sorte que, en les lisant plus tard, on arrive à voir ce dont on ne se rendait pas compte en les écrivant : qu'elles ont une certaine structure, qu'elles ne sont pas une jungle, et surtout, qu'elles ne sont pas des « jongleries », que ce ne sont pas des manières de se tromper soi-même, mais une *Selbstwissen* authentique.

2. *Les sollicitations extérieures* – Pour ne pas être mystifiantes, les sollicitations extérieures ne doivent être acceptées que si elles s'inscrivent dans la problématique propre, et refusées – dans la mesure du possible – chaque fois que ce n'est pas le cas. (*Nota bene* : comme vous pouvez le voir, ce que je dis est valable seulement pour un intellectuel mais très peu pour d'autres genres de personnes). Par rapport aux idées qui nous viennent de l'intérieur de nous-mêmes, les sollicitations extérieures sont nôtres dans une moindre mesure, elles nous engagent moins que les premières. Elles présentent en fait un grand inconvénient : dès qu'elles deviennent systématiques, elles se constituent en une structure en chaîne, elles commencent à nous représenter et elles composent peu à peu une image à laquelle, avec le

temps, on finit par se soumettre. Peu à peu, on devient ce masque de soi-même que l'on ne peut plus démentir, et qu'au final on doit accepter comme son visage propre. Combien d'intellectuels ont sombré de la sorte (ou n'ont même pas eu l'occasion de naître), derrière des « collaborations permanentes » ? La chaîne constituée par les sollicitations extérieures devient à la fin une chaîne qui nous enchaîne. A la limite, il ne reste plus qu'à s'ébrouer de cette image confectionnée, en expliquant dès lors à tout le monde que ce que l'on a fait dans telle ou telle circonstance ne nous représente pas « au fond ». Ou, pire, de continuer d'avoir un visage extérieur et un autre intérieur, ce qui n'est certainement pas la meilleure solution pour le choix de sa vie.

3. *Le travail concret* – La vérité c'est que, parmi les trois hypostases temporelles, ce n'est qu'au présent que l'on peut voir celui que l'on est vraiment. C'est en partant du présent que je peux apprendre qui je suis. C'est le lieu propre du moi, et c'est ici, au présent, que se joue notre existence. L'avenir est possibilité, le passé n'est plus. Le présent, en revanche, nous engendre sans cesse : il est la source d'une bonne connaissance de soi quelque peu immédiate, où le rôle de l'automystification est le plus réduit.

D'où *le travail concret*. Le travail concret peut être aussi bien une création fébrile et inspirée, que laborieuse et élaborée. Les deux ont beaucoup à nous apprendre. Elles nous obligent constamment à nous demander : où avons-nous des difficultés ? Où rencontrons-nous des échecs ? Cette lutte pour attraper sa propre pensée et pour la formuler est une excellente méthode pour parvenir à soi-même. Parvenir à savoir ce que l'on pense soi-même suppose un effort hors du commun et c'est seulement une fois que l'on devient attentif à la difficulté d'extérioriser sa pensée que nous commençons à nous connaître nous-mêmes. Il suffit de regarder les manuscrits des écrivains célèbres pour s'apercevoir à quel point les hommes sont divers et combien divers peut être le chemin selon lequel chacun parvient à soi-même.

Eh bien, à travers le « ce que je suis en train de faire maintenant », il est très difficile de se falsifier soi-même. La réduction au présent constitue la potentialisation de son propre moi, l'obtention d'une identité à soi-même qui a réussi à intégrer et à maîtriser à la fois le passé et l'avenir. C'était là l'idéal de la sagesse antique et médiévale. Le présent, le passé et l'avenir doivent être rassemblés et tenus dans une totalité, c'est-à-dire qu'au présent il doit correspondre un passé et un avenir purifiés. A chaque instant présent, je dois être entièrement tel que je suis. Je dois faire en sorte que chaque chose que j'accomplis me représente. Or, parmi tout ce que nous faisons, les choses que nous considérons comme nous représentant sont fort peu nombreuses. C'est pourquoi tant de gens ignorent complètement tout au long de leur vie ce qu'ils font, et c'est pourquoi, ils ne sont pas peu nombreux ceux qui tiennent des discours moraux après avoir fait des choses qui scandalisent tout le monde.

Cependant dans l'idéal de sagesse que j'évoquais, il y a le risque de la fermeture : je possède une totale connaissance et maîtrise de moi-même, de même que la capacité de traduire en actes ma propre sagesse. Ainsi, j'ai obtenu une boucle parfaite, une fermeture de soi scellée en permanence par ma science et mes actes. Eh bien, non! Pour éviter ce danger, *le présent doit être préservé éternellement ouvert ou, pour le dire autrement, nous devons toujours être ouverts à tout présent qui est nôtre.* Et la raison en est on ne peut plus simple : je sais qu'au fond je ne sais rien.

Avec cela, l'image de Socrate nous apparaît clairement : Socrate était un sage qui vivait toujours au présent, qui gardait le présent constamment ouvert. Il vivait le présent sur les marchés, comme une sorte de traîne-savate. Il pouvait commencer n'importe quelle discussion, avec n'importe qui, précisément parce qu'il demeurait toujours ouvert à l'extérieur. Tenir le présent ouvert, ne pas le fermer, cela signifie justement éviter la position où le présent ne veut plus rien dire. Et le présent ne veut plus rien dire lorsque la vérité est indiscutable et que j'en suis le propriétaire. Lorsque la vérité est connue d'avance, et que la discussion n'est que démonstrative.

le passé

1. *Les erreurs passées, enfouies ou oubliées par le vouloir inconscient* — C'est la source la plus sérieuse d'automystification qui provient du passé. Personne n'est plus « tricheur » que nous ne le sommes avec nous-mêmes. Je n'ai pas rencontré de plus grand escroc que l'homme envers lui-même. Toute erreur empiète sur l'image que nous nous faisons de nous-mêmes. Or, il est curieux de voir que c'est l'image qui gagne toujours, non pas l'erreur. Cette dernière est soit escamotée, soit mise sur le compte d'un autre (les femmes sont des virtuoses à ce propos), soit oubliée par le vouloir subconscient. Il est étonnant de constater à quel point ce vouloir subconscient de l'oubli fonctionne bien. Les gens se souviennent très bien des moments de leurs réussites, mais ils ne se souviennent qu'à grande peine des erreurs graves qu'ils ont commises.

Pourquoi en est-il ainsi ? Parce qu'une erreur n'est en fait jamais finie. Elle doit cependant être close d'une façon ou d'une autre, et la meilleure manière de la clore, c'est de l'oublier. Il est difficile d'en finir avec une erreur. Il est très facile d'en finir avec un succès : on grimpe sur lui et de là-haut, on regarde fièrement vers le bas. Mais que fait-on d'une erreur ? L'assume-t-on ? Reconnaît-on de l'avoir faite ? Je vous demande respectueusement d'apprendre ce que vous devez faire de vos erreurs! Il faut les regarder en face, comme la source la plus féconde de soi-même. Il n'y a pas de meilleure source pour la connaissance de soi que le dialogue avec l'erreur qui nous appartient : l'assumer, vouloir l'éviter plus tard, la transformer, en guérir la source.

2. *Les défauts propres* — Nous parlons avec désinvolture des défauts qui nous sont propres, et nous acceptons avec légèreté leur répétition. Nous ne les écartons pas précisément parce que nous considérons

que nous pouvons à tout instant y remédier. Je sais que je suis indiscret, que je suis avide – mais je me le dis toujours – je peux à tout instant cesser de l'être. Le tout c'est de le vouloir. La solution est entre mes mains. A un moment donné, je cesserai et je me prendrai au sérieux... Sauf que je ne me prends pas au sérieux.

3. *L'embellissement du passé propre. Mythifications, mises en légende* – Ici, il est question du contraire de la tendance à oublier ses propres erreurs. Nous gardons vivants en mémoire, et nous les répétons à l'infini, les événements de notre vie qui projettent sur nous une bonne lumière. Par la répétition, ils deviennent de véritables mythes. Nous avons tous eu un grand père qui, dans notre enfance (et les enfants adorent les répétitions!) nous racontait d'innombrables fois un exploit remarquable de sa jeunesse (que ce soit à la guerre, ou comment il a attrapé un voleur, etc.). Le danger ici provient du fait que nous commençons à nous attacher à ces choses. Ce n'est pas seulement à cause d'une sorte d'amour propre que nous mythifions les péripéties d'où nous nous sommes bien sortis nous-mêmes, mais bien davantage à cause des doutes inavoués qu'avec le temps, nous amassons sur nous-mêmes. Certains vivent, par exemple, toute leur vie sur le compte du fait qu'ils ont été les élèves de Heidegger. Nous faisons tous cela, d'une manière ou d'une autre : nous nous accrochons à une chose qui nous est favorable, et que nous mythifions pour contrecarrer notre petitesse, ce doute intérieur que nous nourrissons sur nous-mêmes.

En voilà assez!

ce que signifie « ma vie »

1. Je pars du fait que la vie va de soi. Ce fait est évident pour tous. Est-ce à dire qu'il est aussi bien compris ? Si l'on remet ce fait en question, il convient d'éclaircir ce que signifie « aller » (utilisé ici de manière métaphorique) et « de soi ».

Le cours de la vie ne dépend pas de moi, je ne dois pas m'efforcer pour faire « aller » la vie, et je ne dois même pas remonter son horloge. Naturellement, je dois l'entretenir, lui donner tout ce qui est élémentaire, de l'air, de la nourriture, du sommeil, etc. Mais le simple fait qu'elle va et qu'elle est ainsi faite qu'elle est sa propre marche (en « avant », pourrions nous dire), ne dépend pas de moi.

Lorsque j'y pense, cette banalité devient étrange : je suis ma vie et pourtant elle ne dépend pas de moi. Puisque que je n'ai pas à m'efforcer pour la faire aller, cela veut dire que c'est précisément dans ce qu'elle est, dans son incessant passage, qu'elle m'est étrangère.

« Ma vie » comprend deux choses distinctes : « vie » et « à moi ». (En nous gardant bien du fouillis métaphysique de la « conscience » ou du « moi », dans l'expression « à moi » il est question, disons, du point de référence que je suis moi-même). Ma « vie » suit son cours, qui est d'aller de l'avant : non seulement sans dépendre de moi, mais encore sans me prêter attention. Je prends deux exemples extrêmes : *Verweile doch, du bist so schön!* Et « Ouf! Si ça pouvait passer plus vite! ». Pour Goethe, il est question du désir d'arrêter le bel instant, dans l'autre cas, d'accélérer le passage d'un malheur, par exemple. Ni l'un ni l'autre de ces deux vœux ne peut être exaucé, car la vie va comme elle est, étrangère à mes désirs ou à mes pensées. Bien entendu, je peux mettre fin à ma vie, mais cela ne change rien : j'ai tué la vie, mais je ne l'ai pas changée.

Ce que j'essaie de mettre en évidence, c'est cette intime étrangeté en moi qu'est ma vie, le simple fait que ma vie, que je ne peux ni arrêter, ni hâter, ni retarder, m'est étrangère. Ce fait simple, qui est mon intérieur même, m'est étranger, ce qui veut dire que, fondamentalement, je suis divisé, puisque je dois en permanence accompagner cet étranger qui est en moi (*dass ich immer mitgehen muss*).

2. Penchons-nous ensuite sur l'autre petit mot, « ma ». La « vie » a une signification pour n'importe quel homme. Il est vrai qu'elle m'est étrangère en ce qu'elle est elle-même, mais elle est toujours à moi. Chacun de *ses* instants est un instant de *ma* vie, et ceci dans une unité fondamentale. Le point de référence que je suis moi-même fait partie du tout que représente « ma vie ». C'est à moi-même que je me rapporte sans cesse. Je peux penser abstraitement « la vie en général », je peux l'étudier en biologie, mais en réalité il s'agit chaque fois de la vie d'un homme en particulier, de *sa* vie (au sens possessif).

Mais qu'est-ce que j'entends par la formule « ma vie est à moi » ? Tout d'abord, j'ai à l'esprit précisément ce point de référence : tout ce qui m'arrive se rapporte à moi. Ce qui est valable pour tout homme également, mais aussi pour chacun de manière unique. L'unicité ne consiste pas en ce que, pour les autres, c'est différent de ce qui est pour moi, mais en ce que ma référence à moi-même ne peut pas être reprise par quelqu'un d'autre, ce qui signifie que chaque homme a un *propre* à soi qui se pose comme une frontière indépassable entre lui et les autres. Et c'est précisément ce propre qui est le point de référence ou, plus exactement, qui constitue le *fait* du point de référence.

Dans la vie de tous les jours, ce fait que constitue le point de référence est soit recouvert par son abstraction (« tous les hommes ressentent de la même manière »), soit compris dans la variante déformée de l'égoïsme. Seulement, il réapparaît sans cesse, dans la manière dont chacun d'entre nous parle de soi, en essayant de dire ce

qui en réalité ne peut se dire : en l'occurrence, que c'est bien *à soi*
qu'est arrivé ce qu'on raconte. Ce propre, c'est le lieu que personne
d'autre que soi ne peut occuper, le partage de toute expérience intime
étant voué d'emblée à l'échec. La seule manière de réussir le partage
de l'expérience c'est peut-être l'amour, dans la mesure même où la
frontière qui sépare mon propre de celui de l'autre disparaît en
faveur d'un propre élargi.

3. Donc, ce que je ne peux partager avec personne est mon *propre*, le
fait que ma vie me regarde. Et cette vie qui me regarde, je ne l'ai reçue
de personne, elle m'apparaît comme une donnée. Ma vie est à moi
non seulement parce qu'elle se rapporte à moi, mais aussi parce qu'il
m'est donné à moi seul de la vivre. L'expression « chacun vit sa vie »
n'est pas simplement tautologique. Bien sûr que je ne peux vivre la
vie d'un autre, mais c'est seulement si je mets l'accent sur « vivre »
que je peux vraiment saisir ce que *vivre* sa vie signifie.

En roumain, à la différence d'autres langues, il y a deux mots
d'origine différente pour désigner le « vivre » : un mot d'origine
slave « a trǎi » (vivre) et un autre d'origine latine, « viaţǎ » (la vie),
qui éclaire mieux ce que j'essaie de dire. Il est vrai que la vie est un
fait, et plus particulièrement un fait qui m'est étranger, mais un autre
fait est tout aussi vrai, que la vie se vit, et qu'elle ne peut faire autrement que d'être vécue. La vie est un « phénomène » uniquement du
point de vue biologique, c'est-à-dire, abstrait, comme la pierre, le
triangle, etc., et à ce titre elle a, bien entendu, la propriété d'évoluer.
Dans la réalité, toutefois, la vie est vécue, elle est de l'ordre du
devenir, autrement dit, la vie m'est donnée à vivre. (La différence
ontologique entre l'être selon la substance et l'être selon le temps est
esquissée, dans un tout autre contexte, par Aristote dans *Physique* III,
6, 206a 21-33). C'est le point de jonction entre le point de référence
(le soi) et mon autre versant, la vie. *Je* vis ma vie ; non seulement il
m'est *donné de* vivre (la vie comme étrangère à moi), mais la vie m'est
donnée *à vivre*.

Il s'ensuit que la vie et le fait de vivre sa vie sont deux choses distinctes. Mais en est-il bien ainsi ? D'une certaine manière oui, d'une autre, non. Elles sont distinctes dans la mesure où je ne me suis pas donné la vie et je ne peux pas en changer l'essence (qui est incessant passage). D'autre part la vie et le fait de vivre sa vie sont réunis dans un tout, puisque, une fois donnée, la vie est vécue comme son unique vie par celui à qui elle est donnée.

Mais si la vie m'est donnée à vivre, comment vais-je la vivre ? Evidemment, *d'une quelconque manière*. Ce *comment* je vis ma vie est le domaine par excellence de la liberté.

Je ne m'occupe pas ici du « problème de la liberté », ni de la liberté dont il est question lorsque je dois choisir entre deux ou plusieurs possibilités de faire quelque chose (par exemple, de fumer ou non), mais je me réfère à la liberté originaire, ou, plus précisément, aux conditions de possibilité de toute liberté. La liberté implique la dualité. Ce qui ne veut pas dire, je le répète, que j'aie la possibilité à chaque fois de choisir entre deux choses. La dualité concerne ici quelque chose de beaucoup plus vaste : celui à qui la vie a été donnée, et la vie comme domaine d'application. En bref, moi et ma vie. Moi précisément en tant qu'étranger à ma propre vie, d'une part, et le fait que je dois vivre cette vie comme ma vie propre, d'autre part, rendent possible la liberté. A savoir que l'étrangeté de la vie, d'une part, et le fait que cette vie je dois la vivre *d'une quelconque manière*, d'autre part, forment les conditions de la liberté. La liberté originaire est la possibilité même de ce « comment » : *comment je vis ma vie.*

Nous ne devons pas déduire de cela que je peux vivre ma vie purement et simplement comme je le veux. Les données biologiques ne viennent pas nécessairement combler ma volonté, c'est même le contraire qui se produit le plus souvent. Seulement, la différence entre la liberté originaire et les autres genres de liberté c'est que la volonté n'est pas primordiale. Car, de quelque manière que je vive, je vis d'une certaine façon ma vie. Même Oblomov vit sa vie, même s'il ne veut rien de particulier. Dans les autres genres de liberté, je dois toujours vouloir quelque chose, d'une manière ou d'une autre, et selon Descartes même mon jugement est un acte de volonté. En revanche, la liberté originaire n'est pas, au départ, un acte de volonté, mais un acte de sens. Nous ne savons pas, bien sûr, ce que signifie le « sens », et encore moins *le sens de la vie. Mais* il me suffit de savoir que « sens » a une signification ici, ne serait-ce que celle de délimiter ce à quoi je pense. Dans cet essai, par exemple, le sens veut dire de hisser au rang de problème la banalité que, de toute façon, la vie est vécue d'une quelconque manière. Le fait que je *vive* ma vie est primordial, est donc primordiale la relation entre le passage permanent que constitue la vie indépendante de « moi » et sa référence à moi comme à *ma* vie, c'est-à-dire à une vie à moi donnée, dans et par quoi je suis ce que je suis. Mais si, au lieu de la vivre au hasard et en engageant seulement des petites libertés, je m'efforce de l'élever au rang de problème, alors fait irruption l'horizon de la liberté originelle, du sens de ma vie. Seulement après viennent le choix et la volonté.

Toute cette problématique est celle de Socrate. Elle est présente dans tous les dialogues socratiques, elle est énoncée *expressis verbis* dans l'*Alcibiade* et, de manière éclatante, avec la passion qui lui convient, elle est confiée dans l'*Apologie de Socrate*. La manière de choisir sa vie était un thème habituel chez les Grecs anciens, mais sa désignation comme problème fondamental, à la fois pour chaque être humain et pour la *polis*, c'est l'œuvre d'un seul homme, Socrate.

Mais pourquoi le fait de choisir sa vie représente-t-il le *problème fondamental* ? Non seulement parce que tous les autres problèmes y sont inscrits, mais surtout, parce que c'est le problème *sérieux* par excellence. Certes, les autres problèmes ne deviennent pas tout d'un coup futiles, dans un sens clairement dépréciatif, mais à la lumière du problème fondamental ils ne sont pas « le sérieux ». Le mot sérieux vient du latin courant « serius » (et « seriosus » en langue littéraire), avec le premier sens de « grave », « avec difficulté » (d'où vient *schwer* en Allemand), grave au sens grec de *semnos*, qui s'oppose à *phaulos* ou à *kaumnos*, comme dans le *Sophiste* 227b.

Vivre avec la question « comment vis-je ma vie ? », ce n'est pas seulement quelque chose de « sérieux » comme un attribut ordinaire, dont il résulterait uniquement que j'accorde de la valeur à la vie, mais le « sérieux » prend sa source même dans et par cette question. La question fondamentale *leste* la vie, la resserre en une unité et la referme en un tout. C'est elle qui nous situe dans « le sérieux ». En regard de cette situation, toutes les autres questions et leurs situations sont non-sérieuses, que l'on s'intéresse au *Big Bang* ou que l'on voue sa vie aux espèces en voie de disparition. Et inversement, tout vivre fondé sur la réponse à la question fondamentale est « sérieux », quelque soit la réponse donnée, puisque nous ne savons pas ce qu'est le sens de la vie et quelle réponse particulière il convient de lui donner. Mais vivre avec ce problème signifie parvenir à dévoiler ce qui est enfoui en nous-mêmes et qui, tout en étant recouvert, transparaît tout de même parfois dans chaque vie.

Addendum : La question « comment la vie doit-elle être vécue ? » n'est pas du même genre que celle qui concerne la manière de jouer une partie d'échecs, ou « comment fonctionne cette machine ? » Elles ont l'air de se ressembler, parce que les questions de cette sorte visent, à leur tour, à une cause, fondée dans le premier cas par les règles du jeu d'échecs, et dans le deuxième cas, par la fonctionnalité de la machine. Dans les deux cas, les mouvements ont une raison d'être : gagner une partie en appliquant les règles du jeu, ou bien réaliser ce que la machine est censée faire si on la manie correctement.

A la différence des échecs ou de telle ou telle machine (tous deux des inventions humaines), la vie se caractérise par l'ignorance où nous sommes de sa raison d'être, et même pas l'impossibilité de dire si elle a ou non une raison d'être. Tout ce que je sais, dans le cas de la vie, c'est, tout au plus, que je dois lui donner un sens ; seulement des sens de la vie, il y en a tellement, et de différentes sortes, que la question « comment la vie doit-elle être vécue ? » me plonge à nouveau dans mon « non-savoir ». Comme si la vie était une machine dont nous ne connaissons pas le fonctionnement, ou qui fonctionne d'une multitude de manières, sans que nous sachions finalement laquelle est la bonne. En fait, dans cette question fondamentale s'agitent tant la question pratique, « de quelle manière dois-je vivre ma vie ? », que la question théorique, « quelle est la raison d'être de la vie ? ». Ce qui est intéressant, c'est que la question pratique ouvre sur la question théorique, parce qu'en absence d'une réponse à la question « quelle est la raison d'être de la vie ? », je n'ai pas de moyen de savoir de quelle manière concrète je vais vivre ma vie.

On peut remarquer que dans tout ce qui a été dit jusqu'à maintenant il n'a été question ni de « traiter » de la question de la liberté, ni de donner une réponse à la question « Quel est le sens de la vie ? » Je n'ai fait que de décrire le *lieu* de ces problèmes et leur conjonctions dans le cadre du syntagme « ma vie ».

moi et le monde

> L'homme n'est qu'un roseau … mais c'est un roseau pensant.
> Pascal, *Pensées*

Le fait que je sois dans un monde est une donnée indépendante de ma volonté, donc étrangère à moi. Il se décompose en plusieurs strates :

1) Ma présence au monde, que j'envisage habituellement comme « moi et le monde », dans laquelle moi, c'est moi et le monde, c'est le monde. Je suis à la fois conscient de moi-même, en tant qu'ego, et du monde qui m'entoure, quelle que soit la distance, proche ou lointaine, à laquelle je le pense. Il y a cependant entre les deux choses une différence fondamentale pour moi : je ne regarde pas le monde et moi-même de la même manière. Lorsque j'envisage le monde, je le

prends pour autre chose, alors que lorsque je m'envisage moi-même, je ne me regarde pas comme quelque chose d'autre, mais comme moi-même. Le regard sur moi-même implique une identité, tandis que celui sur le monde implique une altérité. Même si je réalise que, d'un point de vue de la réalité, il n'y a pas de différence entre moi et le monde, cette différence existe en permanence, elle m'accompagne tout au long de ma vie et je ne puis en sortir d'aucune manière. J'existe de la même manière que ce qui m'entoure, mais en même temps pour moi, je suis différent de tout ce qui m'entoure. Le fait qu'il en est de même pour tous les autres êtres humains n'y change rien. Ma relation à moi-même est d'une autre évidence, d'une autre immédiateté, elle est d'une autre nature que ma relation au monde.

Je peux penser cette différence comme une simple séparation, comme si j'étais seulement séparé du monde, comme s'il existait uniquement une barrière entre moi et le monde, et que la solution pour que cette séparation cesse présupposerait avec certitude une sorte d'union avec le monde. On trouve ce genre de solution dans la mystique, dans l'extase, dans le moi fusionné avec le monde. Sauf que dans ce cas, la différence n'est pas supprimée, elle est seulement escamotée, par l'annihilation du moi.

La différence entre être « tourné vers le monde » et être « tourné vers soi » n'est pas seulement une *Bewusstseinsmodifikation*, un changement de direction de la conscience, mais aussi, « moi avec moi-même » constitue le noyau de ma manière d'être, de telle sorte que je ne peux être qu'avec moi-même (un véritable état d'enfermement), ce qui ne veut pas dire qu'en même temps « moi et le monde » ne fasse pas partie en égale mesure de ma manière d'être. Je suis avec moi-même et avec le monde simultanément.

2) Une deuxième strate s'ajoute à la différence fondamentale, une strate *reflétée*, qui me dit que je fais partie du monde, que j'en suis une partie, que je tienne cette partie pour importante ou insignifiante. Non seulement suis-je contenu *par* le monde, mais encore je suis contenu *dans* le monde : je suis habitant d'une ville, citoyen d'un

pays, homme parmi tous les hommes de la planète, être vivant parmi tant d'êtres vivants de la terre, dans les champs, sur les montagnes, dans les eaux sous le ciel. J'appartiens au monde comme l'une de ses parties constituantes, je suis une partie d'un tout. Je m'imagine aisément que le monde puisse exister sans moi, néanmoins pour l'instant c'est un fait que je suis « au » monde et que, d'une certaine manière, le monde est ainsi fait qu'il me contient en lui et qu'il ne serait pas le même si je n'y étais pas. J'apporte, pour ainsi dire, ma modeste participation au cosmos.

Ainsi, je participe au monde lorsque, la nuit, devant un paysage grandiose, je me sens faire un avec le monde. La coexistence avec le monde provient ici de l'essence du présent et constitue ce que nous entendons communément par présence. Lorsque je dis « moi et le monde », quoique je procède involontairement à partir de la présence, je ne la pense pas en tant que telle (parce que dans le présent il n'y a pas en même temps moi *et* le monde), mais en réalité je réfléchis, plus précisément je me pense moi-même comme partie d'un tout que j'ai en moi, autrement dit, je *pense* à partir du monde approprié et intériorisé par moi en tant que monde. D'un point de vue ontique, je suis bien une partie du monde, mais il s'agit ici du fait que je me *pense* moi-même (c'est-à-dire je me vois, je me comprends moi-même) comme une partie du monde que je pense, au sens le plus étendu du terme. Je pourrais dire aussi bien que j'ai le sentiment du monde comme un tout dont je constitue une partie, à savoir que je suis une partie du monde qui est *dedans* moi.

3) La partie du monde que je constitue n'en est pourtant qu'une infime, une toute petite partie. L'étendue infinie du monde prise comme mesure réduit mon être à presque rien ; je suis écrasé par le monde, indépendamment du fait que je le ressente comme un espace infini ou bien fini. Comparativement à ma petitesse, à tout ce qui est fragile en moi, le monde semble démesurément puissant. Je suis « débordé par les forces de la nature », de la société – elles me sont étrangères – ainsi que par ses lois, dans lesquelles je suis pris sans

aucune échappatoire possible. « Je fonctionne » selon les lois de la nature dans tout ce que je suis. Non seulement suis-je une miette en comparaison de l'étendue du monde, non seulement en fais-je partie, spatialement et logiquement, mais aussi, et pour autant que je me soumette à ses lois, je suis moi-même nature. C'est la source de toute pensée matérialiste et scientifique, dont le principe réside dans l'unité essentielle du monde dans sa matérialité même.

En même temps, je suis ouvert au monde. Non seulement à travers ces portes d'entrée que sont mes sens, mais aussi par le fait que je suis pris dans le monde, que je suis en permanence enveloppé par lui (*In-der-Welt-sein*). Même en rêve, je ne rêve pas de moi-même en tant que tel, séparé du monde, mais je rêve toujours d'un moi-même à qui il advient des choses dans le monde. Je suis un miroir du monde ou, plus précisément, je réfléchis le monde, comme disait Leibniz.

De plus, non seulement je pénètre dans le monde par la voie des sens, mais, à ma manière, je le comprends tout aussi bien. Sauf que la compréhension n'est pas une donnée, comme le sont les sens, mais un chemin à travers lequel je comprends le monde en tant que monde. La différence fondamentale entre les sens (et le monde du devenir qui leur correspond) et l'intellect (et le monde Idé-al qui lui correspond) c'est, depuis Platon, l'origine de tout idéalisme. Sur le chemin que comporte la compréhension (tant platonicienne, que dialectique hégélienne) je déchiffre toujours mieux le monde, je le comprends dans ses raisons d'être et dans son tout. Toute la philosophie, c'est ce chemin vers la compréhension du monde au-dedans de moi, étant moi-même inclus dans ce monde comme l'une de ses parties.

Il y a donc deux sortes de contenance : d'une part je suis contenu dans le monde, d'autre part je contiens le monde. Elles sont non seulement différentes dans leur nature, mais aussi aporétiques. Mon contenir dans le monde est « réel », alors que le contenir du monde en moi est reflété. L'aporie ressort de l'imbrication des trois points évoqués auparavant. La différence entre l'orientation du moi vers soi (la marche de « moi avec moi-même ») et l'orientation vers le monde, et ensuite la participation au monde, et pour finir la double contenance (moi contenu dans le monde et moi contenant le monde) mènent, toutes trois, à cet enchaînement où je suis à la fois une infime partie du monde, et ce qui reflète et qui pense le monde entier, conduisent donc à *mon ex-centricité dans le monde*. Non seulement je ne suis pas le centre du monde, mais je n'ai même aucune importance dans le monde, dans l'espace et le temps. Le monde va son chemin après ma mort comme il l'a fait avant que je ne vienne au monde. L'écrasante contenance du monde comporte, pour le moi, une totale indifférence du monde à l'égard de mon sens intérieur, et ma mort, qui ne signifie après tout rien de plus que la mort d'une cellule dans un organisme, n'a pas de pertinence par rapport au monde. Ce qui implique, outre la banale vanité des efforts humains, leur non-sens, ou plus exactement, leur absence de sens. L'effort de l'homme pour comprendre le monde ne semble pas non plus avoir le moindre sens. Tous les efforts de l'histoire de la culture, pris ensemble, ne semblent pas davantage, rapportés à l'échelle cosmique, détenir le moindre sens, même si à leur sommet, ils impliquent un tel sens. Nous parvenons ainsi au paradoxe fonda-mental : *la compréhension du monde (de la « réalité ») ne comporte pas de signification (de sens, de raison) à l'intérieur du monde ainsi compris.*

Toutefois, tout acte de compréhension du monde se heurte *in fine* à l'identité de l'instance qui comprend. A ce propos, deux points de vue se font jour : 1) Lorsque nous cherchons à connaître le monde, nous nous situons en dehors de lui, une sorte de « moi et le monde » dans lequel le moi connaissant est ailleurs, dans un endroit insu et inexistant. 2) Lorsque nous pensons l'homme (du point de vue biologique, social, métaphysique, etc.), nous l'intégrons (lui aussi) au monde, nous l'interrogeons et nous le situons en tant que tel, estimant que de la sorte nous éclaircissons quelque peu le point 1), en l'occurrence le statut de ce mystérieux sujet connaissant. En fait, lorsque nous procédons de la sorte, nous ne faisons pas autre chose que de nous situer dans une autre extrapolation, parce que nous n'avons rien fait d'autre que « d'objectiver » le sujet du point 1), nous sommes donc de nouveau un sujet extrapolé. La connaissance nous extrapole toujours, tout en amputant le sens de la connaissance par rapport à l'objet de la connaissance. C'est pure illusion que de penser qu'il serait possible de les réunir. J'en veux pour preuve que l'on se pose rarement la question « quel est le sens cosmique de la connaissance humaine ? ». La connaissance est soit dirigée (Kant), ou soit on en montre le chemin (Aristote), ou bien son non-sens (Nietzsche). Seul Platon, dans le *Timée*, en a pensé une solution. Une connaissance proprement dite du monde, une connaissance de son sens, qui soit *ipso facto un fait cosmique, n'existe pas*.

Le paradoxe fondamental selon lequel la compréhension du monde n'implique pas une signification à l'intérieur du monde compris est à l'origine de la religion, de la philosophie et de la science. Le gigantesque et magnifique effort humain pour dépasser ce paradoxe se nomme culture. La religion, la philosophie et la science sont précisément des *réactions* culturelles à ce paradoxe. Nietzsche écrit quelque part « qu'il en est des problèmes de quelque profondeur comme d'un bain froid – il faut s'y plonger et en sortir promptement »[1].

---

1. F. Nietzsche, *Le Gai Savoir*, trad. fr. Pierre Klossowski, Livre V, Paris, UGE, 1957, p. 409.

Pourquoi critique-t-on plutôt que d'accorder des louanges, condamne-t-on plutôt que de pardonner, haït-t-on plutôt que d'aimer, et sommes-nous plus volontiers méchants que bons ?

Si être pécheur (au sens adamique) est le naturel de l'homme, alors la vertu n'est pas naturelle, d'où l'effort de se maîtriser et l'acharnement à se vaincre soi-même, le besoin de parcourir un chemin, le salut etc., mais aussi la croyance dans un « autre monde », le bon, le vrai (Platon). (Pour savoir à quel point le « Mal » est naturel, nous avons Nietzsche).

Mais si dans notre cas, êtres humains, l'inclination vers le mal est naturelle, alors pourquoi depuis des temps immémoriaux, il a existé aussi une aspiration vers le bien, pourquoi le mal doit-il tenter à tout instant le bien, pourquoi a-t-il besoin du bien qu'il parasite ou qu'il imite ? Et si les deux sont originaires, quelle est alors leur origine commune ? Et ensuite, quand et comment se sont départagées les eaux ?

Bien entendu, une fois acceptés le bien *et* le mal, toute la problématique autour d'eux est prévisible, c'est-à-dire la théodicée, la morale et la religion en général deviennent prévisibles, de même que devient prévisible la tâche de la philosophie. (Ce qui reste moins prévisible, c'est la transgression des deux, le nietzschéen *jenseits des Guten und des Bösens*.

Donc, on part à chaque fois du bien et du mal comme *donnés*, et les solutions, dans les grandes lignes, seraient les suivantes :

1) *dualiste* : le bien et le mal sont originaires, de sorte que la recherche de *jenseits*, de l'« au-delà », n'a pas de sens.

2) *chrétienne* : le bien est antérieur (le paradisiaque), alors que le mal survient ultérieurement, comme événement. Bien sûr, Adam et Eve

ont commis l'erreur d'enfreindre le commandement divin, mais le commandement lui-même impliquait déjà le mal dans la formulation hypothétique « si vous mangez ». Ils avaient donc *le choix*, mais pour pouvoir choisir, il faut qu'il y ait des alternatives, en l'occurrence entre le bien paradisiaque (par abstention) et le mal inconnu, qui apparaît uniquement comme *conséquence*, une fois que le commandement a été outrepassé. Si Adam et Eve n'avaient pas goûté au fruit défendu, on aurait gardé un *statu quo ante fit* (le paradisiaque), et le mal n'aurait pas eu l'occasion de se produire. On met l'accent sur la liberté d'Adam, et on perd de vue le fait que la possibilité de choisir *préfigurait le mal* (en tant que possible), et ce précisément pour ne pas arriver à la situation inconfortable d'avoir à en partager le tort avec Dieu aussi.

Ainsi, dans la variante chrétienne, il y a :

— un état paradisiaque, où le mal n'existait pas et qui, dans sa totalité, était une création divine, était un monde bon, parfait (?!) ;

— une « possibilité » de mal (instituée par Dieu, ou comment ?), le fruit défendu, qui pouvait mettre fin au bien ;

— la possibilité du mal était en quelque sorte à côté du bien dans le choix possible d'Adam, mais le bien était encore prioritaire, tout d'abord parce qu'il *était*, donc il existait déjà, ensuite parce qu'il était prépondérant justement par son degré d'existence, et par son « étendue ». Il n'était menacé *que si* on goûtait au fruit (l'arbre) défendu. Pour le reste, *tout* était permis à Adam.

— Adam comme être *libre* de choix ;

— le choix comme *accomplissement*, comme *événement*.

Jusqu'à aujourd'hui, les événements (et l'histoire en général) sont considérés comme « mauvais », du moment qu'ils sont associés aux guerres, meurtres, intrigues etc. D'autre part, c'est parce qu'ils « adviennent », qu'ils suscitent l'intérêt et qu'ils constituent, pouvant être racontés, la substance des romans, des films, des histoires, etc. (Ce n'est que rarement que les événements sont

« bons » et c'est surtout lorsqu'il s'agit des péripéties divines, comme par exemple la vie de Jésus). C'est pourquoi « l'événement » comme surgissement est en même temps une *rupture* : il interrompt un état en l'empirant. Il y a la conviction qu'avant « l'événement » c'était mieux, que l'événement a brisé un ordre. L'évaluation de l'événement se fait presque toujours selon le modèle du « péché contre le paradisiaque », où l'événement n'est pas un simple hasard, mais quelque chose qui *intervient*, qui détruit et qui a des conséquences graves. En choisissant le péché, l'homme est intervenu dans un ordre bon, qui existait à l'échelle cosmique ; il s'*en* est détaché et il s'est détaché *vis-à-vis* de cet ordre, du moins en ce qui le concerne, il y a mis fin et il est devenu *autre* que lui. Adam et Eve sont *bannis* du paradis, d'un « monde » et d'un ordre qui *continue d'exister*, mais *sans eux*. Le bannissement suppose l'apparition d'un nouvel « où », d'un *autre monde* qui est précisément *le lieu du bannissement*, un endroit où l'on trime et où l'on meurt. Nous retrouvons ainsi les deux mondes platoniciens, sauf que c'est dans une autre généalogie et une autre structure, avec une autre signification et d'autres conséquences. Cela étant, les choses pourraient être considérées comme achevées : nous sommes marqués, scellés, con-damnés dans un monde « mauvais », pas nécessairement mauvais d'un point de vue éthique, mais en quelque sorte cosmiquement mauvais (le labeur et la mort). Et ce monde nous vient du passé, il est notre *passé* entendu comme histoire fondamentale.

Seulement, suivant la doctrine chrétienne, il ne s'agit là que de la toile de fond qui déchiffre les raisons, parce que depuis ce monde – et même de l'intérieur – nous pouvons nous racheter, nous *devons* même nous racheter. Et la possibilité du rachat provient du fait que nous sommes, dorénavant, dans le monde qui est né à travers nous (à travers notre chute), devant *un nouveau choix* : le choix de la voie du bien ou de la voix du mal dans *ce* monde-*ci*, le choix du salut ou de la perte, le choix d'un *présent-avenir*. Un tel choix est à la fois fondamental (dédier sa vie à Dieu et au bien) et un choix de chaque instant (il concerne toutes nos actions). Et il s'agit d'un choix qui nous amène de nouveau à deux mondes, cette fois d'*après* la mort, l'un étant le paradis demeuré paradis (qui est alors simplement réintégré), et un autre qui représente une nouveauté dans l'ordre cosmique, celui de l'enfer. Un choix qui conduit à un dualisme des mondes, puisqu'il y a le paradis qui est le bien pur, et l'enfer qui est le mal pur, les deux mondes séparés et in-dépendants : le paradis (le bien) mène sa vie pour l'éternité, pendant que l'enfer (le mal) mène lui aussi, pour l'éternité, la sienne. Deux mondes parallèles, donc deux mondes qui ne communiquent pas et dont aucun ne peut l'emporter sur l'autre.

Il y a donc, de manière synoptique :

1) Un monde paradisiaque, où seul le Bien existe.

2) Une possibilité de mal (donc un bien/mal) instituée par Dieu *en vue du choix adamique*.

3) Le choix adamique comme avènement du Mal sous la forme du péché.

4) Le partage des mondes par l'avènement du monde des travailleurs et des mortels comme monde « plus mauvais », où le Bien et le Mal s'affrontent, mais où le Mal est notre sceau (le péché originel), l'état où nous naissons et qui doit être vaincu à travers l'engagement dans la voie du salut.

5) Le monde *post mortem*, avec le Jugement Dernier et un autre partage des mondes, cette fois éternel, entre le Paradis et l'Enfer.

J'ai omis, pour garder le fil du raisonnement, des aspects importants, comme par exemple le sens du serpent et d'Eve, c'est-à-dire de l'Intermédiaire nécessaire, les six jours de la Genèse etc. Peut-être que ce que je viens d'écrire ce sont autant d'hérésies d'un point de vue dogmatique, mais c'est tout ce que je peux concevoir pour l'instant, et il y aurait encore beaucoup à penser et à écrire.

trois notes

Note 1. *Le Mal dans le Paradis.* Dans le Paradis, il y avait un arbre du bien et du mal (dans le texte : « de la connaissance du bien et du *mal* », donc d'une certaine manière le Mal était compris dans le Paradis. Mais pourquoi la *connaissance* du Mal était-elle un péché ? Connaître le Bien *et* le Mal n'est-ce pas plutôt de la sagesse ? Ne dit-on pas en 3,6 : « La femme, voyant que le fruit de l'arbre était [...] précieux pour ouvrir *l'intelligence* » ? A réfléchir.

Encore sur l'inclusion du Mal dans le Paradis : le serpent est nommé « le plus rusé de toutes les bêtes des champs ». Mais la ruse n'est-ce pas un mal ? Mais induire Eve en tentation, n'est-ce pas une mauvaise action ?

Note 2. La punition pour avoir goûté au fruit défendu est variable : auparavant, dans l'avertissement (2,17), il est dit seulement « parce que le jour où tu en mangeras, tu mourras! ». Ici, la punition c'est la mortalité. Mais après avoir goûté au fruit défendu, la punition c'est (voir 3,17-19) le labeur. Il est vrai que Dieu dit (3,19) : « jusqu'à ce que tu retournes dans la terre, d'où tu as été pris » – donc il y est aussi question de mort, mais le labeur et la douleur tiennent, pour Adam et Eve, la première place. Et si Adam avait goûté également à l'arbre de la vie (ce qui n'était pas défendu), Dieu dit qu'il « est devenu comme l'un de nous (3,22), pour la connaissance du bien et du mal. Empêchons-le maintenant d'avancer sa main, de prendre de l'arbre de vie, d'en manger, et de vivre éternellement ». Mais qu'est-ce que cela veut dire, « comme l'un de nous » ? Quels « nous », alors que Dieu est un ? Si l'on suit le texte, si Adam avait goûté à l'arbre du Bien et du Mal il serait devenu comme Dieu, ou, textuellement, comme les dieux. Est-ce cela que Dieu voulait *empêcher* ? L'homme (Adam) pouvait-il seulement devenir Dieu et Dieu ne le voulait pas ? Pourquoi ? Ce n'est sûrement pas par envie. Mais c'est certain qu'il voulait l'en empêcher, puisqu'il est dit (3,24) : « C'est ainsi qu'il chassa Adam, et il mit à l'orient du jardin d'Eden les chérubins qui agitent une épée flamboyante, pour garder le chemin de l'arbre de vie ».

Donc, avoir goûté au fruit de l'arbre de la connaissance du Bien et du Mal était un péché (pourquoi ?), mais en même temps, il rendait l'homme « comme l'un d'entre nous » (dieux). Comment est-ce possible ?

Note 3. La punition de l'avertissement (2,17) c'est la mort. Mais qu'en est-il de l'immortalité de l'âme, du Jugement Dernier et tout ce qu'il implique ? Car la mort, c'est seulement celle du corps. Ou bien, c'est seulement chez les chrétiens, non pas dans la religion juive ? Mais dans l'*Ecclésiaste* 12,9 il est dit aussi : « ... et l'esprit retourne à Dieu qui l'a donné ».

Je suis ignorant sur ce point.

Puis : pourquoi est-ce la mortalité, la punition pour la connaissance du Bien et du Mal ? Quelle relation y a-t-il entre eux ? Ou bien est-il une autre interprétation possible du « tu ne mangeras pas, car le jour où (?! – quel « jour », dans l'éternité du Paradis ?) tu en mangeras, tu mourras », peut-être que cette connaissance *implique* la mort.

La lutte entre le Bien et le Mal [A I 31]

Pour ce qui suit il n'est pas besoin nécessairement d'avoir déjà défini le Bien et le Mal. Il est important, comme au début, de tenir compte qu'il s'agit ici d'une distinction du genre des opposés. Schématiquement, ce qui me vient à l'esprit sur les armes du Mal et, respectivement, sur les côtés du Bien, se présenterait de la sorte (la liste reste ouverte) :

Bien	Mal
	La violence
I	La bêtise
II	La séduction
III La naïveté	La tentation
IV	La perfidie
V La bonne foi	Langage comme instrument
VI Langage comme moyen de communication	

I. *La violence* est l'arme ultime du Mal, mais elle reste derrière toutes les autres ou, plutôt, elle est l'horizon selon lequel s'ordonnent toutes les autres. La violence n'a pas, cependant, un seul registre d'expression. Elle est graduelle : soit elle provoque la peur (et alors elle est menace), soit la souffrance (physique − la torture ; de l'âme − le chantage, l'intimidation), soit elle devient purement et simplement extermination. En mettant ainsi la vie en péril, c'est-à-dire le fondement, la violence est eschatologique.

Il est intéressant de remarquer qu'à la violence, le Bien (le bon) ne peut opposer aucune arme qui lui soit spécifique, mais « pire », il ne peut lui opposer que la violence encore (par exemple la guerre, la limitation forcée, l'exclusion etc.). La violence du Bien contre la violence du Mal n'est pas seulement pour le Bien une solution *in extremis*, elle est une solution dans laquelle le Bien ne peut pas se reconnaître en tant que tel, au contraire, il accepte que lui, le Bien, soit semblable au Mal, de lutter avec ses armes, de s'aliéner. La violence en tant qu'arme du Bien est toujours pour le Bien un échec (précisément parce qu'il est forcé d'adopter l'arme du Mal ; en cas de guerre, par exemple, ou de révolution contre la tyrannie etc.) un scandale (parce que le Bien revêt les habits du Mal) et une crise. Ainsi, le Bien est forcé d'*expliquer*, c'est-à-dire de se justifier, ce qui est déjà une petite victoire du Mal.

Contre la violence, le Bien ne peut avoir recours qu'à l'argument *à longue échéance*[1] : s'il accepte la violence (à la guerre, par exemple), ceci s'explique par la « juste cause », et les morts sont « morts pour la patrie », « pour la liberté » etc. Ainsi, la mort est rachetée soit sur le plan mineur de la reconnaissance de la patrie (par l'honneur rendu aux héros etc., c'est-à-dire par un succédané d'immortalité), soit, comme dans la religion, sur le plan majeur de la « véritable »

---

1. En français dans l'original. [N.d.T.]

immortalité (les martyrs, les saints ou, comme chez les peuples anciens, les héros morts à la guerre). Un martyre meurt pour sa foi, mais par cette mort il « sauve son âme », en même temps qu'il renforce la religion à travers son exemple. Le martyr ne répond pas à la violence par la violence, il transfigure la violence du Mal à son usage et celui de sa foi. C'est la voie par laquelle le Bien est ramené à l'eschatologie.

Une autre explication du Mal se fonde sur la faute de celui qui est bon et la punition divine qu'il s'attire. Celui qui est bon n'est pas parfait (il suit une voie de salut, il est marqué par le péché originel etc.), c'est-à-dire que la Mal aussi est dans sa nature – d'où le péché, la punition (qui est le Mal juste) et l'expiation de la faute. La punition est locale (sur un individu, une tribu ou une autre collectivité) et temporelle, auquel cas le Bien est récupérable par l'expiation et le sacrifice (soit direct, soit par le biais du « bouc émissaire »).

Mais le « Mal en tant que punition » provoquée par une décision divine n'entre pas encore en ligne de compte. Il est intéressant de noter, en revanche, comment l'*accusation* fonctionne comme arme dans l'économie du Mal mondain. Puisque personne n'est parfait, le camp du Bien peut à tout moment être attaqué à travers la culpabilité. Celle-ci peut être réelle ou imaginaire (fausse), individuelle ou collective, essentielle (idéologique) ou accidentelle (des attaques *ad hominem*, des calomnies, le déplacement de la lutte dans des domaines étrangers comme l'honneur, la moralité etc.), directement visée ou dirigée contre les parents, les amis, le passé. En ayant recours à l'accusation, le Mal oblige le Bien de prouver son innocence, de se défendre. Le résultat en est que le Mal s'estompe en tant que Mal, et qu'il apparaît, au contraire, comme défenseur du Bien, de la pureté, de la conséquence avec soi-même : ce n'est pas lui, mais l'autre, qui est le Mal. La nécessité de prouver son innocence a cet effet même lorsque l'accusation est dépourvue de tout fondement, lorsqu'elle est complètement imaginaire. Le Mal sait très bien ce que veut dire « calomniez, calomniez, il en restera toujours quelque chose ». Dans la lutte entre le Bien et le Mal, dans l'épreuve de « vie et de mort », le Mal a un point à gager du simple fait de l'accusation, et, de toute manière, il obtient toujours un résultat nul sur le mode « vous aussi vous avez vos fautes, votre Mal ». – Mais puisque l'accusation n'entre pas dans la catégorie de la « violence », je m'arrêterai là.

II. *La bêtise.* – Le Mal n'agit pas dans la bêtise, il s'en sert uniquement, en la manipulant, ce qui souvent pèse lourd.

En étant dynamiques, le Bien et le Mal ne s'affrontent pas seulement directement, comme lorsqu'on arrive à la violence, mais, précisément parce que nous vivons dans un monde, l'affrontement a recours aux tiers. De la sorte, la Mal agit de prédilection sur les gens bêtes, alors que le Bien, parce qu'il implique l'analyse, a recours le plus souvent aux gens intelligents. Et comme les gens stupides sont les plus nombreux, le Mal a plus facilement gain de cause. Pour lui, les gens bêtes représentent la masse idéale de manipulation. La bêtise, tout comme la pauvreté, est un état propice à l'instauration du Mal dans la mesure où elles sont entretenues.

Mais dans cet affrontement par le biais de tiers, les choses ne sont pas simples, parce que : 1) Nous ne savons pas avec précision ce qu'est la bêtise et l'intelligence, parce que nous ne nous sommes pas penché comme il se doit sur la bêtise (en particulier d'un point de vue sociologique). 2) La bêtise et l'intelligence ne sont pas contradictoires, mais des contraires. La bêtise tend vers le degré zéro de l'intelligence, et l'intelligence vers le degré maximal de la capacité de compréhension. Entre les deux, une fois conceptualisées, il existe d'innombrables degrés. 3) Tout degré d'intelligence se réfère aux degrés inférieurs entendus comme de la « bêtise », et aux degrés supérieurs au sens d'un « progrès ». 4) Je ne crois pas que l'intelligence soit *ipso facto* uniquement un fait positif, c'est pourquoi j'ai à dessein choisi ce terme psychologique. 5) Chaque degré, depuis la bêtise jusqu'au génie, a sa manière d'envisager les choses, de comprendre le monde (même lorsqu'il lui est indifférent), chacun est, dans une certaine mesure, un système fermé, sauf que la bêtise a l'instinct de la tradition et de la simplification, alors que l'intelligence a celui du nouveau, de la découverte et de la différenciation.

Le Bien n'a pas de passé, n'a pas d'avenir, semble être dans l'ordre des choses ; seul le Mal est problématique et demande une explication. Le christianisme a réussi à donner un sens au Mal, à le délimiter.

l'enigme de l'intellect

Il y a cent ans, Friedrich Nietzsche écrivait, au sujet du monde où il vivait :

> « Une pareille aberration universelle de l'humanité qui se détourne de ses instincts fondamentaux [*eine solche Gesamt-Abirrung der Menschheit von ihren Grundinstinkten*], une pareille décadence générale des évaluations [*eine solche Gesamtdécadence des Werturteils*] est le problème par excellence, la véritable énigme que l' « animal homme » donne à deviner au philosophe [*ist das Fragezichen* par excellence, *das eigentliche Rätsel, das das Tier* « *Mensch* » *dem Philosophen aufgiebt*] ». [1]

Pour Nietzsche, le monde de son temps était dans une *Gesamt-Abirrung*, dans une déviation générale par rapport à ses instincts fondamentaux, et cela constituait pour lui la véritable énigme que l'homme donnait à deviner au philosophe. Et pour nous, qu'en est-il ? Est-ce que pour nous, le monde où nous vivons se trouve aussi dans une telle déviation ? Si oui, cette déviation de notre monde est-elle pour nous aussi, comme pour Nietzsche, la véritable énigme de l'homme pour le philosophe ? Depuis lors, depuis que Nietzsche écrivait ces mots, un siècle est passé. Nous avons, en quelque sorte, une obligation : qu'au moins une fois par siècle, nous nous reposions ces questions.

Qu'il est doux de parler du XVIIe et du XVIIIe siècle ! Il s'empare de nous comme une paix de l'âme. C'est comme si on parlait de nos grands-

---

1. *La Volonté de puissance. Essai d'une transmutation de toutes les valeurs*, Le livre de Poche, Paris, Librairie Générale Française, 1991, trad. fr. par Henri Albert, p. 107.

parents. Il n'en est pas de même pour le XIX e siècle : lorsqu'on en parle, c'est comme si on parlait (sous couvert de Freud) de nos propres parents. Mais quand il s'agit de commencer à parler de ce siècle-ci, le XX e, nous nous engageons dans une entreprise très délicate. Dans ce cas, c'est comme si on parlait de nos propres frères. Cette fois, il se peut que l'on n'obtienne pas la bonne distance à l'égard des choses dont on veut parler ; il se peut même que la terre se dérobe sous nos pieds. Dans ce qui suit, je vais assumer les risques afférents pour parler du monde de ce siècle-ci, c'est-à-dire du monde où nous, nous vivons.

Tous ceux qui ont pensé l'histoire ont fini par croire que l'époque où ils vivaient, eux, était le point culminant de l'histoire. Même Hegel l'a cru. Nous devons cependant nous débarrasser de cette manie que nous avons de croire – sublime coïncidence! – que le procès de l'histoire tout entier culmine précisément à l'époque où nous vivons.

> Le monde où nous vivons : je ne veux pas dire qu'il soit le point culminant de l'histoire. Et pourtant, ô combien différent, ô combien absolument autre il nous apparaît, comparé à tous les mondes qui l'ont précédé!

Le monde où nous vivons est un monde de la technique, même si beaucoup de gens ne réalisent pas complètement et jusqu'au bout ce fait et ses conséquences. Prenons, par exemple, notre rencontre. Pour arriver ici, il m'a fallu descendre en ascenseur depuis le 6ème étage de l'immeuble en béton où je demeure, pour ensuite monter dans une automobile. Et me voici, dans une pièce bourrée de livres et d'autres objets fabriqués. Nous nous mouvons donc dans un monde technique. Nous sommes de plus en plus pris dedans, et, si nous devions appeler les choses par leur nom, nous ne pouvons nous en évader même si on le voulait. Pourtant, tout ce monde technique peut se retourner contre nous pour nous détruire.

Dans la mythologie grecque, Prométhée – celui qui a fait aux hommes le don du feu, autrement dit, de la technique – en est puni.

Pourquoi ? Parce que le feu a été *volé* par Prométhée. Le vol est quelque chose qu'il « ne faut pas faire », qui n'est pas dans l'ordre des choses, qui est donc une aberration, *eine Abirrung*, une déviation. Conçue dans un monde qui aujourd'hui nous embrasse tous, la technique provenant du feu, qui nous a été donnée par un acte « déviant », a fini par représenter, pour parler comme Nietzsche, *eine Gesamt-Abirrung der Menschheit Grundinstinkten*, une déviation générale par rapport aux instincts fondamentaux de l'humanité – par rapport à son instinct de conservation tout au moins, puisque la technique est arrivée au point où elle peut se retourner contre nous. Et cette déviation, elle devrait constituer pour nous aussi l'une des véritables énigmes que l'homme pose aujourd'hui au philosophe.

A l'origine de la technique, il y a la science. Mais alors, le monde où nous vivons est un monde de la science, et la déviation de la technique est une déviation de la science. C'est alors la science qui est l'une des véritables énigmes que l'homme met au défi le philosophe de résoudre. La science, toutefois, est un produit de l'intellect humain. Ce qui veut dire que le monde où nous vivons est en réalité un monde de l'intellect, et que la déviation de la science est en réalité une déviation de l'intellect. L'intellect, dès lors, c'est l'une des véritables énigmes que l'homme défie le philosophe de résoudre aujourd'hui. Qu'est-ce donc, que l'intellect ?

L'Ecclésiaste, 1,1 : « Ô, vanité des vanités! Tout est vanité! » Hamlet, la scène du crâne de Yorik. Eminescu, *Lettre 1* : « […] des pensées qui auront embrassé tout l'univers tiennent aussi bien entre quatre planches … ». Un thème banal. Mais le scandale demeure : comment se fait-il qu'un esprit qui savait tant de choses, qui a tant pensé, qui avait compris des pans entiers du monde, puisse ne plus être ? Il est scandaleux qu'Einstein meure. Il est scandaleux que l'intellect cesse d'exister. En paraphrasant Caragiale[1], nous pourrions dire que l'intellect est une chose tellement sublime, qu'il peut à tout instant nous faire complètement défaut. L'intellect est à la fois grandiose et précaire. Et c'est sa précarité même qui en contredit la grandeur[2].

Cette contradiction ne nous a, quant à elle, jamais embarrassés. Nous nous y sommes bien faits. Depuis des milliers d'années, nous nous en accommodons. Qui parle de la grandeur de l'intellect en ignore la précarité, et qui parle de sa précarité, en ignore la grandeur. Quelle absurdité, pourtant, de ne pas réaliser qu'il y a une grave contradiction entre la précarité et la grandeur de l'intellect, et par conséquent, à quel point l'intellect peut être énigmatique! (Combien de penseurs ont-ils médité sur cette contradiction? Ils sont peu nombreux, Héraclite, Socrate, Pascal. Et, parmi eux, un seul a fait un pas en avant sur le chemin de son dépassement, c'est Socrate — lorsqu'il a dit qu'il « savait qu'il ne savait pas ». Car si je me situe dans le questionnement, je n'entre pas dans la course au « savoir » et, ce faisant, je n'entre pas dans « le domaine » de la grandeur).

Voici ce dont il sera question dans ces pages : essayer de voir certaines choses. C'est, en réalité, la chose la plus importante dans une recherche philosophique, de pouvoir voir certaines choses. Lorsque je cherche à voir ce qu'est l'intellect, la première chose qui m'apparaît, c'est la contradiction entre sa grandeur et sa précarité Cette contradiction m'apparaît néanmoins comme une banalité, et alors je me décourage et je me dis que je ferais mieux d'abandonner

1. Ion Luca Caragiale (1852-1912) est considéré comme le plus grand dramaturge roumain. Son œuvre puissamment satirique réussit souvent à saisir les traits caractéristiques de la culture roumaine, de telle sorte que certaines de ses formules sont entrées dans langue courante. [N.d.T.]

2. Comme c'est surprenant! Le principe fondamental de l'intellect, c'est la non contradiction. Une chose est, à un même moment et d'un même point de vue, soit comme ci, soit comme ça. Mais l'intellect lui-même est contradictoire, puisqu'il est à la fois précaire et colossal.

ma tentative de voir ce qu'est l'intellect. Seulement, le dépassement de la banalité pour accéder au grave problème qu'elle nous cache est l'une des visées les plus importantes de la philosophie. Je ne me propose pas de trouver des solutions, et la question de l'originalité, je la laisse de côté. Ma devise, pour ces recherches, sera : *je prends mon bien où je le trouve* [1].

Ce qui intéresse chacun d'entre nous, c'est soi-même. Qui suis-je ? – c'est ce qui me concerne le plus. Pour moi-même, je suis un corps subordonné à mon intellect. Mon corps est un *organon*, un instrument que guide mon intellect. J'ai des yeux pour voir, des mains pour manipuler et des jambes pour marcher, et tout cela – les yeux, les mains, les jambes – est gouverné par l'intellect. Cette vision est très ancienne. Chez Platon, comme chez Aristote, l'intellect, le *nous*, est un *kybernêtês*, un guide qui pilote quelque chose, en l'occurrence, le corps [2]. (Pour les autres, en revanche, je suis avant tout mon corps : mon apparence, ma démarche, les gestes que je fais. De la même manière, les autres, quant à eux, sont pour moi, tout d'abord, leur aspect physique même si eux, ils ne l'entendent pas ainsi).

Parfois, l'intellect ne joue plus aucun rôle dans notre vie ; quand nous sommes très amoureux, par exemple, ou lorsque nous sommes hors de nous. Et pourtant, c'est dans l'intellect que réside notre identité primordiale. L'intellect n'est pas seulement celui qui guide notre corps, mais aussi celui qui nous définit. Que nous parlions de la grandeur ou de la précarité de l'intellect, il représente en réalité l'essence humaine même. Cette vision aussi est très ancienne. Nous

---

1. En français dans le texte original. [N.d.T.]
2. Voir, par exemple, le fragment B 59 (Düring) (fragment 6, Walzer et Ross) du Protreptique d'Aristote : « Nous sommes des êtres humains faits d'âme et de corps. L'âme conduit et utilise, tandis que le corps est conduit et reste à la disposition de l'âme comme un outil. De sorte que l'utilisation de celui qui est conduit, de l'outil donc, dépend toujours de celui qui conduit et qui utilise ».

la rencontrons déjà chez Aristote, qui définit l'homme comme être de *logos*, de raison (cf. *Politique*, 1253 a 10). Nous ne connaissons pas l'ancienneté de cette formulation ; Aristote l'a probablement reprise à son tour d'une tradition plus ancienne encore.

L'intellect guide notre corps et définit notre être. Pourtant, nous ne sommes pas faits uniquement d'intellect. Nous sommes un tout qui détient une partie dirigeante – l'intellect. L'intellect peut rester en harmonie avec le tout que nous constituons. Mais il peut aussi s'installer au centre absolu de notre existence. L'intellect peut aussi bien être un despote éclairé, qu'un tyran. Il peut tout aussi bien préserver que détruire l'harmonie de notre être. Lorsqu'il la détruit, et que notre vie entière s'organise autour de lui, nous devenons des intellectuels. Mais qu'est-ce, au juste, qu'un intellectuel ?

qu'est-ce qu'un intellectuel ?

Anaxagore, fragment A29

Dans la culture européenne, la première définition de l'intellectuel se trouve, je crois, dans Anaxagore, fragment 29 de l'édition Diels-Kranz :

On rapporte qu'Anaxagore de Clazomènes aurait dit que la *theôria* est le but de la vie et qu'en elle s'origine la liberté.

Considérons d'abord la première partie de la phrase. Le mot *theôria* signifie littéralement « vision », « vue ». Qu'est ce que cela peut bien signifier, d'affirmer que « la vision est le but de la vie » ?

Dans le *Protreptique* d'Aristote, il y a le passage suivant sur Anaxagore :

« D'Anaxagore on dit que… » (Frg. B19)

Il semble donc qu'Anaxagore ait dit, dans le fragment A29, que le but de la vie, c'est de voir (*theôria*) le ciel et ce qui est dans le ciel. Mais qu'est-ce que cela veut dire, « voir le ciel » ?

Il y a aussi, dans le *Protreptique* d'Aristote, un fragment sur Pythagore :

> Mais quelle est donc cette chose entre toutes pour laquelle la nature et le dieu nous ont créés ?

Voir dans le ciel signifie donc, selon Pythagore, contempler ce que les Grecs appelaient la *physis*, mot que l'on traduit habituellement par « nature ».

La nature (*physis*), disait Héraclite, « aime à se cacher » (*kryptesthai philei*, fragment V 123, édition Kranz). Mais alors la *physis* ne se réfère pas à ce que l'on peut voir, comme par exemple le ciel, mais à ce qui reste caché au regard dans ce qui peut se voir. La *physis*, alors, n'est pas quelque chose que je peux voir, mais quelque chose que je dois trouver à l'aide de mon esprit. Etre un spectateur de la nature, *theôros tês physeôs*, voudrait dire alors, essayer de comprendre ce qui se cache dans ce que l'on peut voir.

C'est donc pour comprendre ce qui se cache dans le ciel que les dieux nous ont conçus, aura dit alors Pythagore, et non pas pour regarder bêtement le ciel. Et Anaxagore, dans le fragment A 29, aurait dit, suivant cette interprétation, que le but de la vie n'était pas de contempler le monde, mais de le comprendre ; auquel cas le mot *theôria*, « vision », « vue », est une métaphore de la « connaissance ».

Employer le verbe « voir » comme métaphore de « connaître » est on ne peut plus courant dans la philosophie grecque[1]. Cependant, notre argument peut sembler un peu forcé, de même que peut sembler risquée l'invocation de Pythagore et d'Héraclite dans le contexte de l'interprétation d'un fragment d'Anaxagore. Peut-être Anaxagore a-t-il voulu que nous comprenions *ad litteram* ce qu'il a dit — à savoir que le fait de regarder, le regard en soi, est le but de la vie. Comment trancher entre ces deux interprétations ?

---

1. Platon, par exemple, évoque les « spectateurs de la vérité » (hoi tês alêtheias philotheamones, la *République*, 475 e4 ; et le *Banquet* 219a).

Peut-être la deuxième partie du fragment peut-elle nous aider. Seulement, elle semble encore plus difficile à comprendre que la première ; car, que signifie, ici, *eleutheria*, « liberté » ? De plus, le lien entre les deux reste obscur : pourquoi la « liberté » prendrait-elle son origine dans la *theôria* ?

Si nous considérons la *theôria* comme le fait de « regarder le monde », le monde que l'on peut voir, alors *eleutheria* semble renvoyer à la liberté extérieure : on ne peut voir le monde que si l'on est libre de le parcourir. Voir le monde est le but de la vie, et pour ce faire, je dois être un homme libre, non un esclave, attaché de force à un endroit particulier. Seulement, Anaxagore dans son fragment dit exactement l'inverse : c'est la liberté qui s'origine (*apo tautês*) dans la *theôria*, et non pas la *theôria* dans la liberté.

La liberté extérieure peut provenir de différentes choses. Du divorce, par exemple ; ou parce que je m'enfuis de la Cité où je suis esclave. Si nous considérons la *theôria* comme une « compréhension du monde », alors l'*eleutheria* ne peut pas renvoyer à la liberté extérieure ; car je ne cesse pas d'être un esclave à force de comprendre le monde. L'*eleutheria* semble ici renvoyer à autre chose.

Chacun d'entre nous a des opinions. Certaines sont les nôtres ; nous y tenons, et, si elles s'avéraient fausses, nous en souffririons. Nous en avons emprunté certaines autres à d'autres, et nous nous les sommes appropriées. Cependant, pour comprendre le monde il ne faut s'attacher à aucune opinion. C'est seulement de la sorte que je peux comprendre la nature du monde, la *physis*.

Les philosophes grecs ont compris la nature du monde, la *physis*, d'une manière différente : en tant que « eau » (Thalès), en tant que « air » (Anaximandre), en tant que « feu » (Héraclite). Que signifie cette variété de solutions ? Cela signifie, entre autres, que les philosophes grecs ont été libres dans leur recherche. Ils ont été libres de leurs propres opinions initiales, ainsi que de celles des autres.

Puisque nous ne pouvons penser que seuls, lorsque nous pensons, nous ne dépendons pas des autres. Autrement dit : lorsque nous pensons, nous devenons libres. Ce qui veut dire que la liberté résulte, pour ainsi dire, de la pensée. La liberté résulte de la pensée parce que la condition même de la pensée, c'est qu'elle n'ait pas de maître, qu'elle soit libre.

Aussi longtemps qu'il existe dans mon esprit certaines structures de pensée que j'ai reprises telles quelles chez Heidegger, par exemple, ou chez Nietzsche, je ne pense pas véritablement. Aussi longtemps que je suis dépendant des autres, je ne pense pas. Je ne pense que lorsque mes pensées ont en moi-même leur origine ; et c'est alors que je crée de la liberté. Si je vis dans une cité dirigée par un tyran, je ne suis pas, d'un point de vue extérieur, libre. Mais la liberté est tapie à l'intérieur de moi, car je peux penser, et cette pensée engendre la liberté. Une liberté intérieure, certes, mais qui n'est nullement à dédaigner.

C'est en essayant de comprendre le monde que je crée de la liberté, et cette compréhension du monde est, quant à elle, le but même de la vie. C'est ainsi, je crois, qu'il faut comprendre le fragment d'Anaxagore. Et si nous le comprenons ainsi, ce que dit Anaxagore dans ce fragment est plus important que toute sa doctrine du *nous*. Toutefois, même compris de la sorte, ce fragment ne cesse de me surprendre.

Il y avait dans la cité antique toutes sortes de professions : celle de peintre en bâtiment, celle de soldat, celle de commerçant et ainsi de suite. A un moment donné, l'un des habitants de la cité s'en va dire que la compréhension du monde est le but de la vie. Alors, lorsque dans la cité est apparu celui pour qui la connaissance est devenue le but de la vie, il est advenu quelque chose d'immense : c'est alors qu'est apparu l'intellectuel. Car c'est cela, un intellectuel : celui pour qui l'intellect vaut plus que tout, et qui considère que la connaissance est l'unique fin de la vie humaine.

L'apparition de l'intellectuel dans le monde grec n'a pas coïncidé, au demeurant, avec l'apparition d'une nouvelle profession, celle d'intellectuel. Celui qui dit que la compréhension du monde est le but de la vie ne se revendique pas d'un domaine particulier, comme l'astrologue ou le médecin, et ne cherche pas de place particulière dans la Cité. En ne revendiquant pas de domaine et de place particuliers, il s'oppose à tous les autres qui, tous autant qu'ils sont, « font » quelque chose dans un domaine ou dans l'autre. Il s'oppose, en réalité, à toute professionnalisation, et, indirectement, il s'oppose du même coup tant à la Cité qu'au politique. Tout comme Socrate s'y est opposé.

Cette opposition entre l'intellectuel et le politique ressort également de l'un des fragments conservés de Démocrite, qui aurait dit qu'il « préférait trouver un seul lien causal, plutôt que de gagner l'empire des Perses » (fragment B 118, édition Diels-Kranz). Le Grand Empereur, celui qui régnait sur l'empire des Perses tout entier, représentait pour les Grecs, en langage courant, le plus grand pouvoir politique qui soit. Démocrite oppose à ce pouvoir politique l'exploit de découvrir une seule relation causale. L'intellect et ses exploits sont au dessus de tout pouvoir et tout exploit politique. Celui qui pense de la sorte, comme Démocrite, est un intellectuel.

L'intellect guide donc notre corps et définit notre être. Il nous dirige vers la compréhension du monde, et il crée de la sorte la liberté, il nous en fait don. Seulement, dans ce pourvoyeur de liberté dort, en latence, une nature de tyran.

L'intellect peut se constituer en centre absolu de ma vie, et dès lors, je deviens un intellectuel, à savoir quelqu'un pour qui l'intellect vaut plus que tout, et qui considère que la connaissance est le but unique de la vie humaine. L'intellectuel est donc celui pour qui l'intellect constitue une rupture et une déviation. L'être humain en tant que tout se scinde en l'une de ses parties, et l'intellect proclame sa suprématie absolue. L'intellect est contradictoire non seulement parce qu'il est grandiose et précaire à la fois, mais aussi parce qu'il peut tout aussi bien nous rendre libres, en nous mettant sur la voie de la pensée, que nous enchaîner, en nous privant de tout ce qui ne le concerne pas directement.

À quel moment l'intellect a-t-il scindé l'être humain pour proclamer sa suprématie ? À quel moment sont-elles apparues, cette rupture et cette déviation ? Dès l'Antiquité grecque, si nous lisons le fragment d'Anaxagore comme une tentative de saisir l'essence d'un type humain déjà existant – l'intellectuel. (La suprématie de l'intellect est attestée, si l'on peut dire, chez Platon également. Dans les *Lois*, dans le passage 896a, l'âme est définie comme « un mouvement qui a le pouvoir de se mouvoir lui-même ». Ici, la suprématie de l'intellect se fonde sur son autonomie, à savoir sur le fait qu'il est compris comme une entité autonome, comme une « *Sichselbstbewegendes* », en l'occurrence, comme quelque chose qui se meut de soi-même).

Je reviens à ma question de départ. Constituée dans un monde qui aujourd'hui nous embrasse tous, et qui peut se retourner contre nous, la technique a fini par représenter, pour parler comme Nietzsche, une déviation générale de l'humanité par rapport à ses instincts de conservation pour le moins, déviation qui est l'une des véritables énigmes que l'homme pose aujourd'hui au philosophe. Maintenant, cette déviation, pourrions-nous l'expliquer par l'actualisation de cette déviation latente qui existe dans l'intellect ?

Je m'explique. Nous pourrions argumenter de la manière suivante. Dans l'intellect est contenue, de manière latente, la possibilité qu'il dévie de sa vocation de guide de ce tout qu'est l'être humain, pour proclamer sa suprématie absolue. Cette possibilité s'est actualisée dès l'Antiquité grecque. Dès l'Antiquité grecque, l'intellect a commencé à se détacher de l'être humain comme un tout. En s'en détachant, son essence s'est transformée : de guide, il est devenu producteur. Lorsque l'intellect devient indépendant, il ne gouverne plus, il produit, et c'est sa production qui devient sa mesure.

L'intellect a produit des tas de choses ; il en est deux, cependant, qui se sont imposées : la science et la technique à laquelle a mené la science. Entre temps, la technique a gagné une certaine autonomie par rapport à celui qui l'a produite, en l'occurrence l'intellect, et elle a également institué une rupture et une déviation, cette fois non pas dans l'être humain, mais dans le monde. Après les XVII e et le XVIII e siècles (qui ont été deux siècles de contemplation, de théorie), il s'installe un primat de la technique qui marque un changement fondamental dans l'existence humaine. Avec ce primat, le monde se scinde en un monde de la technique, et un monde de la nature. En conclusion : la déviation de l'humanité par la technique a son origine dans l'actualisation d'une déviation latente de l'intellect, à savoir la déviation par rapport à sa vocation initiale de guide de l'être humain comme un tout.

Nous pourrions certainement argumenter en ce sens. Tout semble, du moins à première vue, cohérent. Une composante existentiale humaine (pour parler comme Heidegger), en l'occurrence une déviation latente de l'intellect nous mène, une fois actualisée, à un événement historique, à savoir à l'apparition de la technique qui mène, à son tour, à une déviation de l'humanité. De plus, cette sorte d'explication satisfait notre besoin (hégélien) de comprendre une chose en la situant dans son histoire. Seulement, cette manière d'expliquer la déviation de l'humanité par la technique est bien trop générale pour être convaincante. Pour imposer cette explication, il nous faudrait montrer, raconter de quelle manière l'actualisation de cette déviation latente de l'intellect a conduit, à travers la science, à la déviation de l'humanité par la technique. Je ne me propose pas de me lancer dans un tel exploit, parce qu'il me faudrait deux choses que je n'ai pas : l'accès à l'une des grandes bibliothèques du monde, et une connaissance approfondie de l'histoire des sciences. Je ne veux pas m'arrêter, pourtant, avant d'avoir esquissé deux épisodes essentiels de ce chemin qui relie l'apparition de l'intellectuel au primat moderne de la technique, à savoir : la constitution de la science chez

Aristote, c'est-à-dire le commencement, et la tournure prise par la science dans la pensée de Descartes, c'est-à-dire le commencement de la fin.

la constitution de la science chez Aristote

Le fragment d'Anaxagore éclaire quelque peu le moment de l'apparition de l'intellectuel. Mais à quel moment la science, que l'on considère aujourd'hui comme l'exploit le plus remarquable de l'intellect, est-elle apparue ? La question de la science a été traitée en premier par Platon, mais Aristote est allé plus loin que Platon, et il est le premier à l'avoir traitée en entier. Et le chemin est resté tel que tracé par Aristote.

Qu'est-ce donc la science, chez Aristote ? Je commencerai par le Livre I de la *Métaphysique*, où sont décrites les deux dispositions intérieures fondamentales qui rendent possible la science.

le détachement de soi et l'étonnement

Après que tous les métiers artisanaux, *technai*, fussent inventés, dit Aristote dans la *Métaphysique*, « on a inventé les sciences [*epistêmai*], qui n'ont à voir [comme les métiers artisanaux] ni avec l'utilité, ni avec le plaisir (981 b 20-23). Et ceci, ajoute Aristote, « s'est produit tout d'abord dans les pays où les hommes ont été les premiers à disposer de temps libre [*escholasan*] » (b 23-24). Voilà pourquoi les mathématiques sont apparues en Egypte, parce que là-bas, « on accordait le bénéfice du temps libre aux prêtres [*skolazein*] » (b 23-24).

Que signifie le mot *skolê*, dont proviennent aussi bien le français « école » que l'anglais « scholar » ? On traduit habituellement *Skolê* par « loisir » (temps libre). Le loisir, *otium* latin, serait donc ce qui rend possible l'école. Mais que signifie au juste ce « loisir » ?

Les métiers, les *technai*, sont, nous dit Aristote, *para tas koinas aisthêsis*, « situées au dessus des sensations communes » (981 b 14).

166

Un métier nous extrait déjà du monde où nous baignons et que nous percevons à l'aide de nos sens. Un métier nous situe déjà *para tas koinas aisthêsis*, en dehors de tout ce que l'on perçoit habituellement à travers nos sens. Les métiers nous orientent toujours vers l'immédiat, car ils concernent soit « les nécessités de la vie, soit le plaisir » (b 18-19). Les sciences, en revanche, dit Aristote, « n'ont à voir ni avec l'utilité, ni avec le plaisir ». (b 20-23). Donc, pour que je m'occupe de ce qui ne concerne ni l'obtention d'une quelconque utilité, ni celle d'un quelconque plaisir, je dois auparavant suspendre la modalité selon laquelle se déroule ma vie de tous les jours. Je ne dois pas seulement ne pas me situer *para tas koinas aisthêsis*, au-dessus des sensations communes, c'est-à-dire en dehors du flux du monde où je baigne. Je dois aussi suspendre ce flux et je dois, pour ainsi dire, me quitter moi-même. Cette suspension du flux de la vie et cet abandon de soi-même constituent une disposition intérieure. C'est à cette disposition intérieure que renvoie, chez Aristote, le mot *skolê*. Ce qui veut dire que c'est cette même disposition qui rend possible la science. Elle n'est toutefois pas la seule disposition intérieure qui rende possible la science.

A l'origine de la plus élevée des sciences, la philosophie, il y a, selon Aristote, l'étonnement.

> Car au présent et depuis toujours les hommes ont commencé à philosopher grâce à l'étonnement ([*to thaumazein*]. ... (982 b 11-17).

Cette idée selon laquelle c'est l'étonnement qui est à l'origine de la philosophie on la retrouve également chez Platon (*Théétète*, 153 d). Mais l'étonnement dont il est ici question n'est pas la simple curiosité. C'est une disposition intérieure qui m'extrait de ma vie de tous les jours, de la même manière que cet abandon de soi auquel renvoie le mot *skolê*. Lorsque je m'étonne de quelque chose, ma vie ne s'écoule plus de la même manière. Lorsque je m'étonne, ce qui provoque mon étonnement se place (pour un temps) au centre de ma vie.

Avant que la technique ne domine le monde, l'homme a vécu entouré d'animaux et de plantes, de montagnes et de vallées, de forêts et de rivières. Aujourd'hui, nous vivons entourés par les plus sophistiqués des produits de la technique – des machines de toutes sortes, des constructions, des appareils. Nous nous y sommes habitués ; il y en a que nous savons manier nous-mêmes, et dont l'étrangeté ne nous apparaît plus consciemment. Dans le monde pré-technique, en revanche, dans le monde dominé par la nature, tout avait une aura *d'étrangeté*, de *strangeness*. Dans ce monde-là, chaque chose apparaissait comme plus ou moins mystérieuse, comme étant autre chose que nous-mêmes, les humains. (Cette étrangeté des choses, nous la sentons aujourd'hui dans les situations les plus inattendues : lorsque nous regardons, par exemple, un chien vagabond dans la rue, et qu'il nous regarde en retour, et que nous réalisons brusquement que ce chien est *autre chose* que nous-mêmes. Et si nous clonions des animaux à grande échelle, arriverions-nous à ne plus percevoir l'étrangeté des animaux ?).

Au fur et à mesure que l'on s'éloigne du monde de la technique, à mesure que l'on s'immerge plus profondément dans le passé, cette sensation d'étrangeté s'intensifie et commence à être doublée par la peur. Si nous pouvions voyager dans le passé, nous verrions que, à mesure que nous nous éloignons du présent, les êtres humains ressentent cette étrangeté du monde de plus en plus intensément. Et nous verrions encore que dans l'horizon de cette sensation d'étrangeté, il apparaît un certain étonnement devant le monde, qui est lui aussi d'autant plus intense, que nous nous éloignons du présent. Eh bien, c'est cet étonnement intense devant le monde que Platon et Aristote entendent lorsqu'ils disent que l'étonnement est à l'origine de la philosophie.

Pourquoi est-ce que le monde naturel apparaissait, dans une plus grande mesure que dans le monde technique, comme étant autre chose que nous-mêmes, les humains ? Selon moi, cette sensation d'étrangeté repose sur trois fondements : la croyance que le monde est fabriqué ; la croyance qu'étant fabriqué, ce n'est pas nous qui l'avons fabriqué ; et la croyance que, du moment que ce n'est pas nous qui l'avons fabriqué, nous ne pouvons pas non plus le comprendre. Or, le monde de la technique ne m'inspire pas de crainte ni ne m'étonne véritablement, précisément parce que ce monde est composé de produits de la technique que nous, êtres humains, nous avons fabriqués ; et puisque nous les avons fabriqués nous-mêmes, nous les comprenons ; et, puisque nous les comprenons, ils ne nous apparaissent plus aussi étranges que les plantes, les animaux et les montagnes, que nous n'avons pas fabriqués nous-mêmes. Dès lors, notre étonnement devant eux n'est plus aussi intense [1].

Ces deux dispositions intérieures, le détachement de soi et l'étonnement, rendent possible le surgissement de la philosophie, à savoir la plus élevée des sciences. Ces deux dispositions intérieures sont difficiles à obtenir. Il n'est pas facile d'arrêter le flux de sa propre vie

---

1. Je ne peux comprendre quelque chose que si cette chose a été fabriquée. Autrement dit, toute existence doit être conçue comme fabriquée pour que je puisse la saisir. Cette idée apparaît chez Platon, dans *Philèbe*, par exemple, où il est dit que ce qui est « né » et ce qui est « fabriqué » sont une seule et même chose (27 a), et surtout dans le *Timée*, où la réalité entière est la création du Démiurge (*cf.* 27 a-*fine*). Elle apparaît aussi, bien entendu, dans la théologie chrétienne, où la réalité tout entière est conçue comme la création de Dieu. Mais elle apparaît également dans la science moderne, car les lois de la nature présupposent que la réalité est une chose construite − construite, certes, mais pas par moi. Je n'ai pas dit encore que la réalité contient également une part de non fabriqué ; j'ai seulement affirmé que je ne peux parler de quelque chose que si je présuppose que ce quelque chose est une chose créée. Dans le *Timée*, par exemple, le Démiurge bâtit l'univers à partir d'une matière première qui n'est pas créée, mais simplement donnée. On ne peut pas dire grand-chose de cette matière première, parce qu'elle est dépourvue de visage (*cf.* 52 b-d). Il existe donc chez Platon un lien entre la réalité non fabriquée et le néant, dont nous ne pouvons rien affirmer de positif. Du néant, nous pouvons dire uniquement qu'il est. Pourquoi ne peut-on comprendre quelque chose que si cette chose est fabriquée ? Question difficile! Je ne tenterai pas ici de trouver une réponse. Mais je pense que la réponse, indifféremment du point de départ, nous conduira, tôt ou tard, à la question de la vérité. Car, pour moi, la vérité entendue comme une adéquation entre l'énonciation et la réalité a pour fondement l'idée que la réalité est une chose fabriquée.

pour entrer dans un état de détachement de soi. Il n'est pas facile d'arrêter le flux de sa propre vie pour se laisser étonner par les choses qui nous entourent. Mais, sans arrêter le flux quotidien de notre vie, la science ne pourra pas y entrer.

le questionnement et l'état de questionnement

Le détachement de soi et l'étonnement ne déclenchent pas automatiquement l'apparition de la science. Pour que la science apparaisse, il faut encore le questionnement. Les *Seconds Analytiques*, 89 b 23-24 : « les choses que nous recherchons sont égales numériquement à celles que nous connaissons ». Les « choses que je recherche » on doit les comprendre ici comme « ces choses que je cherche à connaître », à savoir, « les choses à propos desquelles je pose des questions ». Je n'en viens pas à connaître par hasard, mais en fonction de la direction où je cherche, et cette direction m'est donnée par les questions que je me pose. Lorsque je pose des questions, je suis déjà dans une direction, et je peux arriver à savoir uniquement dans les limites de l'horizon ouvert par mes questions. Cela veut dire que, selon Aristote, nous connaissons exactement autant que nous posons de questions.

A chaque réponse correspond une question, mais il ne correspond pas de réponse à n'importe quelle question. Lorsque je questionne, je questionne certainement quelque chose, c'est-à-dire que ma question a un objet, et elle vise à l'obtention d'une réponse. Il y a cependant une prééminence de la question. Je questionne d'abord, et j'apprends la réponse ensuite. La question est donc l'origine de la réponse. Mais quelle est l'origine de la question ? La question vise à l'obtention d'une réponse, mais non pas de cette réponse particulière qui est à son origine. La question provient d'un état de questionnement, qui est également une disposition intérieure qui arrête le flux de tous les jours de ma vie. Pourquoi l'arrête-t-elle ? Parce qu'elle me demande d'admettre que je ne sais pas, et lorsqu'on admet qu'on ne sait pas, la vie ne s'écoule plus comme avant. Dans la vie courante, je suis conscient de savoir certaines choses, et de ne pas en savoir d'autres. Mais dans la vie de tous les jours, je ne me trouve pas dans un état de questionnement : dans la vie de tous les jours, je n'entrave pas le tourbillon de la vie où je suis pris, qui me porte telle une rivière au flot impétueux, et je ne reconnais pas que je ne sais pas et que je dois questionner pour savoir. L'état de questionnement est, dès lors, la troisième disposition intérieure avec le détachement de soi et de l'étonnement, qui rend possible l'apparition de la science dans notre vie.

les quatre questions fondamentales

Revenons à Aristote et à sa thèse selon laquelle nous savons exactement autant que nous posons de questions. Si nous envisageons les choses de la sorte, alors il est naturel de se demander combien de sortes de questions il y a. Les *Seconds Analytiques*, 89 b 24-25 : « Les choses que nous recherchons sont au nombre de quatre : y a-t-il [*to hoti*], pourquoi y a-t-il [*to dioti*], s'il y a [*ei esti*], ce qu'il y a [*ti estin*] ». Sont au nombre de quatre, donc, selon Aristote, les choses que nous recherchons, à savoir que les questions que nous pouvons poser sont au nombre de quatre. Autrement dit, il y a quatre questions fondamentales, et nous les connaissons dans l'horizon qu'elles ouvrent. Ces quatre questions fondamentales constituent deux paires : les deux premières concernent les états de fait, et les deux dernières concernent les choses.

Considérons, nous dit Aristote, le cas d'une éclipse. Une éclipse, c'est un état de fait, quelque chose qui se produit. Quand je suis confronté à un état de fait, je demande tout d'abord : « y a-t-il », c'est-à-dire je demande si cette situation existe réellement telle qu'elle se montre à moi. S'agit-il d'une éclipse de soleil ? C'est la première question que je me pose. Ensuite, si j'ai répondu par l'affirmative à cette question, je demande « pourquoi y a-t-il », c'est-à-dire que je me demande quelle est la cause (*aitia*) pour laquelle ce fait, l'éclipse, existe telle qu'elle existe.

Aristote dit que lorsque nous demandons « qu'il y a », nous avons en vue « ce qui est en nombre » (le dénombrable) (*eis arithmon thentes*, 89 b 25-26). Pour les Grecs, 1 n'était pas à proprement parler un nombre, et le 0 n'existait pas. Le nombre pour les Grecs c'était avant tout « la relation de type numérique » entre deux éléments. « Nombre » renvoie ici, dans l'expression « ce qui est en nombre », à la « relation » : lorsque nous demandons « y a-t-il », nous avons en vue ce qui est en nombre, c'est-à-dire les choses qui sont en relation avec d'autres choses. Aristote donne l'exemple de l'éclipse : c'est un phénomène qui possède certains attributs, ce qui en fait quelque chose en relation à autre chose, et qui a une cause, puisqu'il est en relation avec quelque chose en dehors de lui-même.

Un état de fait comme l'éclipse c'est quelque chose qui advient, c'est-à-dire, quelque chose qui a lieu dans le temps. Puisqu'il a lieu dans le temps, un état de fait nous renvoie à ce quelque chose qui l'a précédé dans le temps, et qui en a constitué la cause. Pour Aristote, la cause d'un état de fait ne se réduit pas toutefois à un événement qui a produit un effet. Pour lui, la cause d'un état de fait, c'est ce quelque chose qui est responsable de l'existence de cet état de fait tel qu'il est, à savoir, ce quelque chose dans l'ouverture duquel survient l'état de fait. Ce quelque chose s'appelle en grec *archê*.

La cause d'un état de fait est extérieure à cet état de fait. Mais la cause et l'état ne sont pas pour autant séparés, ils sont liés l'un à l'autre. La cause est à l'origine de l'état de fait, ce qui fait qu'il est tel qu'il est. Maintenant, lorsque je trouve la cause d'un état de fait, je déduis cet état de fait de son origine (*archê*). Le terme utilisé par Aristote pour nommer cette opération, c'est l'*apodeixis*, traduit habituellement par « démonstration » (voir par exemple les *Seconds Analytiques*, 90 b 3). *Apodeixis* provient du verbe *apodeiknymi*, « montrer », « mettre en lumière », « révéler » (*deiknymi*), « d'où » (*apo*) provient quelque chose. La démonstration, l'*apodeixis*, d'un état de fait, revient par conséquent à mettre en lumière l'origine (*archê*) de cet état de fait.

Passons maintenant à la deuxième paire de questions – « s'il y a » et « ce qu'il y a ». Lorsque j'ai devant moi une chose, je me demande en premier « si elle est », à savoir, je demande si cette chose existe vraiment telle qu'elle se montre à moi. C'est la première question que je me pose. Ensuite, si la réponse à cette question est affirmative, je demande « ce qu'il y a », c'est-à-dire, je demande quelle est sa définition.

Prenons cette tasse, par exemple. Je me demande en premier si elle existe telle qu'elle m'apparaît. Ensuite, je me demande ce qu'elle est, et je cherche sa définition. La définition me donne l'essence de la chose. Toutefois, son essence est aussi une relation, car dans une définition quelque chose (le genre proche) est mis en relation avec autre chose (la différence spécifique).

Les Seconds Analytiques, 90 a 35 : « Il est évident que tout ce que nous recherchons est une recherche du terme moyen [*meson*] ». Dans tout ce que nous cherchons à savoir, c'est-à-dire dans les quatre questions fondamentales, ce qui est recherché c'est le terme moyen, à savoir, celui qui fait la liaison entre deux éléments.

Donc, lorsque je veux connaître un état de fait, je cherche à en trouver la cause. Une fois la cause établie, je dois me demander si jamais cette cause n'a pas elle-même une cause. Admettons que je veuille connaître un certain phénomène, P (une éclipse, par exemple). Pour connaître ce phénomène, je ne dois pas le regarder. Je dois aller à ce qui le détermine, à sa cause (*aitia*), soit C. Et ensuite, je dois aller à ce qui détermine C, soit D. De la sorte, ma connaissance se déplace d'un terme moyen à un autre.

(Bien sûr, on ne peut pas continuer comme ça à l'infini. Je dois bien m'arrêter quelque part, car autrement, ma connaissance de cet état de fait ne serait plus vraiment une connaissance. A mesure que j'avance vers des causes de plus en plus générales, je m'approche d'une essence, à savoir, de ce qui est l'objet de mes deux dernières questions. Autrement dit : à mesure que j'avance dans le rayonnement des deux premières questions fondamentales, qui me renvoient à des causes, je me dirige vers ce qui ne peut plus être déduit de rien, c'est-à-dire, je me dirige vers ce qui se trouve dans le rayonnement des deux dernières questions, en l'occurrence, les essences. Mais les essences ultimes sont l'objet de la philosophie ; au bout de la connaissance basée sur la démonstration se trouve donc la philosophie. Je n'entrerai pas cependant ici dans cette discussion passionnante sur la relation entre la définition et la démonstration des chapitres 4 à 10 du Livre II des *Seconds Analytiques*).

Résumons. Premièrement : je connais en fonction du questionnement. Deuxièmement : il y a quatre questions fondamentales. Troisièmement : elles concernent un état de fait et sa cause (les deux premières questions), ou une chose et son essence (les deux dernières questions). Quatrièmement : les quatre questions conduisent à la connaissance des « termes moyens », à savoir que tout ce que je parviens à connaître dans l'horizon ouvert par cette question concerne certaines relations : entre un état de fait et sa cause, et entre cette cause et une autre cause (dans le cas des deux premières questions), et entre des notions (dans le cas des deux dernières questions). (Je laisserai de côté ici le problème difficile du *nous* aristotélicien).

Excursus : la corrélation entre connaissance et réalité

Il y a, chez Aristote, une corrélation entre la réalité qui peut être connue, et la connaissance. Pour éclairer cette affirmation, nous devons toutefois commencer par Platon.

Pour Platon, l'existence a deux domaines distincts : celui des idées, et celui de leurs incarnations sensibles. L'idée platonicienne (*eidos*, *idea*) est *auto kath'hauto aei*, c'est-à-dire, toujours autonome et identique à elle-même[1]. Du moment que les idées sont éternellement immuables et identiques à elles-mêmes, et que leurs incarnations sensibles naissent et meurent, seules les idées existent véritablement. Les idées platoniciennes existent aussi, dans une certaine mesure, dans leurs incarnations sensibles. L'idée du beau, par exemple, est présente dans un beau corps (car c'est elle, l'idée du beau, qui rend beau ce corps). Mais, en étant pures et exemptes de tout mélange, les idées ne peuvent pas avoir leur véritable *locus* ici, dans le monde du devenir, de leurs incarnations sensibles, où tout est appelé à naître et à disparaître.

Pour Aristote, comme pour Platon, une chose sensible, que je peux voir, est la matérialisation d'une idée. L'idée est, chez Aristote, comme une forme, *morphê*, qui se transfigure dans une matière, *hylê*. Pour Aristote, en revanche, l'existence n'a pas deux domaines distincts, comme chez Platon, mais un seul. Car chez Aristote les idées ne font qu'un avec leurs incarnations sensibles, avec leurs transfigurations. L'essence d'une chose est bien donnée par son idée, mais les idées n'existent que dans leurs matérialisations. Autrement dit, chez Aristote, puisque les idées n'existent jamais que dans leur incarnation, elles ont leur véritable *locus* ici, dans le monde du devenir.

La réalité des choses représente donc, chez Aristote, l'unité de deux éléments, l'idéal et le sensible. La réalité des choses est pour Aristote ce rapport, ce *logos* entre *morphê* et *hylê*. Et la réalité des états de fait est à son tour un *logos*, c'est-à-dire la relation entre un état de fait et sa cause, d'une part, et la relation entre plusieurs causes, d'autre part. La réalité est *logos* chez Aristote, et sa connaissance est « logique ». Chez Aristote, il y a donc une corrélation entre la réalité et la connaissance. (Et il ne s'agit pas seulement d'une simple corrélation,

---

1. Cf. *Phédon*, 78 c, Banquet, 211 a-b, etc.

car le mode d'être de la réalité fonde le mode d'être de la connaissance. Autrement dit, la connaissance chez Aristote a un fondement métaphysique. La connaissance est « logique » parce que la réalité même est *logos*).

abstraction et exactitude

Métaphysique, 1003 à 21 et *passim*.

> Il y a une science qui examine ce qui est par soi-même [*to on hê on*] et tout ce qui appartient à cela de manière intrinsèque.... » [*to sumbebêkos*] les attributs.

Je ne m'attarderai pas ici sur les questions relatives à la science dont l'objet est « l'être en tant qu'être », comme on a eu l'habitude de traduire *to on hê on*. Cette science n'est autre que la philosophie, dont le statut soulève de nombreux problèmes. Je voudrais seulement mettre en évidence un *pattern* des sciences dites spécialisées. Ces sciences, donc, commencent par détacher une partie de la réalité pour la théoriser ensuite. L'arithmétique, par exemple, détache le nombre de la réalité, et elle le théorise. Elle détache de la réalité un seul aspect uniquement, à savoir l'aspect quantitatif, exprimé par le nombre, et ensuite elle le théorise. Ce détachement est une *aphairêsis*, une abs-traction, un arrachement de quelque chose à une autre chose, une extraction, une abstraction. A la suite de cette [opération d']abstraction, tous les autres aspects qui définissent la réalité sont ignorés ; l'arithmétique, par exemple, ignore tout ce qui ne se subsume pas à la quantité. La quantité est toujours liée à la substance : quelque chose de particulier a trois pieds de longueur, ou une température de 36 degrés. Mais je peux abstraire uniquement cet aspect quantitatif et ignorer le reste. C'est ainsi que procède le géomètre : il ne prend pas la chose telle qu'elle est, dans son entier, il en abstrait uniquement son aspect quantitatif − sa surface, ses angles, etc.

A travers cette *aphairêsis*, l'intellect abstrait d'une chose un seul de ses aspects, qui n'est en réalité pas autonome. Cet aspect peut être considéré comme essentiel par rapport à d'autres aspects, mais il n'est pas à proprement parler autonome.

Or, combien une science peut-elle ignorer du réel ? *Métaphysique*, 1078 a 8 et *passim* :

> Et, plus elle se réfère à des entités premières suivant la définition la plus simple, et plus [la science en question] serait exacte (car l'exactitude c'est précisément la simplicité).

Pour nous, pour qu'elle soit connaissance, la connaissance doit être exacte. Pour Aristote il n'en va pas de même. Pour lui, l'exactitude ou la précision, on peut l'obtenir uniquement au sujet de ce qui est simple. L'Arithmétique, par exemple, est, pour Aristote, plus exacte que la géométrie (982 a 28). Pourquoi ? Parce que l'objet de l'arithmétique est plus simple que celui de la géométrie. Pourquoi est-il plus simple ? Parce que la géométrie a, en comparaison à l'arithmétique, un élément de plus, c'est l'espace. L'Arithmétique ignore davantage de réalité que la géométrie parce qu'elle ignore l'espace. Donc, plus une science ignore de réalité, et plus elle devient exacte. Mais je reviens à ma question : quelle quantité de réel une science peut-elle ignorer ?

les principes premiers

Admettons que je veuille connaître un certain phénomène, P. Pour connaître ce phénomène, il me faut aller à sa cause, soit E. E constitue l'origine, le fondement ontologique de P. Mais je dois également aller à ce qui détermine E, soit D. Pour connaître le phénomène P, donc, je me déplace « à rebours » jusqu'à ses causes. Au fur et à mesure que je « régresse », je saisis avec une « amplitude » de plus en plus grande, de plus en plus générale, le phénomène P. Car D n'est pas seulement la cause de E, il est également celle de P. C'est pourquoi le chemin « à rebours » vers les causes est une démarche vers *katholou*, vers « ce qui est général » (cf. *Métaphysique*, 982 a 20-25). A mesure que je vais ainsi « à rebours », je découvre des choses de plus en plus générales et plus simples, qui fondent les choses derrière lesquelles elles se trouvent, ce qui veut dire que dans la réalité il y a une hiérarchie ontologique et qu'à la fin, tout a une origine ultime, un fondement ontologique ultime – en l'occurrence, les principes les plus généraux et les plus simples.

Mais il y a également une hiérarchie dans la connaissance. *Métaphysique*, 982 b 4-6 :

> Mais les choses les plus connaissables [*malista epistêta*] sont les principes premiers [*ta prôta*] et [les premières] raisons [*ta aitia*]...

La connaissance n'est pas homogène. La connaissance de certaines choses, ici des principes premiers, est plus importante que la connaissance d'autres choses, car c'est sur cette connaissance des principes premiers que se fonde la connaissance tout entière. Nous avons ici un deuxième aspect de la corrélation entre la réalité et la connaissance. Le premier aspect concernait la correspondance entre le *logos* de la réalité, et le caractère « logique » de la connaissance. Ce deuxième aspect concerne la corrélation entre la hiérarchie de la réalité, et celle de la connaissance : les principes ultimes sur lesquels se fonde la réalité sont aussi les plus « connaissables » parmi les choses, c'est-à-dire, ce sont les choses sur lesquelles se fonde la connaissance en son entier.

Dans la *Phénoménologie de l'Esprit*, Hegel part de la « *das selbige Bewusstsein* » (la conscience de soi) pour arriver à l'*objektive Geist* (l'esprit objectif), et à la connaissance du divin. Dans les deux premiers chapitres du Livre I de la *Métaphysique*, Aristote part des sens (*aisthêsis*, 980 a 981 a 1) pour arriver à la science des principes premiers, qui est aussi une connaissance du divin.
L'intellect divin sait absolument tout, d'un seul coup, par une sorte d'intuition. Ce mode de connaissance est refusé à l'intellect humain.

L'intellect humain ne peut savoir absolument tout, d'un seul coup. Il sait « par étapes ». C'est-à-dire : le mode de connaissance de l'intellect humain présuppose un certain déroulement des connaissances, en l'occurrence, un chemin. Pour Aristote, ce chemin mène à la science des principes premiers.

Plus je m'approche des principes premiers, et plus j'ignore davantage du réel en tant que totalité. Et plus j'avance vers les principes premiers, et plus la science devient exacte, de sorte que, nous dit Aristote, « les sciences les plus exactes [*akribestatai tôn epistêmôn*] sont aussi celles qui se réfèrent aux principes premiers [*ta prôta*] » (982 a 25-26).

l'étrangeté de la science

La science produit de l'abstraction : elle abstrait de l'individuel certains de ses aspects seulement, et en ignore le reste. Plus une science ignore davantage de réel, et plus elle est exacte. Plus elle est exacte, et plus son objet est simple. Mieux je connais ce qui est simple, et plus je m'approche de la divinité. La science me rapproche de la divinité. Mais elle m'aliène en même temps mon monde de tous les jours. Evidemment, la science me rapproche de l'essentiel. Elle ne laisse de côté que l'accidentel ; mais en laissant quelque chose de côté, même inessentiel, elle finit par ignorer le tout. Et, plus elle ignore davantage de parties dans le tout, et plus elle me devient étrangère.

Le détachement de soi, l'étonnement et l'état de questionnement – ces trois dispositions intérieures qui rendent possible l'émergence de la science dans notre vie – nous extraient de notre vie quotidienne et nous préparent pour une autre vie, celle où survient la science. Mais la science elle-même est rupture. Elle est déchirement, parce qu'elle abstrait du réel un seul de ses aspects. Elle l'est encore, parce que, en instituant l'exactitude en tant qu'ultime finalité, elle me dirige vers les principes les plus simples, en l'occurrence vers tout ce qui m'est le plus étranger. La science aliène non seulement parce qu'elle abstrait, mais aussi, parce qu'elle m'abstrait moi-même de mon monde quotidien.

« Et parmi les sciences [epistêmai], nous considérons celle qui est choisie pour elle-même et en vue de la connaissance [eidenai] comme étant dans une plus grande mesure de la sagesse [sophia] que celle qui est choisie pour les usages qui en découlent » (982 a 14-16). Les sciences, dit Aristote, n'« ont rien à faire [directement] ni de l'usage ni des plaisirs » (981 b 20-23).Et pourtant, de certaines sciences il découle certains usages. Si j'habite à la campagne, et que je possède une vache, il m'est utile de savoir quelque chose sur la gestation de la vache, et alors, la gestation de la vache m'intéresse. Si je n'ai plus de vache, si je l'ai vendue, alors cela ne m'intéresse plus. Mais si la gestation de la vache m'intéresse en tant que problème de biologie, alors je commence à « faire de la science pour elle-même ». Ainsi présentées, les choses semblent simples. Mais si nous les présentons de la sorte, nous risquons de rater le cœur de ce que nous dit Aristote.

Si la gestation de la vache m'a intéressé aussi longtemps que j'ai possédé une vache, toutes les connaissances que j'ai eues sur la vache, toutes les connaissances sur la gestation de la vache que j'ai accumulées, vont se perdre à court terme, dès que je n'ai plus de vache. Mais si la gestation de la vache m'intéresse en tant que problème de biologie, alors j'essaierai de garder quelque peu, dans mon esprit, mes connaissances sur la gestation de la vache. Et de la sorte, je me « détourne » et je me retourne sur moi-même. Je ne fais plus ce que font tous les autres, je ne m'intéresse plus à l'immédiat, mais plutôt à ce qu'il y a dans mon esprit. Et ainsi, je commence à croire que tout n'existe que dans mon esprit. Ainsi, je commence à faire de la science pour elle-même.

Ceci nous amène au thème de la rupture entre la vie de tous les jours et la vie où survient la science. Comme je l'ai déjà dit, l'abandon de soi, l'étonnement et l'état de questionnement – les trois dispositions intérieures qui rendent possible l'émergence de la science dans notre vie – nous extraient de la vie de tous les jours et nous préparent à une autre vie, celle dans laquelle survient la science. La science me dirige cependant vers la science « pour elle-même », et si je commence à faire de la science pour elle-même, alors la rupture entre la vie quotidienne et la vie organisée autour de la science devient très grande. Car « la science faite pour elle-même » me coupe du monde de ma vie de tous les jours, où tout tourne autour de l'utilité et du plaisir.

Dès lors que je ne m'intéresse plus qu'à la science, je renverse complètement ma manière habituelle de me rapporter au monde. A partir de là, j'organise les choses qui m'entourent en fonction de leur caractère cognoscible, c'est-à-dire, je ne les organise plus, comme auparavant, en fonction de leur importance pour moi dans ma vie de tous les jours. L'immédiat, l'urgent, l'important, ne m'intéressent plus, mais seulement ce qui est le plus « connaissable », et dès lors, je commence à changer de manière de regarder le monde, et le monde commence à se structurer différemment pour moi. A partir de là, le monde commence à être organisé par l'intellect, la vie commence à être découpée selon un autre critère, et moi, je commence à m'éloigner de moi-même.

La rupture ne se produit pas seulement entre la vie de tous les jours et la vie avec la science. Un être humain est entier s'il fait tout ce qu'il fait comme un être humain : il mange, il dort, il boit, il aime, il connaît, il admire, il imagine, il fuit, et ainsi de suite. Lorsque je choisis la connaissance scientifique seule, toutefois, et si je l'absolutise et que j'en fais le but de ma vie, alors, je deviens un intellectuel, c'est-à-dire un être humain diminué, dévié de sa plénitude d'être humain. Le choix et l'absolutisation de la connaissance scientifique sont une *aphairêsis*, une abs-traction, une rupture de quelque chose par rapport à autre chose, et la conséquence en est, sur le plan humain, l'aliénation à soi.

Regardez un intellectuel. Peut-on savoir comment il court ? Peut-on savoir s'il est capable d'admirer les coloris de l'automne ? Non, rien de tout cela. Pourtant, il n'est pas un intellectuel parce que le coloris de l'automne ne l'intéresse pas. C'est un intellectuel parce qu'il a abstrait quelque chose, en l'occurrence, la connaissance scientifique, du tout de l'humain, et parce qu'il a absolutisé ce quelque chose coupé du reste. Plus une connaissance est exacte, plus elle m'est étrangère. Etrangère à moi, à ma vie, à notre vie à tous. La science abstrait de l'individuel un seul de ses aspects, et celui qui la pratique abstrait de son être un seul mode d'être, celui de l'intellectuel.

Celui qui, pour la première fois dans l'histoire, aura choisi et absolutisé la connaissance scientifique, aura paru aux autres comme un homme en voie de s'éloigner de sa communauté, et même de lui-même. Avec le temps, ce type humain, de plus en plus répandu, a été accepté, justifié, homologué.

Au Moyen Âge, la déviation de la science par rapport au réel s'accroît. Chez presque tous les grands penseurs médiévaux l'abstraction opérée par la science devient l'acte fondamental de la raison. Au Moyen Age, ce sont les concepts, à savoir les abstractions univer-selles, et non les choses, qui deviennent le véritable objet de la science. Tout commence à cette époque à se porter sur les concepts qui, nous pourrions dire, finissent par former un monde où l'intel-lect commence à s'enfermer de plus en plus. Cet enfermement de l'intellect dans le monde des concepts continue et s'aggrave, pour ainsi dire, dans la pensée philosophique et scientifique aux XVIe et XVIIe siècles.

Je laisserai de côté une série de notes que j'ai prises au sujet de la querelle des Universaux, de certains textes de Saint Thomas d'Aquin, Duns Scott, Occam, ainsi qu'une série de commentaires sur Galilée,

Bruno, Kepler et Newton, parce qu'elles proviennent, pour la plupart, de la consultation de sources de seconde main. Je souhaite néanmoins dire plusieurs choses au sujet de Descartes. Car, selon moi, c'est dans sa pensée que l'éloignement de la science a pris une tournure véritablement grave, tournure qui rendit possible l'apparition de la technique moderne.

la fermeture de la science chez Descartes

Descartes est facile à lire. Il est, sans aucun doute, le philosophe du monde le plus lu. Mais il est plus difficile à comprendre. Il faut d'abord comprendre ce qu'il nie, et il nie des tas de choses. Il faut, ensuite, le lire très attentivement et avec beaucoup de patience. Ses textes sont clairs et ils donnent parfois l'impression d'être un recueil de banalités ; mais ce sont précisément ces banalités qui les rendent difficiles à pénétrer.

Dans la préface aux *Principes philosophiques*, Descartes nous conseille lui-même sur la manière de lire ce texte. Il faudrait, nous dit-il, trois lectures : d'abord une lecture intégrale où l'on ne s'arrêterait pas sur les difficultés « pour prendre connaissance dans les grandes lignes des sujets dont il est traité » (p.71) ; il faudrait ensuite une lecture où nous suivrions les raisonnement et où nous marquerions, en les soulignant « d'un trait de plume les endroits où se trouvent les difficultés » (*ibidem*) ; enfin, il faudrait une troisième lecture pour trouver, en réfléchissant aux questions traitées dans le texte, les solutions aux difficultés identifiées précédemment. Et, conclut Descartes, si certaines difficultés restent irrésolues, « on pourra trouver finalement la solution en lisant le texte encore une fois » (*ibidem*).

la raison bien partagée

Le Discours de la méthode commence de la manière suivante : « le bon sens [*bona mens* en latin] est la chose du monde la mieux partagée »

(p. 44). [1] Que peut-on entendre ici par *bon sens* [2] ? Le bon sens, ou la *raison*, nous dit ensuite Descartes, c'est la faculté avec laquelle nous distinguons le vrai d'avec le faux (*ibidem*).

La raison est, pour Descartes, l'essence de l'humanité. « Qui suis-je, par conséquent ? » se demande-t-il dans les *Méditations philosophiques*. Sa réponse est « une chose pensante » (p. 255). Je ne suis, de manière essentielle, qu'une entité qui pense. La raison est notre essence, et notre finalité ultime, c'est la connaissance. Descartes nie quelque peu la conception médiévale selon laquelle l'homme n'est pas fait, de manière essentielle, uniquement de raison. Descartes redéfinit l'essence de l'humanité, et c'est là quelque chose d'épochal.

La raison, donc, soutient Descartes, nous a été également impartie. Nous l'avons tous en égale mesure. Dans le dédicace qui ouvre les *Principes philosophiques*, Descartes dit que « presque tous ceux qui comprennent facilement les choses relatives aux mathématiques ne sont pas capables de comprendre ce qui a trait à la métaphysique, et inversement » (p. 64). Nous ne sommes donc pas tous capables de comprendre avec la même facilité les mathématiques et la métaphysique. Mais comment une telle chose est-elle possible, du moment que la raison nous a été également impartie ? La diversité de nos opinions, dit Descartes dans le *Discours de la méthode*, ne vient pas du fait que les uns ont plus de raison que les autres (comme nous avons tendance à le croire). Non, elle vient du fait que nous dirigeons notre raison sur des voies différentes (cf. p. 44). Le chemin, par conséquent, c'est tout. La différence tient au chemin. La raison a un chemin à faire pour parvenir à la vérité, et tout dépend de ce chemin.

1. R. Descartes, *Discours de la Méthode*, Paris, Vrin, 1979.
2. En français dans le texte original. [N.d.T.]

les voies de la raison. Le doute

Qu'est-ce qui doit me guider pour atteindre la vérité ? Quelles règles dois-je suivre ? Nous nous trouvons dans le texte cartésien intitulé *Regulae ad directionem ingenii*, *Règles pour la direction de l'esprit* [1]. « Ne pas voler », c'est une règle. Mais elle n'est pas *ad directionem ingenii*, c'est-à-dire qu'elle ne donne pas de direction à la raison. Les règles de Descartes, 21 exactement, déterminent le chemin, le tracé que la raison doit suivre pour accéder à la vérité.

« Il est pourtant bien préférable de ne jamais chercher la vérité sur aucune chose, plutôt que de le faire sans méthode », dit la Règle IV (p.27). La raison nous a été également impartie, elle est notre essence, mais elle n'est que le moyen pour accomplir notre vocation ultime, qui est de trouver « la vérité des choses ». Nous ne sommes pas dans la vérité. La vérité doit être obtenue, trouvée et, pour cela, il nous faut emprunter un chemin particulier. Autrement, nous prendrions le faux pour le vrai. Ce qui veut dire que nous sommes en quelque sorte « dédoublés » dans le doute, nous nous trouvons à mi-chemin entre deux choses, à savoir entre le vrai et le faux. Nous doutons en hésitant entre le vrai et le faux. Cependant, tout dépend du doute méthodique, non pas de ce doute existentiel.

Notre vie de tous les jours est fondée sur la confiance naturelle, pour ainsi dire, que nous avons à l'égard de tout ce qui se trouve autour de nous. Le doute survient tout d'abord comme un délitement de cette confiance naturelle, et c'est la certitude qui y met fin. Prenons un exemple banal : la jalousie.
Ceux qui s'aiment vivent dans une harmonie qui repose sur une confiance réciproque naturelle. Les amoureux ont spontanément confiance l'un dans l'autre. Mais cette confiance peut être détruite.

---

1. R. Descartes, *Regulae ad directionem ingenii*, texte et traduction, Paris, Boivin et Cie Ed., 1933.

Quelque chose de suspect fait son apparition, un mouchoir, un air bizarre, une certaine froideur. Quelque chose ne va plus. Ce quelque chose change tout et me jette en proie au doute. A cause de ce quelque chose, je doute désormais de tout notre passé – je ne sais pas s'il s'agissait d'un véritable amour ou d'une illusion. L'environnement de notre vie, que l'amour avait transformé en un milieu d'intimité, se défait, et moi, je ne m'y sens plus chez moi. Je commence à douter de mes amis, qui me mentent peut-être par amitié, de mes voisins, et même de mon propre chien, qui a peut-être été témoin de ce que moi, je n'ai pas vu. Tout est désormais empoisonné à ma proximité, tout comme le sont aussi le présent, le passé et l'avenir.

Mais je ne suis pas absolument certain d'avoir été trompé. Je suis dans le doute. J'ai quitté l'environnement amoureux pour vivre désormais dans une zone qui m'est étrangère, même si de l'extérieur rien n'a changé. Tout, en réalité, se passe en moi-même. La jalousie et le doute sont au-dedans de moi. Mon monde est comme avant, mais le lien entre moi et le monde s'est brisé, et désormais je suis esseulé. Je suis seul devant le monde. Un gouffre m'en sépare désormais. Le doute m'en a séparé et m'a rendu seul. L'unique chose qui peut encore me sauver, c'est la vérité. Le jaloux est obsédé par la vérité. Ni le sommeil, ni la nourriture, ni la façon de m'habiller ne m'intéressent plus. Je ne veux plus rien d'autre que la vérité. Le doute a ouvert en moi une soif inextinguible de vérité. Et le genre de vérité recherchée, c'est l'évidence. Non pas ce qu'un tel a pu dire, mais la vérité absolue entendue comme évidence.

Ce qui arrive au philosophe n'est pas bien différent de ce qui se passe avec le jaloux. C'est la même chose, sauf que leurs « domaines » sont différents. Le doute du philosophe est lui aussi un état intérieur ; et le philosophe lui aussi, à l'image du jaloux, pousse le doute jusqu'au bout.

Dubito ergo cogito. Cogito, ergo sum. Le doute est raison, est la raison, c'est ce que je suis véritablement. Si je suis philosophe, le doute, la raison et l'existence ne font qu'un.

Pourquoi le philosophe doute-t-il ? Selon Descartes, est philosophe celui qui doute de tout. Voici le début des *Principia* : « pour vérifier la vérité, il faut, une fois dans sa vie, tout mettre en doute, autant que possible » (p.79). Le philosophe décide de tout mettre en doute. Au moins une fois dans sa vie : ce qui veut dire que le doute représente un événement majeur dans son destin. La mise en interrogation de tout ce que l'on sait signe le début de la philosophie. Si l'on est véritablement philosophe, notre doute doit s'étendre et tout comprendre autour de soi. Mais le doute qui est en soi nous rendra seuls, et nous arriverons à demeurer seuls en face du monde, saisi d'une soif inextinguible de vérité.

Au sujet de quoi Descartes a-t-il douté ? En premier, il a douté de tout ce qu'il a appris [1]. Tout ce que j'ai appris, dit-il, c'est le passé de la connaissance humaine. Et ce passé doit être mis en doute. En même temps, Descartes s'ouvre vers l'avenir. Les règles pour la direction de l'esprit sont un chemin qui rompt avec le passé. Le passé devient histoire, et nous avons besoin d'un début de chemin, chemin qui nous ouvre sur l'avenir. Descartes repousse en bloc le passé, pour dire : moi, Descartes, je suis un nouveau commencement. Et c'est ainsi que la connaissance s'historicise.

Le doute est méthodique et il poursuit ce qui est absolument hors de doute [2]. Ce qui est hors de doute, c'est le certain, la vérité en tant qu'évidence. L'évidence, c'est l'évidence de certaines idées au sujet desquelles la raison ne peut pas douter. La vérité, en somme, c'est quelque chose qui tient de la raison.

---

1. *Cf.* Règle III.
2. Cf. *Discours de la méthode*, p.108.

la clôture de la science

Dans le *Discours de la méthode*, Descartes nous raconte ce qu'il lui est arrivé. Il a d'abord étudié tout un tas de choses à l'école, et ensuite, dès qu'il l'a pu, il s'est mis à voyager. Après avoir voyagé, il a décidé de faire des recherches sur lui-même. Nous sommes en Allemagne, nous dit-il. C'est la fin de 1619, ou, peut-être, le début de l'année suivante. Descartes était allé en Allemagne pour assister au couronnement de l'empereur Ferdinand. Nous ne savons pas à quel endroit précis il se trouvait en Allemagne lorsqu'il a commencé à s'étudier lui-même. Tout ce que nous savons, à partir du *Discours*, c'est qu'il y était enfermé seul, dans une pièce tranquille, chauffée par un poêle de faïence (*cf.* p. 58). Après avoir commencé à douter de toutes les connaissances reçues et de toutes les connaissances acquises lors de ses voyages, Descartes s'enferme dans une « chambre », c'est-à-dire dans un endroit coupé du monde. Le doute avait fait de lui un penseur solitaire. Le doute, qui avait creusé un gouffre entre lui et le monde, l'a porté, en fin de compte, à rechercher la vérité en lui-même, ce qui veut dire que la réflexion sur l'intellect devient dorénavant le fondement de la science. Dans le décor de cette humble chambre, la raison humaine mettait à l'épreuve le monde pour le transformer en *objet*, tandis que la raison devenait elle, *sujet*. Cette image de Descartes – un homme hanté par le désir de vérité, seul et isolé – semble incarner, à travers la pensée même de Descartes, la situation où se trouve depuis la science elle-même. L'isolement de Descartes n'est pas existentiel. Son isolement, c'est l'isolement de la science elle-même.

La science elle-même était parvenue au bout d'un long chemin, qui avait commencé avec Aristote et s'était poursuivi avec les penseurs médiévaux. Tout au long de ce chemin, la science se coupe du monde pour s'occuper d'aspects de plus en plus abstraits. Sur ce chemin, elle parvient à la relation sujet-objet. Le Je devient, si je puis dire, acosmique ; à savoir, le Je n'est plus partie d'un monde, mais il s'oppose à ce monde. Le « Je » cartésien est un sujet en face d'un monde devenu objet. Le monde n'est plus un tout où le « Je » devait trouver son accomplissement par la philosophie (comme chez Platon), ou par la foi (comme dans le christianisme). L'homme et la Cité ne sont plus (comme chez Platon, dans la *République*, le *Timée* ou les *Lois*) partie d'un Cosmos. Non, le monde est maintenant quelque chose qui doit être place devant l'intellect. Avec Descartes, la philosophie cesse d'être une tentative de placer l'homme à l'intérieur du monde. Jusqu'à Descartes, l'homme est jeté dans le monde ; avec Descartes (et aussi avec Kant et l'ensemble de l'idéalisme allemand), le monde devient ce-qui-est-jeté-devant-moi, c'est-à-dire, objet. Avec Descartes, la science se coupe du monde pour chercher son fondement dans l'intellect. La science a pour objet quelque chose qui appartient au monde, puisqu'elle est tournée vers « l'extérieur ». Mais avec Descartes, la science se retourne sur l'entendement, l'intellect, pour chercher son fondement en lui, c'est-à-dire à « l'intérieur ».

« Les premières semences de pensées » que sont les vérités indubitables sont à l'origine de toute la science [1]. En elles, la réalité nous est donnée de manière immédiate, et c'est en partant de ces vérités, à travers les intuitions et les déductions, que nous parvenons à la science [2]. Le siège (le *locus* latin) de la vérité se déplace dès lors dans l'intellect [3]. C'est dans l'entendement, dans l'intellect qu'il faut chercher le fondement de la connaissance véritable, et, finalement, le fondement de toute réalité. Pour Descartes, la garantie au sujet des vérités indubitables qui nous sont données est en Dieu. Mais c'est l'homme, en fait, qui reste pour Descartes au fondement de la réalité toute entière, puisque c'est l'homme qui institue la relation fondamentale sujet-objet.

---

1. Règle IV, p. 31.

2. Règle III, p. 23 ; voir aussi Règle IV, p. 31.

3. Règle VIII, p. 75 : « la vérité ou l'erreur ne peuvent être que dans l'entendement » ; je ne développerai pas ici les distinctions entre entendement et raison.

« Faire quelque chose pour X » suppose que X est *ein Seiendes*, quelque chose qui existe. Je peux faire quelque chose pour ma mère, pour mon père ou pour ma bien-aimée, car eux tous, ils existent. En revanche, si je dis que je fais de la science « pour elle-même », cela veut-il dire que la science, elle aussi, existerait en tant que *Seiendes* (être) ? Supposons que j'étudie la gestation de la vache en tant que problème de biologie. La gestation existe, la vache aussi. Mais la biologie ? La biologie en tant que « science pour elle-même » ? Elle existe aussi, bien entendu. Mais sur un autre mode que ma fortune ou mon bétail à l'étable. Elle existe, mais c'est une réalité intellectuelle, immatérielle. Aristote, lorsqu'il affirme que « la science pour elle-même » est possible, affirme en même temps la réalité de la science. Une réalité immatérielle, certes, mais une réalité quand même. De plus, la science pour elle-même est, selon Aristote, « la seule à être libre parmi les sciences, car elle est seule à ne dépendre que d'elle-même » (982 b 27-28). La science que l'on fait pour elle-même est donc autonome ; elle est libre, c'est-à-dire, libre d'avancer selon ses propres lois. En résumé : elle a une réalité et une autonomie propres, qui rendent possible que l'intellect s'enferme dans la science comme dans un monde à part. Je reviens maintenant à Descartes. Chez Descartes, la science acquiert une réalité et une autonomie encore plus grandes que chez Aristote, et sa pensée favorise une fermeture encore plus grande de l'intellect dans le monde de la science.

L'entendement est, chez Descartes, un instrument de connaissance [1], et les règles pour la direction de l'esprit sont comme le mode d'emploi d'une machine. *Instrumentum* vient du mot *instruo*, qui signifie « arranger », « ajuster ». L'instrument est une chose qui, en ajustant et en arrangeant des connaissances, fonde du même coup la science. La science gagne cependant, dans le rapport à l'instrument

1. Règle VIII, p. 75.

qu'elle a engendré, une certaine autonomie. L'instrumentalité de l'intellect est à l'origine de tout instrument moderne et c'est elle qui a rendu possible l'apparition de la technique moderne. Et l'autonomie de la science a rendu possible l'autonomie de la technique. Je m'en tiendrai là sur ce point.

épilogue

Il y a, dans l'intellect, cette possibilité latente d'une déviation par rapport à sa vocation de guide de l'être humain comme un tout, pour qu'il proclame sa suprématie. Cette possibilité s'est actualisée dès l'Antiquité grecque, l'intellect ayant tendance à se transformer de guide en producteur. Le résultat en a été la science, dont la constitution a été si bien saisie par Aristote.

La science promeut une déviation par rapport au réel, en en extrayant certains aspect uniquement ; la science institue de la sorte, pour celui qui la pratique, une déviation par rapport à l'humain, en l'occurrence, une déviation par rapport à l'humain en tant que tout à travers la réduction abstraite de ce tout à une seule manière d'exister, la manière intellectuelle.

La science a joui d'un destin. Elle s'est transformée, et, depuis Descartes, elle s'est engagée sur un chemin où sa déviation par rapport au réel et la déviation de celui qui la pratique par rapport à l'humain se sont énormément accentuées. La déviation de la science par rapport au réel a cependant produit quelque chose qui s'est reflété sur le réel : la technique moderne.

L'intellect est contradictoire non seulement parce qu'il est à la fois grandiose et précaire, mais aussi parce qu'il peut à la fois nous rendre libres, en nous installant sur la voie de la pensée, et nous rendre esclaves, en nous privant de tout ce qui ne le concerne pas directement. Il est contradictoire encore parce que la science qu'il institue est une abstraction du réel, mais elle a mené, en fin de compte, à travers la technique qu'elle a engendrée, à un enrichissement du réel.

Qu'il est surprenant que l'on ne perçoive pas ces contradictions, et que, du coup, l'on ne réalise pas à quel point l'intellect peut être énigmatique!

Au commencement, nous avons été des intendants : Dieu, suivant la *Genèse*, nous a légué le monde pour en prendre soin. *A Deo in curram*, dit Calvin, dans *Institutio*. Seulement, nous ne sommes pas restés des intendants, nous avons voulu devenir des maîtres. Et nous le sommes devenus – seulement, *nota bene* – des maîtres d'un monde *fabriqué*. Nous sommes les maîtres d'une nature que nous n'avons pas créée, mais qui, après que nous ayons tué le Père (*Gott ist tot*), nous est restée sur les bras. Nous sommes restés seuls maîtres à bord, et c'est notre raison qui fait les lois. Nous sommes comme des adolescents qui seraient restés seuls à la maison pour le week-end et qui en profiteraient pour n'en faire qu'à leur tête. Nous vivons *sans Dieu, seuls, à n'en faire qu'à notre tête*.

Puisque la nature nous est restée sur les bras, nous nous sommes dépêchés, à l'aide de la technique, de l'évacuer. En fait, nous ne vivons plus que dans un univers de la technique. Tout, autour de nous, est technique. La nature a été reléguée dans des enclos : des parcs, des réserves, des jardins potagers à la périphérie des villes, etc. La nature ne nous entoure plus ; elle est *ailleurs* [1], nous devons nous y rendre. Nous nous rendons en excursion dans la nature précisément parce qu'elle ne constitue plus notre milieu. Elle est devenue difficilement accessible et exotique. Ce qui veut dire, en même temps, que la nature n'est plus en nous. De toute manière, il est certain que le monde où nous vivons est un monde de la technique, non de la nature.

Enfin, sans Dieu et sans nature, nous sommes en plein social. Dans la modernité, nous vivons dans des villes, et les villes se constituent par « libre association ». Nous sommes des *sociétaires*, non en tant que

---

1. En français dans le texte original. [N.d.T.]

proches, mais parce que contigus. Nous sommes purement et simplement les uns à côté des autres, sans nécessairement être ensemble les uns avec les autres. Voilà le paysage du monde moderne où nous vivons. Il est le résultat du progrès, à savoir de l'avancée dont le prix est toujours une perte. Mais nous n'avons plus d'yeux pour voir ce qui a été perdu.

La science et la technique de nos jours : à quel point elles sont différentes, comparées à la science et la technique de l'Antiquité! A quel point leur progrès est gigantesque! Jusqu'où peut-on encore progresser ? Jusqu'au bout ? Mais quel bout ? Et à quoi bon ? Le bien de l'homme ? Mais quel homme ? Ces brutes qui nous entourent ? Pourquoi, au fond, veut-on progresser ? Prenons l'exemple de la télévision : c'est une réalisation grandiose de l'intellect, mais tout devient relatif quand on commence à la regarder. C'est pour que nous regardions la Rai Uno qu'il a fallu tant de millénaires à la science et technique ? Chacun d'entre nous aura sa réponse : le médecin dira que nous progressons pour que nous soyons de mieux en mieux soignés, l'homme politique invoquera, selon les cas, toutes sortes de choses, et ainsi de suite. Nous vivons tous dans le paradigme de la science moderne. Tous les hommes, indifféremment de ce qu'ils font, conçoivent le monde selon la science moderne. Mais peut-on croire en la science sans savoir où elle va nous mener ?

Constituée dans un monde qui aujourd'hui nous embrasse tous, la technique a fini par représenter, pour parler comme Nietzsche, *ein Gesamt-Abirrung der Menschheit von ihren Grundinstinkten*, une déviation générale de l'humanité par rapport à ses instincts fondamentaux – son instinct de conservation tout au moins, du moment que la technique a atteint le point où elle peut se retourner contre nous. Nous avons déjà commencé à perdre, de manière irrémédiable, des espèces d'animaux et de plantes. Nous avons commencé aussi à perdre l'étrangeté de l'autre, dans les grandes agglomérations urbaines. Tout ce que nous perdons actuellement, sur cette terre, n'est-ce pas un prix trop élevé à payer ? Est-ce à cela que nous a menés notre soif inextinguible de vérité ? Est-ce là que mène le chemin entamé dans la pensée des philosophes grecs ? Toutes ces questions, ce ne sont pas les questions de l'homme de science. Elles ne semblent pas être les nôtres, non plus. La science moderne est la métaphysique de ces temps. Et elle est, comme toute métaphysique, intolérante et suspicieuse.

A quel degré risque-t-on l'autodestruction ? Nous ne le savons pas. Que peut-on faire pour prévenir une catastrophe ? Des partis écologistes ? Des traités de désarmement nucléaire ? Ou bien nous faut-il, tout simplement, reconnaître que nous ne savons pas quel est le but de notre progrès scientifique et technique ? Un homme politique, dont le rôle est si important de nos jours, pourrait-il jamais reconnaître qu'il ne sait pas quel est le but de notre progrès ? Bill Clinton ou Chirac pourraient-ils admettre une telle chose ? Que faut-il faire ? Quelle pourrait être l'issue ?

Qui, parmi les généraux romains, aurait pu croire qu'il viendrait un juif pauvre, fils de charpentier, qui changera tout ? Qui, parmi les grands hommes d'affaires du début du XIXe siècle aurait pu croire qu'un homme sans fortune, qui écrivait fébrilement à une table du British Museum, et qui s'appelait Karl Marx, allait changer le monde par sa pensée ? Quelqu'un, je le crois profondément, viendra un jour pour repenser l'intégration de l'homme dans le monde. Et sa pensée sera notre chance.

banalités métaphysiques

Ce titre peut induire en erreur. Je voudrais parler des banalités qui ont une valeur métaphysique, au sens où il s'agit de banalités que nous vivons tous. Et les banalités suprêmes que nous vivons tous se réfèrent à ceci que nous nous trouvons toujours dans un milieu spatial et temporel, que nous sommes pris entre ces deux milieux comme dans une toile. C'est le thème de la conversation que je vous propose, suivant un schéma on ne peut plus banal : *I. Le milieu spatial ; II. Le milieu temporel.*

le milieu spatial

Le milieu spatial est à la fois fermé et ouvert. D'un point de vue biologique, tout milieu est fermé, limité. Nous avons tous entendu parler de Konrad Lorenz et de la manière dont il a décrit les délimitations du milieu chez les canards et autres bestioles ; une délimitation qui va jusqu'aux plus petits détails (un bout de branche, un buisson, une pierre particulière, etc.). Nous allons donc partir de là pour entamer la discussion sur le milieu spatial.

1. *La limite.* Ce n'est pas autre chose que ma « portée », le « point » jusqu'où je peux m'étendre. Par nature, je ne suis pas fermé seulement dans mes limites corporelles, je ne suis pas emmuré dans mon corps. Je peux me mouvoir de ci de là, je vois jusqu'à une certaine distance, j'entends certaines choses. Durant l'état de veille, je suis ouvert vers l'extérieur, mais je le suis de manière limitée. Aussi « remuante » que soit la chose que je suis en train de faire, elle est tout de même limitée parce que moi-même, je suis dans tout mon être – d'un point de vue du corps, dynamique et intellectuel – *en tant qu'être limité.* En fait, nous sommes limités *a priori,* au sens où tout

geste et toute action que nous faisons ont d'avance une mesure. Je suis capable d'un pas qui mesure un mètre, et, si je me force, d'un pas plus grand, mais je ne suis pas capable, avec mes jambes d'être humain, de faire des pas de cinq mètres. Je suis d'emblée limité, et je le suis à tous points de vue.

C'est à tel point évident, que cela ne parvient même plus à notre conscience. Dans notre esprit, nous voyons des tas de choses illimitées, et la conscience que je suis limité, que je suis *en tant* qu'être limité, n'est pas claire précisément parce que c'est une pure et simple évidence. Je ne réalise pas que je suis tel que je suis aussi clairement que le ferait quelqu'un qui nous observerait de très haut, ainsi que nous regardons, par exemple, les fourmis, en remarquant immédiatement dans quelles limites elles peuvent se mouvoir. De plus, nous pouvons de nos jours réaliser tant de choses, que la conscience de la limite comme détermination première et suprême ne nous apparaît nullement de manière claire. Il n'est pas tout le temps clair pour moi que je ne peux pas accomplir quelque chose d'illimité.

2. Malgré cet état des choses, malgré le fait que je suis limité dans toutes les directions, *le milieu est un plus*, il est davantage que la somme de mes limites. Puisqu'il dépasse la totalité de mes limites, il est en quelque sorte la conscience de cette totalité. Je vis dans cette totalité en tant que totalité, non pas en tant que somme de mes limites, et c'est précisément ce que j'entends par « ma portée ». Ce qui signifie que la *nature* du milieu n'est pas concrètement physique, même si le milieu est concrètement physique. En tant qu'il constitue « ma portée », le milieu implique une nature modifiable et approximative. Chez les êtres humains, le milieu est mouvant, ses limites ne sont pas établies comme chez les animaux de Lorenz. Elles peuvent être changées, mon milieu tout entier peut changer, jusqu'à ma langue, qui peut elle aussi changer. Il en résulte que, même s'il existe une totalité inventoriable des choses qui forment mon milieu (la

totalité des objets dans la pièce où je me trouve), le milieu est quelque chose qui provient de la « tête », c'est une totalité d'ordre spirituel.

3. En tant que totalité de mes limites, *le milieu* est par ailleurs inscrit dans quelque chose de plus vaste, à savoir mes « horizons ». Car, pour être limité, le milieu est limité par rapport à quelque chose. Si le milieu constitue ma « portée », s'il est aussi grand que je puis m'étendre, cela signifie qu'il existe un au delà de ce que les choses sont pour moi. Dans cet au delà, on trouve les choses que, faute de pouvoir embrasser, je ne connais pas très bien, voire pas du tout. Il peut aussi n'y avoir qu'un vide. Mais ce que je sais très bien, c'est que mon milieu est inscrit dans un cercle qui le dépasse, et au sujet duquel je ne dois pas nécessairement être renseigné. Ce qui est important, c'est que je sois renseigné sur les choses de mon milieu immédiat, non pas au sujet de celles qui se trouvent au bout du monde, de l'univers, etc. Ce qui importe, c'est que je sache que mon milieu est situé à l'intérieur d'une sphère plus large, et rien de plus.

De quelle manière particulière y est-il inscrit ? Il y est toujours inscrit en tant que mon *propre* milieu. Le milieu appartient toujours à quelqu'un, est *propre* à quelqu'un. Il est vrai que dans chaque milieu il y a des choses concrètes qui s'interpénètrent, mais ce sont les choses concrètes de *mon* propre milieu. Ce fait est lui aussi compris dans les évidences qui sont ignorées du fait même qu'elles sont trop évidentes.

Ce caractère « propre » du milieu agit d'une manière étrange sur les objets que le milieu contient ; tout en se les *appropriant*, il les *estompe*. C'est ce que fait tout milieu en tant que milieu *propre* : il me libère des choses qu'il contient, tout en les reléguant dans le sous-entendu de leur existence, et ce faisant, il m'aide à préserver ma lucidité pour des choses nouvelles et importantes. Si je peux me concentrer sur autre chose, si je peux travailler dans mon bureau, c'est parce que les choses que je sais sont mises de côté et livrées à leur excessive familiarité. Lorsque je suis assis à mon bureau, je ne suis pas en dialogue avec la lampe sur la table, avec le papier sur lequel j'écris ou avec l'ordinateur dont je me sers pour mon travail. Le fait que je m'approprie totalement ce que je sais, ce qui fait partie du familier de mon milieu, n'enlève pas à ce dernier son existence, mais seulement son étrangeté.

4. Si le fait de connaître une chose signifie son affadissement, cela entraine que *le propre du milieu implique, en tant que terme opposé, l'étranger (l'autre que lui-même)*. C'est cela l'opposition : le propre et l'étranger. Est étranger tout ce qui n'est pas dans mon milieu, ce qui n'est pas connu, l'ailleurs. N'importe quoi peut, de ce point de vue, être étranger : un animal, une plante, un objet (une bouteille de coca-cola pour une tribu de la forêt tropicale), tout ce qui est *unheimlich*, non familier, puisque la concrétisation classique du milieu familier c'est, par excellence, la maison, le foyer, *das Heim*. Je construis ma maison pour pouvoir avoir mon milieu, pour pouvoir y être chez moi. Mais l'« être chez soi » vient avant la maison, avant le besoin d'avoir un milieu assuré. Ce n'est pas la maison qui crée un milieu, mais le besoin d'un milieu qui crée une maison. En tant que maison-abri, l'hôtel, par exemple, n'est pas mon milieu, c'est bien pourquoi je n'y suis pas chez moi. Eh bien, de même que « chez soi » est un ressenti, *ein Gefühl*, ce qui est étranger, l'étrange, est quelque chose de ressenti. Et si nous sommes attentifs, et que nous gardons encore un peu de fraîcheur, l'étranger et l'étrange apparaissent dans chaque rencontre avec une personne inconnue. Il y a quelque chose de *unheimlich*, d'inconfortable et donc d'étrange-déplaisant dans toute première rencontre. C'est que nous ressentons encore l'étrange, c'est-à-dire l'étrangeté de l'autre. Car, autrement, peu nombreux sont ceux qui ressentent encore l'étrangeté d'un chien – à quel point il nous est étranger – et encore moins nombreux sont ceux qui ressentent l'étrangeté d'une fleur ou d'un arbre.

Pour les intellectuels, il y a quelque chose d'étranger (et d'étrange) aussi dans chaque nouveau livre qu'on prend en main. Il peut cacher n'importe quoi, il est étranger au sens où il est habité par un esprit étranger, qui est tout autre que soi-même. Mais, je répète : cette étrangeté est quelque chose de ressenti, *ein Gefühl*, un sentiment qui ne vient pas du fait que j'ai peur d'un chien, ou du fait qu'une fleur est exceptionnellement belle. Plus encore, l'étrangeté peut également être ressentie devant une chose que j'ai vue de nombreuses fois, mais qui *m'apparaît* soudain seulement maintenant. Quelle est la différence entre une paire de souliers usés et les souliers de Van Gogh ? Ces derniers mettent en scène, pour ainsi dire, l'étrangeté que, dans le cas des autres souliers, nous n'avons jamais perçue. C'est seulement le tableau de Van Gogh qui me montre à quel point une paire de souliers peut nous être étrangère et, en tant que telle, étrange.

Ce que je voudrais souligner c'est que toute étrangeté se détermine par rapport à un propre, que nous continuerons à appeler « milieu », et inversement, tout milieu crée la possibilité de l'étranger. C'est en rapport au milieu, dans le rapport à ce « lieu » où se trouve le connu (le connu qui affadit) que surgit l'inconnu. Le connu qui affadit n'annule pas l'existence de la chose, mais elle ne la rend plus perceptible. Parce que nous nous sommes rencontrés des tas de fois et parce que nous nous connaissons désormais assez bien, nous ne nous percevons plus avec la vigueur avec laquelle nous percevrions une personne inconnue qui entrerait à l'improviste dans cette pièce. Dans notre milieu, qui est cette pièce, elle serait l'étranger par excellence. Mais je disais davantage en évoquant les souliers de Van Gogh : il existe un potentiel d'étrangeté en toute chose. Si l'on peut ôter le voile du trop bien connu de nos yeux, alors toute chose peut nous apparaître dans son étrangeté foncière, à la limite soi-même, si on se regarde dans la glace comme si on se voyait pour la première fois. C'est de ce pouvoir de pénétrer derrière le connu que naît la possibilité de redécouvrir une chose, un homme, un morceau de musique, un livre.

Il reste essentiel que l'étranger se détermine par rapport au propre — nous l'avons appelé « milieu » — et inversement, que le milieu crée la possibilité de l'étranger. Et ces deux termes se tiennent dans un parfait équilibre que nous remarquons lorsque nous réalisons qu'il y a, en égale mesure, un besoin de milieu et un besoin d'étranger, et que la prééminence de l'un sur l'autre mène à une sorte de désespoir. Lorsque le connu prédomine, c'est l'ennui qui apparaît ; lorsque l'étranger prédomine, on ressent l'estrangement. Nous avons tous éprouvé cet ennui vis-à-vis de notre maison, de toutes les choses que l'on connaît, de nos livres, de nos habits, etc., c'est-à-dire de toutes les choses dont le milieu nous comble en affadissant ce qu'il maintient fané à notre intention. Et l'estrangement, nous l'avons certainement vécu lorsque nous sommes allés à l'étranger, dans un endroit où tout, absolument tout, nous est étranger, par exemple au Nigeria. Et ce sont alors ces mêmes choses qui nous ennuyaient auparavant qui tout d'un coup viennent à nous manquer. Notre ville nous manque, notre maison, notre salle de bains, le fauteuil devant le bureau où nous travaillons. C'est de cet équilibre qu'il est question dans le livre de Kierkegaard, « Traité du désespoir » : le désespoir dans le fini et le désespoir dans l'infini. Et c'est encore de l'ennui qu'il est question dans un splendide cours de Heidegger, où l'ennui, *Langweile*, apparaît comme un gouffre, comme un précipice.

5. *Le milieu spatial n'est pas chaotique, mais ordonné, ou plutôt orienté.* Je sais très bien comment vont les choses dans mon milieu, tant au propre qu'au figuré. Chaque chose a un lieu dans l'espace, et en appariant les choses, je peux à tout instant trouver ou créer un ordre. Le chaotique et l'ordre ne sont pas, pour ainsi dire, objectifs. Le chaotique provient souvent de l'étrangeté d'un environnement, de même que l'ordre provient de notre familiarité avec lui. Aucun milieu n'est chaotique pour celui qui y vit. Sur ce bureau, pourtant encombré de livres, de papiers, de notes, etc., il y a, pour celui qui y travaille, un ordre parfait, alors que pour la personne qui fait le ménage il paraît dans un total désordre. Tout désordre apparent peut être apprivoisé. En supposant qu'il y ait du désordre dans cette pièce, il suffit que j'y reste un peu plus longtemps, et que je commence à m'habituer aux

choses, et je commence à distinguer, dans le désordre qui m'a frappé au début, l'ordre que celui qui habite ici a imprimé aux choses. Peu à peu, je pénètre moi-même dans ce milieu et je me l'approprie. En revanche, là où je reste un moment et où je demeure étranger, j'ai l'impression que tout est chaotique. Une pièce parfaitement rangée peut rester pour moi complètement étrangère parce que, pour on ne sait quelle raison, je ne peux pas me l'approprier spirituellement.

6. *L'orientation se fonde sur le schéma centre et alentours*, à savoir sur moi et le milieu. Il serait en l'occurrence plus approprié de dire : c'est le « moi et mon milieu » qui fonde le schéma « centre et alentours » (ou « alentours ordonnés »). Je me trouve toujours dans un milieu parce que je suis toujours « en dehors » : je vois, j'entends, je fais un pas... Le schéma « moi-milieu » est fondamental, et il reproduit au fond le schéma tellement simple du cosmos. Dans la signification grecque, le cosmos est ce qui possède un centre et qui, pour cette même raison, dispose d'alentours bien ordonnés. C'est un *monde*. Ce même schéma fonctionne également, avec toute l'ampleur et la profondeur de l'expérience vécue, dans l'analyse de « l'être au monde » (*In-der-Welt-sein*) de Heidegger, en particulier sous la forme du *Worum-willen* (le « en-vue-de-quoi » (trad. Martineau). A travers cela, je veux uniquement montrer que ces idées philosophiques de grande ampleur partent d'une réalité immédiate extrêmement simple. Il suffit de penser un tant soit peu l'immédiat pour tomber sur les grandes solutions philosophiques.

le milieu temporel

Le bon sens nous dit que le milieu temporel, c'est l'époque où nous vivons. Ce qui, il faut bien le reconnaître, est plutôt vague. Si « l'époque » signifie le siècle, par exemple, alors l'intervalle de temps est trop large et sa mesure trop arithmétique. Et s'il s'agit de moins de temps, ce serait combien, le minimum de temps à considérer ? La langue désigne cette courte respiration de temps par l'expression

« du jour au lendemain ». En fait, il est même impossible de ne pas vivre du jour au lendemain. Chacun d'entre nous sait ce qu'il a l'intention de faire aujourd'hui, et ce qu'il se propose de faire demain. J'ai toujours un programme, même si ce programme c'est de paresser. Je suis, pour le dire autrement, toujours occupé.

Seulement, il s'agit là de ce que je fais de mon temps. Lorsque nous discutons du milieu temporel, il s'agit de ce que le temps fait de nous.

1. La première chose qu'il faut mentionner, c'est que l'homme vit dans la *contemporanéité*, et qu'il ne peut faire autrement qu'en forçant la réalité. La contemporanéité c'est le milieu social du point de vue temporel, mais elle n'est pas identique à la synchronicité. Je ne peux vivre sans qu'il y ait une contemporanéité, mais je peux très bien *ne pas* vivre dans la contemporanéité dans le sens de la sychronicité. Les enfants, par exemple, ne sont pas encore contemporains de la contemporanéité, et les personnes âgées ont cessé de l'être.

Arrêtons-nous un instant au cas des vieilles gens. Elles prennent en elles, et elles portent avec elles une certaine contemporanéité, celle de leur jeune âge ou de leur maturité. Elles gardent cette contemporanéité au plus profond de leur âme jusqu'à leur mort : les artistes célèbres de leur temps, la musique d'alors, les plats et tout ce qui relève de l'expression « C'était de mon temps! ». Il en résulte que la contemporanéité est elle aussi un sentiment, un *Gefühl*. Au-delà du synchronisme pur, il y a une trame inconnue entre soi et le temps où l'on a vécu pleinement, imprégnée de ce qui caractérisait ce temps-là, comparativement au temps qui lui a immédiatement suivi. Les Grecs ne traitaient pas les biographies en se référant à l'année de la naissance et celle de la mort, mais à l'*akmê*, ce qui signifiait, « le point culminant », la maturité de quelqu'un, lorsque la personne atteignait la plénitude de son être, la meilleure période de sa vie. Nous ne savons pas très bien comment se tissent ces liens affectifs entre soi et la période de pointe de notre vie, que nous ressentons par la suite comme la contemporanéité.

Bien entendu, on peut me rétorquer, même indifféremment de ce *Gefühl* et de cet anachronisme que suppose la vieillesse, nous vivons tous en contemporanéité : nous allumons la radio et nous écoutons les nouvelles, nous regardons la télévision, nous entendons ce que disent les uns et les autres, nous regardons les mêmes films, nous lisons les livres qui paraissent, nous discutons... Mais dans quelle mesure ces choses deviennent-elles chez nous tous « tissage », dans quelle mesure tout ceci se greffe-t-il dans mon être pour y être métabolisé ? Chez une personne âgée, tout ceci semble pâle en comparaison aux choses similaires qu'elle a vécues dans sa maturité, et qui se sont inscrites en elle avec une grande vivacité. Elle voit un danseur célèbre d'aujourd'hui et elle est convaincue en réalité qu'il n'y a plus, et qu'il ne peut plus jamais y avoir un danseur comme Fred Astaire. Elle voit Richard Gere et elle s'exclame : « Quel bel homme c'était, Gary Cooper! » ; elle regarde un défilé de mode et elle évoque avec nostalgie les habits « de son temps ». Elle est, bien sûr, contemporaine des autres, mais seulement en apparence. Dans la réalité, elle est là-bas, dans « son temps », à longueur de temps.

Pour cette raison, les contemporains, ce ne sont pas tous ceux qui ont vécu en même temps, mais ceux qui ont partagé un certain milieu temporel : une histoire, des mœurs, des moyens techniques, la mode, les préjugés culturels. Et tout ceci s'est inscrit dans leur cœur, cela a été co-vécu. Et lorsque tout cela change — *hélas* [1], tout change! — elles ne se sentent plus chez elles. Tout ce qui a changé, a changé pour elles en mal, et elles sont demeurées étrangères par rapport à l'évolution du milieu temporel. Les Allemands ont un bon verbe : *mitmachen*, faire une chose ensemble, participer à sa naissance. Eh bien, les vieux « ne font plus ensemble » (*mitmachen*), ils ne prêtent plus l'épaule. « *Er macht das nicht mehr mit* ». « Je l'ai perdu en route », il n'est plus, affectivement et pratiquement, à mes côtés. (Je parle bien

---

1. En français dans le texte original. [N.d.T.]

entendu, en général, des cas les plus simples et habituels. Cela ne veut pas dire qu'il n'y ait pas de gens âgés on ne peut plus contemporains. Dinu Noïca, par exemple, est un contemporain sans faire semblant, de manière authentique). Ce *nicht mehr mitmachen* prend parfois des formes insurrectionnelles, cela devient une protestation, un refus, une forme délibérée de non participation aux événements. De ce fait, les vieux sont les étrangers du monde où nous vivons d'un point de vue temporel. Ils ne vivent dans ce monde que *de facto*, car du point de vue de leur âme, ce monde leur est étranger.

Il nous arrive parfois de parcourir des revues illustrées d'il y a soixante ans. Ce qui nous frappe, c'est non seulement le fait que le monde d'alors soit différent du nôtre, mais que, dans une certaine mesure, il soit ridicule. Il y a toujours quelque chose de drôle dans le passé proche. Ce mélange de tragique et de comique saute aux yeux lorsque nous rencontrons dans la rue, par hasard, des vieux inconnus. Ils sont restés dans le monde d'aujourd'hui tel des *revenants* [1], comme des fantômes. La contemporanéité donne, donc, une certaine supériorité à celui qui sait ce qui « se fait » : ce qui est à la mode, ce qui se dit, ce qui se sait, ce qui se fait et ce qui ne se fait pas, ce qui est chic et ce qui ne l'est pas. C'est la supériorité de l'*up to date*. Et cette supériorité de celui qui est « à jour » est beaucoup plus visible de nos jours, précisément parce que les changements sont plus rapides. L'idée de progrès introduit également une obsession de la contemporanéité. Cette dernière n'est plus un point qui sépare le passé de l'avenir, mais un « maintenant » devenu absolu par rapport au passé. Ce qui est passé est *ipso facto* dépassé, vieillot, tout ce qui est contemporain devient le lieu du jugement « dernier ». Car en étant contemporain, on est à même de porter des jugements sur le passé. Je veux dire que le passé en vient à dépendre du présent par sa simple position temporelle. De tels jugements commencent habituellement

1. En français dans le texte original. [N.d.T.]

de la sorte : « Aujourd'hui cela ne se fait plus de… », et ils expriment toute l'arrogance d'être contemporain. Ce n'est pas la logique, mais la position temporelle qui est désormais décisive. Nous sommes arrivés, de nos jours, à une sorte de domination sur la ligne du temps, où ce qui est nouveau ou qui paraît tel est supérieur du fait même que c'est nouveau. Ce « nouveau » est hissé au rang de symbole du futur, et, de la sorte, rehaussé dans son rang temporel. De manière symétrique, tout ce qui est passé devient vétuste. Bien entendu, il y a, dans cette manière d'apprécier, une naïveté logique. Si aujourd'hui ce qui a été hier est vétuste, alors demain sera vétuste ce qui aujourd'hui est supérieur, et ainsi de suite. Dès lors, plus rien n'a de sens. Comment sortir de ce provincialisme de la contemporanéité ? La solution la plus sûre c'est de connaître les penseurs du passé. Pourquoi ? Parce que c'est uniquement en ayant leur conscience que nous pouvons remettre la contemporanéité à sa place : celle de point limite de hasard dans une *évolution* dont nous devons être contemporains. Nous sommes contemporains si nous avons la culture d'aujourd'hui non pas à travers ce qui existe aujourd'hui, mais à travers tout le déroulement où « aujourd'hui » est un événement qui nous concerne. Le plus difficile c'est de surprendre le progrès là où il n'est pas seulement quantitatif.

Prenons l'exemple de l'ordinateur. La machine à calculer de la première génération d'ordinateurs était énorme et lente. Elle était vétuste. Aucun doute qu'elle est dépassée par les ordinateurs d'aujourd'hui, qui tiennent sur une seule table, qui peuvent réaliser beaucoup plus d'opération et qui sont plus faciles à manier. Tout ce que je viens d'énumérer, ce sont des aspects quantitatifs. Dans le cas de l'ordinateur, c'est tout à fait clair, le progrès est quantitatif. Il reste à savoir – et je n'ai pas connaissance que cela ait été démontré – que pour les choses sur lesquelles on ne peut pas porter d'appréciation quantitative cette force de la temporalité (la supériorité du nouveau) doit œuvrer sans aucun autre critère. Je voudrais vous faire saisir à tous le pouvoir de cette temporalité, ou, plus exactement, la supériorité que ressent celui qui vit en contemporanéité. Ici, en contemporanéité, il semble que ce soit le nombril du monde, ou encore, son point culminant. Puisque c'est ressenti, il ne s'agit pas de quelque chose d'objectif, mais de subjectif. Tous ceux qui vivent pleinement la contemporanéité ont cette tendance à confisquer le temps. Ils ont tous le sentiment que là, quelque chose atteint son point culminant. Hegel (*der absolute Geist*), Auguste Comte, ou Nietzsche n'y ont pas échappé. Pour chacun d'entre nous, le sentiment parfaitement légitime que nous appartenons au plus près au monde, que nous sommes les derniers dans le temps, peut se transformer dans un sentiment moins légitime, voire pas légitime du tout, qu'à travers nous le monde s'accomplit, ou tout au moins, qu'il entre là dans une phase décisive. A la base de ce sentiment (illégitime) il y a le raisonnement suivant : si nous, en sachant tout ce que nos prédécesseurs ont pensé et ont fait, nous faisons autre chose, alors cet « autre chose » est *ipso facto* supérieur à ce qui a existé auparavant, puisqu'on ne peut pas sciemment faire quelque chose de moins bon. Il se crée ainsi une *confusion* entre « nouveau », d'une part, et « supérieur » ou « avancé » de l'autre, si l'on entend par confusion une identification injustifiée. La temporalité moderne − et nous allons voir comment elle est née − fait en sorte que le nouveau acquiert une valeur intrinsèque. Le nouveau se constitue alors en tant que nouveauté, il se proclame comme tel et, conscient de sa valeur temporelle, il s'affirme lui-même comme négation du passé. Le terme « moderne » est vieux de plus d'un millénaire, de même que l'opposition « moderne-ancien », à ceci près que dans cette opposition, l'accent n'était pas mis sur la temporalité.

2. Puisque le terme « moderne » est devenu trop vague, l'opposition « moderne-ancien » a été aujourd'hui remplacée par *le conflit entre les générations*. L'opposition sur laquelle se constitue la psychologie des générations peut être résumée par l'expression « autre chose que ». Ainsi, les beatniks étaient « autre chose » que des enfants de bonne famille. Tout ce qu'ils faisaient, c'était par opposition à ce

qu'on leur avait dit quand ils étaient petits. « Va te laver les mains! Va prendre une douche! » – et ils ne se lavaient plus. « Fais couper tes cheveux! Qu'est-ce que ces cheveux longs ? » – et ils ne se faisaient plus couper les cheveux. « Dis à ta femme de te repasser le pantalon » – et ils ne repassaient plus leurs pantalons, etc. Une recherche a montré que tous ces beatniks, y compris ceux qui ont fait du raffut sur les campus universitaires se sont rangés, ont pris des emplois dans des entreprises sérieuses, sont devenus des pères de famille convaincus qui faisaient couper leurs cheveux, faisaient repasser leurs pantalons, etc.

Le conflit entre les générations semble occulter l'engagement dans le milieu temporel, en laissant entendre que l'opposition est l'une des solidarités de groupe créées autour d'idéaux, de croyances, de points de vue ou de comportements, ce qui implique des problèmes de « goût » moins que des problèmes d'époque. Mais il n'en est rien. La génération se fixe toujours dans un temps donné, et elle fait date. Auparavant, il y avait *la querelle des Anciens et des Modernes* [1]; il y avait d'un côté les anciens, qui continuaient de soutenir le traditionalisme, et les modernes de l'autre. Par la suite, les générations se sont imposées : la génération quarante-huitarde (d'après une date, 1848), et, en France, au XXe siècle, la génération « soixante-huitarde », la génération qui, au printemps de l'année 1968, a lancé des pavés sur les policiers. Chez nous, en littérature, d'après ce que j'ai pu remarquer dans les magazines que je lis, chaque décennie a désormais sa génération.

3. A l'instar de ce qui se passe dans le milieu spatial qui nous est propre, la vie se déroule de manière prévisible au sein du milieu temporel où nous vivons. Autrement dit, nous vivons dans une certaine sécurité temporelle. Mais là encore, dans le milieu temporel comme dans le milieu spatial, l'élément étranger peut surgir :

---

1. En français dans le texte original. [N.d.T.]

l'événement, le hasard. Un proverbe bien connu dit qu' « une heure peut apporter bien plus qu'une année ». L'événement explose littéralement sur le fond du milieu temporel. Mais la part d'événement, de hasard, est dictée par le degré de solidité du milieu temporel. Dans un milieu temporel traditionnel, archaïque, toute violence fait événement. On discute d'une bagarre des semaines durant, tandis qu'à New York elle passe inaperçue.

Ainsi, lorsque le milieu temporel est bien « resserré » et que les choses ne font que se répéter, l'événement ne peut guère se produire : l'endroit où rien n'est arrivé (voir le roman de Sadoveanu). Dans un tel monde réitératif, tout ce qui déroge à la répétition survient brusquement, ressemble à une explosion et prend des proportions gigantesques. Alors que dans notre monde, il faut que les humains aillent sur la Lune pour qu'il advienne un événement de proportions comparables à la bagarre survenue dans un petit village où les voisins en sont venus à se poignarder. Tout dépend de la solidité du milieu temporel. A New York, cela arrive constamment. Il y a tout le temps des choses nouvelles, rien n'est prévisible comme c'est le cas dans une petite communauté, telle qu'il en existe, par exemple, en province. Imaginez dans quel milieu temporel solide pouvaient vivre les citoyens de Königsberg lorsqu'ils voyaient Kant déambuler jour après jour à la même heure.

Compte tenu de la manière dont il survient, l'événement est une sorte d'*ouverture du temps*, ou plutôt, du milieu temporel. Ce temps qui, dans le milieu temporel, coule de manière régulière, répétitive et bien familière, est interrompu par l'irruption de l'événement. Le temps ouvert de la sorte acquiert une autre dimension – verticale, au lieu d'horizontale – pour transformer le présent en quelque chose d'écrasant. Non seulement dans le sens d'une intensification de l'instant présent, mais aussi dans celui de la béance du temps vers ce que le temporel peut avoir de terrifiant. Surgit le sentiment que *tout* peut arriver. L'événement est au même degré « *unheimlich* », « étrange-terrifiant », que l'étranger dans le milieu spatial. La structure temporelle dans laquelle je vis habituellement, celle que je connais très bien, où les choses sont prévisibles, où je peux faire des plans et des programmes et où tout fonctionne comme il faut, me donne l'habitude d'une figure tendre et bienveillante du temps. Ce visage du temps nous le connaissons fort bien, nous, qui avons vécu en province. Lorsque survient l'événement, le visage du temps change, il prend une tout autre dimension, jusqu'alors insoupçonnable. Il apparaît dans notre vie sous une tout autre forme, totalement inconnue : sous la forme de l'extra-ordinaire, du complètement-inhabituel.

Ici se termine mon discours sur les « crasses banalités métaphysiques ». J'ai voulu montrer que nous sommes pris dans un milieu spatio-temporel exactement comme on l'est dans un *piège*. Ce qui veut dire que nos actions ne sont pas seulement limitées, mais aussi qu'elles nous limitent. Le milieu, c'est peut-être justement ce retour de notre limitation foncière sur nous-mêmes, retour qui se solde par la clôture de notre vie entre des limites qui ne sont pas d'ordre physique-naturel, mais d'ordre spirituel. J'ai tenu à ce que l'on comprenne un tant soit peu que la philosophie n'est pas quelque chose qui traite du problème de l'infini dans les paralogismes de la raison pure de Kant. Certes, non ! Il s'agit d'une chose d'ici, dans l'immédiat. Autrement dit, la « limite » de Monsieur Liiceanu n'est pas une question de pératologie. Elle se doit d'être pensée *hic et nunc*. C'est précisément pourquoi nous ne pouvons pas vivre sans faire de philosophie. D'une certaine manière, nous pouvons vivre sans penser l'infini, mais nous ne pouvons pas vivre sans penser le piège où nous sommes pris. Et ceci pour la simple raison que nous vivons dedans. La philosophie c'est la pensée du piège où nous vivons. J'admets, bien entendu, qu'il y a, de ce piège, maintes issues, évasions, parmi lesquelles les principales en sont la religion, la philosophie, la science et l'art. Dans le cas de la philosophie, l'évasion de ce piège se fait dans l'exacte mesure où nous voulons en savoir plus à son égard. Nous pouvons, bien évidemment, vivre dans ce piège en nous contentant de ce que l'on « nous donne » de la chaleur et de la nourriture, c'est-à-dire sans aucun besoin de la philosophie. Mais pour moi, ce n'est pas une vie que je puisse choisir. Non! Je veux être au clair avec *mon* monde. C'est cela, faire de la philosophie.

Je voudrais que nous parlions de ce qui arrive à l'espèce humaine lorsqu'elle perd la mesure. Je voudrais que nous parlions, en fait, de la fluidification extrême du temps (mais seulement à la fin). Il sera question aussi, d'une manière particulière, de la démesure. Je placerai notre rencontre sous le signe de la maxime de La Rochefoucauld : *Qui trop embrasse, mal étreint*, que je traduirais ainsi : « Celui qui veut obtenir trop, n'obtient que ce qu'il a désiré ».

Une tradition multimillénaire nous apprend que l'homme, en particulier grâce à son « âme », à sa part d'intellect, est un couronnement de la nature et, de ce fait, participe de la divinité – s'il n'est pas carrément divin – puisque la divinité a créé le monde *à son intention*. Tout au long des millénaires, il y a, au fondement des croyances religieuses, des philosophies et des morales occidentales (mais pas seulement), depuis les orphiques et jusqu'aux pythagoriciens, en passant par Platon, Aristote et les penseurs du Moyen Age, et pour finir, Bacon ou Descartes – cette idée, que sous-tend un schéma triparti de concepts « divinité-âme-corps ». Nous savons très bien que chez Platon et Aristote (chez Platon surtout), la participation au divin était une ascension *ouverte* et que, en vertu de la ressemblance, de son statut de copie (*eikon*), l'être humain tend vers une identification avec la divinité, à jamais irréalisable. Chez Aristote (dans *De Anima*) cela se présente, à peu de choses près, de la même manière.

Le christianisme affirme même que l'homme est davantage qu'un couronnement de la Création, qu'un sommet de la nature ; il est le maître des choses terrestres. Dans la *Genèse* (1,26), il est dit : « Dieu dit : Faisons l'homme à notre image, selon notre ressemblance, et qu'il domine sur les poissons de la mer, sur les oiseaux du ciel, sur les bestiaux, sur tous les bêtes sauvages et sur toutes les reptiles qui rampent sur la terre » [1]. Et, en 1, 28 : « Dieu les bénit [Adam et Eve] et Dieu leur dit : Fructifiez et multipliez-vous, remplissez la terre et soumettez-la ; dominez sur les poissons de la mer, sur les oiseaux du ciel, et sur tout être vivant qui rampe sur la terre ». La thématique de l'homme en tant que maître de la terre revient explicitement chez Saint Anselme et à l'Ecole de Chartres sous la forme de l'assertion que l'homme a toujours été prévu dans le plan du Créateur et que le monde a été créé à son intention. (Il est vrai qu'il y a également des auteurs chrétiens qui soutiennent l'opinion contraire. Saint Grégoire reprend, à partir d'une autre tradition chrétienne, l'idée que l'homme est un accident de la Création, un *Ersatz*, un *bouche-trou* [2], créé par Dieu *ad hoc*, pour remplacer les anges déchus après la révolte). Jean Calvin, dans *Institutio religionis christianae* dit que la terre nous a été donnée par Dieu pour notre usage, qu'elle représente un « bien » confié à nous dont, en tant que tel, « il faudra un jour rendre compte ». Enfin, la thématique de l' « homme maître » apparaît chez Francis Bacon, dans le *Nouvel Organon*, I, 1, où l'homme est qualifié d'« administrateur et interprète de la nature » (*naturae minister et interpres*).

Il résulte de tout ceci que l'homme se rapporte, depuis qu'il existe, à trois entités : 1) à Dieu, en tant que *soumis* ; 2) à la nature, en tant que *maître* ; 3) à ses semblables, en tant que leur *égal*. Dans ce modèle, l'homme semble un intermédiaire, mais en fait, il se comporte comme s'il était central. D'une part, ce cadre est fabriqué par lui, il est de son propre cru. D'autre part, non seulement lui, l'homme, est maître de la nature, mais finit par soutenir que c'est lui, l'homme, qui crée la divinité, et qu'à ce titre, c'est encore lui qui peut la tuer.

---

1. *La Bible*, Trad. Osty, Paris, Le Seuil, 1973, p. 36-37.
2. En français dans le texte original. [N.d.T.]

le rapport à la nature

Nous allons commencer, en gardant à l'esprit ce modèle, par *le rapport de l'homme à la nature* ; nous allons distinguer, dans cette dimension, *trois strates de culture* dans l'histoire de l'humanité.

1. Ce qui est dit dans le *Genèse* s'est réalisé : l'homme a cultivé, a domestiqué, a maîtrisé. Sa maîtrise s'est manifestée initialement dans le domaine de la satisfaction de ses besoins, à partir d'une connaissance établie de manière pragmatique : je sais quand arrive l'animal pour pouvoir le chasser, je connais la période de crue du Nil, etc. Au départ, par ce type de connaissance, on parvient à coordonner et à maîtriser.

Seulement, ce type de connaissance est assorti d'un labeur constant. Fatalement, le besoin se fait jour que quelqu'un reprenne à son compte la part de labeur de cette manière de maîtriser. Devenir véritablement maître, cela suppose le besoin d'esclaves. L'esclave, c'est celui qui supprime le labeur et qui procure au maître l'*otium*, le répit, le temps qu'il peut utiliser librement, détaché de toute forme de labeur.

2. A travers l'*otium*, apparaît la deuxième strate de culture. L'homme devient libre, ou, plutôt, il est libéré à travers l'existence des esclaves. De la sorte, la culture de la liberté se fait jour et, avec elle, la poésie, la musique, la philosophie, etc. La culture, dans notre acception, repose sur ce niveau de liberté. Bien sûr, l'existence dépend de la première strate et pourtant, elle semble in-dépendante. Cette indépendance occulte la première strate de culture et la fait considérer comme inférieure. La vie et la culture de la première strate sont déconsidérées en même temps que s'affirme la supériorité de la deuxième strate. Ceci ne change pas grand-chose, au demeurant. La culture de l'homme libre, propre à cette strate de culture, est encore directement dépendante d'une autre forme de maîtrise, précisément parce qu'elle libère du labeur, et qui est différente de la maîtrise étayée pragmatiquement : la maîtrise sur les esclaves, c'est-à-dire, la

maîtrise sur d'autres hommes, des hommes privés de tout droit juridique, « des hommes instruments », et considérés comme tels encore par Aristote. La haute culture athénienne a été possible, politiquement et économiquement, grâce à l'existence des esclaves, qui n'entraient pas dans la « culture » spirituelle mais qui résolvaient, pour ceux qui y entraient, le problème de l' « indépendance » basée sur une dépendance préalable. La démocratie athénienne, c'était essentiellement une démocratie de maîtres d'esclaves.

Avec cette deuxième strate de culture apparaît le problème de l'intellectuel comme créateur et comme *parasite*. Bien sûr, pour ce que nous en disons ici, au sujet des strates de culture, ce point de vue est « historique ». Nous pourrions cependant nous demander, en termes logiques, métaphysiques ou para-historiques, si l'intellect lui-même, par nature, n'est pas parasitaire. La simple intentionnalité n'impliquerait-elle pas le parasitisme ? Penser « sur » ne signifierait-il pas aussi, penser « au-dessus de » ? Tout retrait du circuit pragmatique n'est-il pas du parasitisme ? Et l'*otium*, cette retraite distante nécessaire au philosophe, ne lui assigne-t-il pas la place du parasite ? Etymologiquement, le parasite (*para-sitos*) était celui qui (en grec, évidemment) consommait sa nourriture à côté (*para*) d'un autre. *Parasiteo* signifie « manger à côté de quelqu'un ou chez quelqu'un d'autre ». Le terme était employé surtout pour les repas commun au Prytanée, à la suite de quoi « parasite » s'est spécialisé pour désigner une sorte de prêtre adjoint qui participait au repas, un convive. Dans la modernité, le mot revient par la filière française. Au début du XVIe siècle, *le parasite* était celui qui « *fait métier de divertir un riche* »[1]. Si nous revenons maintenant à notre problème, il nous faut nous demander si l'homme, par son intellect, serait plutôt un *luxe* de la nature, ou un parasite ? Autrement dit :

---

1. En français dans le texte original. [N.d.T.]

qu'est-ce que Dieu a visé à travers nous ? A-t-il voulu que l'homme soit un couronnement de la nature, ou un parasite ?

Nous pouvons aussi bien épargner à l'homme ce qualificatif (péjoratif) pour considérer que, aussi longtemps que l'intellect (et l'intellectuel) ne nuit pas à la chose qu'il parasite (l'intellect ne cause pas de dommage à la chose « sur » laquelle il pense, pas plus que l'intentionnalité n'en cause à la chose visée), il n'est pas tout à fait un parasite. Dès lors, la question serait de savoir si, dans son histoire, l'intellect n'a pas fini par nuire au parasité et, de ce fait, devenir un parasite. Une telle chose est-elle arrivée ? Et si oui, à quel moment ? La réponse serait que c'est au moment où la culture (de l'intellect) devient science, et que la science devient technique, que l'intellect (et l'intellectuel en tant que scientifique) devient parasite. Et, dans cette posture, il ne se contente pas de nuire, il en devient dévastateur. Nous arrivons ainsi à la troisième strate de la culture.

3. La troisième strate de culture c'est la culture moderne. Elle devient possible grâce à la technique, qui transforme la première strate en « culture de consommation » et confère à la deuxième strate des dimensions énormes. Seulement maintenant, la maîtrise de la nature devient *totale*. Nous exploitons *tout* et nous le faisons de telle sorte, que la nature cesse d'exister en quelque sorte, puisqu'elle en est intégralement transformée. Si je regarde autour à ce que fait l'homme, j'ai toutes les raisons de m'affoler. Il ne parasite pas innocemment la nature, il en extorque – pour soi – toutes les richesses, il en modifie le paysage, en l'enlaidissant, il pollue, il détruit les espèces vivantes, enfin! Il fait tout ce que la technique lui permet de faire. En agissant ainsi, il ne tient compte de rien, ni même de lui-même, parce qu'il ne se demande même pas ce qu'il lui arrive, à lui, l'homme, dans tout ça. Il se contente de « progresser ». De ce point de vue, l'homme parasite. Mais il parasite en fait depuis des millénaires, puisqu'il est une bête de proie. Et il n'est pas le seul, vous me direz. Il y a tous les animaux hétérotrophes par essence. Et qu'est-ce qu'on peut faire ? Nous révolter contre l'hétérotrophie ? Contre l'ordre du monde tel

qu'il est ? L'hétérotrophie est une donnée. Et elle créé une *dépen-dance*. Tant les animaux, que nous, les hommes, nous sommes dépendants, pour nous nourrir, des plantes et des autres animaux. Seulement, l'homme a transformé cette dépendance à travers *sa maîtrise* (une dépendance relativement assurée, *cf.* première strate), c'est-à-dire, par la culture. La culture, au sens étymologique (*colo, cultum*) signifiait la culture des plantes (l'agriculture) et la domestication des animaux (la zootechnie). Mais une fois gagnée, elle a occulté la dépendance sous-jacente (basée sur la maîtrise et la fourniture assurée) et elle s'est transformée dans l'autre acception de la culture, celle de manifestation de l'homme libre spirituellement. Et cette culture à son tour a occulté sa dépendance par rapport à la culture entendue comme agriculture et élevage et, de la même manière que la culture première se manifestait comme une supériorité par rapport à l'hétérotrophie primitive, la deuxième culture à son tour s'est manifestée et s'est comprise elle-même sous le signe de la supériorité par rapport à la culture du « cultiver ». Et lorsque cette culture, qui a cessé d'être une culture de la terre, a pris la forme de la science, et, implicitement, celle de la technique, l'hétérotrophie a atteint une dimension que toutes les espèces hétérotrophes réunies, dans toute leur histoire, ne sauraient égaler. Elle devient dévastatrice.

Je ne veux pas ici moraliser ni prêcher des retours impossibles. Je ne fais pas l'éloge de la barbarie, ni du « bon sauvage », et je ne condamne pas non plus l'intellect et la science. Mais je ne peux m'empêcher de me demander ce qui se passe avec nous, de tenter de comprendre ce que Dieu a voulu faire de nous (couronnement de la nature ? ou ses destructeurs ?), de même que je ne puis m'empêcher de simplement décrire le mouvement de l'animal hétérotrophe qui nous a menés, dans notre rapport à la nature, là où nous nous trouvons aujourd'hui. Avec la troisième strate de la culture, apparaît l'antagonisme entre l'horizon *ouvert* et *infini* de la science (le progrès), et la nature comme une donnée *limitée*.

le rapport aux semblables

C'est depuis deux ou trois mille ans que l'on fait la distinction entre le corps et l'âme, et à l'intérieur de l'âme, l'intellect est désigné comme sa partie supérieure. Socrate menait un *dialogue*, il parlait d'homme à homme, et avec *un seul* homme à la fois. Que visait Socrate dans ce dialogue ? Il souhaitait trouver un *lieu* qui contint les deux interlocuteurs, et où les deux pouvaient trouver un accord. Ce lieu où les deux interlocuteurs se rencontraient et qui les dépassait tout en les contenant, c'est le *logos*. Dans la mesure où les hommes étaient capables de dialogue, chacun d'entre eux pouvait atteindre le logos. Le logos était reproductible, il se manifestait de nouveau avec chaque aspiration de deux partenaires de dialogue à entrer en harmonie, à trouver un point de vue commun, un point de vue qui, au départ, n'appartenait ni à l'un ni à l'autre.

Passons sur deux mille ans pour arriver à Descartes : le bon sens est la chose du monde la mieux partagée *parmi les hommes*. L'idée que le logos est un lieu *général de l'humain* apparaît ici explicitement. Ce général-humain est la donnée essentielle de la raison, et ce n'est qu'en partant de la raison et uniquement de la raison qu'il est possible de parler d'un général-humain. C'est précisément parce que la raison est générique pour l'humain que n'importe qui accepte le 2 fois 2 font 4. Il n'y a aucun doute que $2 \times 2 = 4$. Le logos devient ainsi, pour les modernes, la fraternité naturelle des êtres humains où qu'ils soient. De là il n'y a qu'un pas pour dire que, puisque la raison est également partagée (c'est-à-dire qu'elle fonctionne de la même manière pour tous), les êtres humains sont tous égaux.

le rapport au divin

Ce rapport concerne à la fois les mythes, les religions primitives et les autres. La religion est une question de croyance. Mais lorsque nous affirmons cela, nous le faisons depuis les positions du christianisme, qui accepte qu'il y ait la possibilité de ne pas croire. Dans une tribu il n'en est pas ainsi, tout le monde croit spontanément. En revanche, si l'on met l'accent sur la croyance – on sépare : il y a des hommes qui croient, et d'autres qui ne croient pas. Le christianisme est probablement la seule grande religion où apparaît la problématisation de la croyance, la seule aussi qui est préparée à soutenir l'attaque de l'incroyance, la seule où l'athéisme en tant que contestation de la croyance puisse apparaître du dedans. Aucune autre religion ne laisse apparaître l'agression de l'incroyance comme dé-christianisation. Car, quelle serait cette autre religion où l'on puisse dire « nous n'avons pas besoin de l'hypothèse de Dieu », ou « Dieu est mort » ? L'incroyance, lorsqu'elle apparaît, laisse un énorme vide dans la population. Et ce vide, il a une forme spécifique, il porte un nom : c'est *le pessimisme*. Le mot *pessimisme* apparaît en 1759 chez Voltaire, dans *Candide*, alors que le terme *pessimiste* n'est introduit en français qu'en 1789.

Je voudrais maintenant revenir au rapport de l'homme à la nature. La manière dont l'homme se rapporte à la nature en tant que maître, en considérant la nature comme *Bestand*, comme quelque chose qui est à disposition pour être exploré, donne lieu, en réaction, à *l'écologie*. Le défaut de l'écologie c'est qu'elle s'attaque à chaque fois aux effets, non à la cause. L'écologie naît autour d'un conflit où la technique est chaque fois mise en cause. Le conflit principal, c'est en réalité celui entre la technique et la nature, ressenti soit en tant que conflit entre la forme et la matière (la technique trans-forme la nature), entre l'action et la « passion » (dans le sens de « subir ») ; la nature est le *statu quo* qui subit en permanence l'action de la technique. Ou bien, la nature est l'identité, le terme identique, ce qui est égal à soi-même, tandis que la technique, c'est le progrès, le changement. Parce qu'elle est égale à elle-même, la nature impose au progrès d'être épuisable, de se conformer finalement aux limites de la nature.

Si la nature avait été infinie, l'écologie n'aurait pas existé. Or, l'écologie mise à juste titre sur le caractère épuisable de la nature.

Ainsi donc, le caractère épuisable de la nature est à mettre en face du caractère inépuisable du progrès. Ce caractère inépuisable se manifeste dans le fait que le progrès est irréversible, qu'il va de soi, qu'il ne peut pas être arrêté. Il peut être détruit par des cataclysmes, mais par essence, il est irréversible et irrépressible. Malheureusement, ce caractère irréversible du progrès va de pair avec l'irréversibilité de la transformation de la nature : une fois détruit un paysage, il le reste, parce que la nature est fermée en elle-même, est une *donnée*. L'homme ne peut pas *recréer* la nature.

Mais l'irréversibilité, cela signifie du *temps*. L'homme moderne vit dans le temps parce qu'il se conçoit dans le progrès, il se conçoit en train de progresser. Chaque chose qui arrive sur ce parcours est « posée », est *gesestzt*, est *placée* à l'endroit où elle est advenue, et là, elle peut être regardée par moi en arrière, en tant que ce qui a été placé (*das Gesetzte*), et que je peux analyser et critiquer. Cela devient datable et daté, ce qui veut dire, relativisé temporellement. C'est parce que le progrès fonctionne à travers ce « placement » permanent (*Setzung, thesis*) qui laisse derrière nous la chose placée (*das Gesetzte*), que la culture devient critique à l'intérieur du progrès. Par rapport à tout ce qui se passe, je suis déjà au-delà, et je peux considérer ce qui est advenu d'une manière critique. En datant, je suis en dépassement permanent. Parce que « daté », cela veut dire que moi, je suis passé au-delà. Et je suis « au-delà », c'est-à-dire je dépasse, *de plus en plus fréquemment et de plus en plus vite*. C'est ce « toujours plus » qui est l'essence du progrès, et l'essence du dépassement et du « toujours plus » est temporelle : toujours *plus* qu'avant. Le dépassement est ce lieu d'où nous percevons le nouveau (en tant que ce qui a dépassé ce qui est ancien). Parce que le nouveau se rapporte toujours à l'ancien à travers le dépassement, il ne peut être qu'*anti*- (Marx, Nietzsche). Dans ce « toujours plus » il n'est pas tant question de vitesse, que d'un entassement du temps lui-même, une pression sur le temps : « toujours plus... », toujours plus tôt. Nous attendons, impatients, « toujours plus... ». On a couru les 100 mètres en 9, 8 secondes. Nous attendons déjà les 9,7 secondes.

Dans ces conditions, il apparaît une intranquillité de la course, une intranquillité qui ne connaît pas de remède et qui est différente de *l'inquiétude* [1] de Pascal, du fait de ne pas tenir en place. Notre course est une course contre le chronomètre, non pas un divertissement. Le temps en soi devient histoire, mais dans un autre sens que celui de l'histoire traditionnelle. Le temps qui se meut, ce temps où nous ahanons, où nous vivons contre le chronomètre, le *temps de course* qui est notre temps, c'est l'*histoire moderne*. Autrement dit, la réalité où nous vivons est « sise » sur une base temporelle qui n'est pas stable. Et c'est précisément cette base temporelle où nous sommes fait que, depuis Descartes et encore plus fermement depuis Hegel, nous regardons la réalité comme histoire. La réalité qui est, dans son essence, devenue temporelle est dépourvue de toute stabilité. De cette réalité, le divin, s'il n'a pas complètement disparu, s'est bien estompé, pour faire place à une aventure à l'échelle humaine dont la temporalité est la base. Dans ces conditions où tout ce qui est stable disparaît, et où le dépassement devient la règle, la vérité perd sa raison d'être : si tout ce que les autres ont dit est dépassé, alors ce que je dis sera, à son tour, dépassable. Dans l'intranquillité de la course, plus rien ne tient debout. La vérité au sens traditionnel n'est plus efficace, parce qu'elle ne peut plus offrir des solutions. Les grands philosophes n'ont pas tous dit la vérité, mais malgré tout, ils proposaient des solutions. Leur problème c'était « qu'est-ce que le monde, l'homme, l'existence ? ». Ils concevaient la réponse qu'ils en donnaient comme de la « vérité », et, peu importe si cela en était ou non, elle constituait toujours une *solution* ; et, en tant que solution, la vérité proposait un sens au monde et à la vie. C'est pourquoi ils ont eu

1. En français dans le texte original. [N.d.T.]

de l'importance, et c'est pourquoi on continue aujourd'hui de demander à la philosophie des solutions et du *sens*. En revanche, dans un monde historique comme le nôtre, où les moyens d'investigation sont scientifiques et non pas métaphysiques, ce que l'on obtient, ce ne sont pas des solutions, mais des certitudes scientifiques. Dans le monde où nous vivons le problème a changé : au lieu de la solution, nous avons la somme de connaissances rigoureuses acquises par les « hommes en marche », en progrès, la solution étant repoussée à un temps indéterminé, dans l'avenir, comme « formule universelle » qui résulterait de la totalisation de nos connaissances. La solution viendra lorsque le progrès arrivera au bout, lorsqu'il atteindra son but. Mais le progrès a-t-il un but ? La solution laissée aux mains des scientifiques, nous ne pouvons que l'ajourner. Nous vivons en suspens, dans l'ajournement de la solution. Malgré qu'elles résolvent des petits problèmes ou des grands, ni la science ni la technique (qui se subordonne à la science) ne sont, en soi, une solution. Nous vivons dans un monde sans solution, qui tend à annuler son besoin de solution. Un tel monde-sans-solution ne peut pas offrir de sens. Et le manque de sens, *Sinnlosigkeit*, c'est la source du pessimisme. Ce pessimisme ne vient pas de notre croyance que le monde va mal, mais au contraire, précisément du sentiment ou du constat qu'il n'a pas de sens, ou plutôt, que « le sens » dans un monde sans solution n'a plus de sens. Car « le sens » et sa recherche sont devenus absurdes. Tel est l'endroit où nous nous trouvons.

la structure du modèle question-réponse

1. Dans les *Seconds Analytiques*, II, 1, Aristote dit : « Les questions que nous posons sont égales en nombre aux choses que nous connaissons ».

Voilà une question dont nous pouvons aisément laisser échapper le sens. Et c'est d'autant plus grave, qu'il ne s'agit pas d'*un seul* sens, mais de trois choses distinctes. La première chose qui résulte de la proposition citée à l'instant, c'est que les questions et les réponses sont égales en nombre. Toute question que nous posons appelle sa réponse, de même que toute réponse est réponse à une question précise. Les quantités de questions et réponses dans l'univers se « répondent » réciproquement, pour ainsi dire, elles correspondent entre elles : tant de réponses, autant de questions, tant de questions, autant de réponses. Il en découle que les hommes ne peuvent se poser n'importe quelle question, mais uniquement les questions auxquelles ils peuvent répondre.

Dans cette même proposition, Aristote dit encore, en deuxième lieu, que tous ce que nous savons est canalisé dans le canal ouvert par la question : nous ne nous contentons pas simplement de savoir, mais nous savons uniquement dans le rayon ouvert par la question. Nous ne savons pas dans toutes les directions possibles à la fois, et nous ne savons pas tout d'un seul coup. Lorsqu'on pose une question, nous empruntons une direction précise, et non pas toutes les directions à la fois.

Enfin, en disant que les questions sont égales en nombre aux réponses, Aristote part, au fond, de *la réponse* : il « tire » les choses depuis ce que nous savons, vers ce que nous demandons. Ce sont les réponses qui prouvent l'existence des questions, de même que c'est à partir des réponses que j'induis l'existence et le nombre de questions. Dans la structure aristotélicienne du modèle question-réponse, c'est la réponse qui est privilégiée. La réponse, c'est la terre ferme de la connaissance, et son point terminal.

2. Le modèle question-réponse de type aristotélicien n'est pas ordinaire ; il est l'exact reflet de la modalité selon laquelle nous avons l'habitude de regarder questions et réponses. Ce sont les moments obligatoires d'un *modèle compact*, où chaque question est suivie d'une réponse. Tôt ou tard. Suivant ce modèle, les questions sont toujours posées en vue d'une réponse (il n'y a pas de question « gratuite »), et il n'existe pas non plus de question sans réponse. Pour aller plus loin, les questions toutes seules n'ont pas de sens, elles sont de l'ordre de l'absurde et il est insensé de les poser. Il y a, tout au plus, des questions auxquelles il n'a pas *encore* été répondu. Dans le modèle *compact* question-réponse, les deux termes se répondent en permanence, ils sont dans une relation d'harmonie qui survient à chaque question posée, à chaque réponse reçue.

Cette manière de concevoir le modèle question-réponse provient d'une mentalité *scientiste-éclairée*, selon laquelle l'homme est un être rationnel, capable de répondre aux questions qu'il se pose. Et aussi, en tant qu'être rationnel, il se pose uniquement les questions auxquelles il peut répondre. Cette manière de voir les choses renvoie à une *seule variété de questions*, celle qui caractérise la connaissance scientifique. Et c'est précisément cette forme de connaissance qu'Aristote avait en vue. Le modèle question-réponse de type aristotélicien est celui sur lequel repose l'édifice de la connaissance, et qui en représente en même temps le mécanisme de croissance : la connaissance est un gratte-ciel qui s'élève indéfiniment à mesure que s'accroît, au fil des générations, le nombre de questions et les réponses qui leur correspondent.

3. Or, il existe en vérité *deux* types de questions, ce qui fend littéralement en deux le champ culturel : *les connaissances*, d'une part (« la distance entre la Terre et la Lune », par exemple) et *les problèmes*, d'autre part (« qu'est-ce que l'homme », par exemple). Les connaissances relèvent des sciences, tandis que les problèmes reviennent à la philosophie. Pour la science, la question prévaut tant qu'elle n'a pas reçu de réponse. Ensuite, la question tombe, meurt, elle est classée, éliminée par sa réponse qui, elle, *demeure*. Toute science est constituée d'un stock de réponses et d'une série de questions qui vont – à travers leur résolution – augmenter ce stock. Il en va tout autrement de la question en philosophie. En philosophie, la question survit à la réponse, ou plutôt, elle lui survit *en dépit* de chaque réponse qui lui est apportée. Alors que dans les sciences la réponse émousse la question, en philosophie, à chaque nouvelle réponse reçue, la question devient presque plus vigoureuse. D'où le sentiment que la question reste éternellement actuelle : *das ewige Fragen*, l'interrogation éternelle. Ici domine la disproportion entre la question et la réponse : la question reste toujours vivante, mais la réponse, non. C'est pourquoi l'histoire de la philosophie, c'est l'histoire des questions qui reviennent et des réponses qui passent.

Que peut-on en déduire ? C'est que toutes les questions philosophiques qui ont été reprises par la science et qui ont reçu des réponses n'ont pas été véritablement des questions philosophiques. Par exemple, les questions des présocratiques au sujet de l'origine du monde, de sa composition ou de la manière dont se forme la sensation, ont été reprises ultérieurement d'une manière intégrale par la science, et elles ont reçu des réponses qui, avec toutes les nuances, sont acceptées en tant que telles par la communauté des scientifiques.

Il y a, cependant, des questions que la philosophie ne saurait céder, qui demeurent des problèmes même si, de son côté, la science se les pose également et leur apporte des réponses. Une question telle que « qu'est-ce que l'homme ? » est, de ce point de vue, une question au double statut. La science y répond par tranches, par étage. Du point de vue *physique*, la génétique, l'anatomie, la physiologie sont des sciences qui répondent à cette question. Du point de vue *psychique*, la psychologie, la neurologie, la psychiatrie. Du point de vue *culturel*, l'anthropologie culturelle, l'histoire de la culture. Du point de vue *social*, l'économie, la sociologie, la politologie, l'histoire. Et, tandis que la science répond de toutes les manières à la question « qu'est-ce que l'homme ? », la question demeure intacte, et voilà qu'arrive Heidegger qui écrit *Etre et Temps* comme si tout le travail de la science avait été fait en vain.

4. Mais s'il en est ainsi, cela signifie que le modèle traditionnel question-réponse en ressort modifié, et qu'une question n'est plus nécessairement une question reliée *à* une réponse. Toute réponse est une réponse à une question. En revanche, *la question a un statut autonome*. Bien entendu, elle vise toujours à obtenir une réponse, mais son statut de question initie quelque chose. Si la question est à l'origine de la réponse, la réponse n'est pas, quant à elle, à l'origine de la question. La question ne naît pas en relation à la réponse, mais *en situation de questionnement*, donc, *ailleurs* que dans le couple question-réponse. La question s'évade du modèle compact question-réponse pour se thématiser, elle entre ainsi en *Fraglichkeit*, en « interrogativité » comme état autonome.

D'*où* vient, alors, la question, quel est le lieu de sa provenance ? Elle ne vient pas, de toute évidence, de la science absolue. Dieu ne pose de question que de manière rhétorique, « Où es-tu, Adam ? ». Elle ne vient pas non plus de l'ignorance absolue, puisque si on ne sait pas qu'on ne sait pas, on ne désire pas non plus savoir. La source de la question, c'est la science de la négativité : *tu sais que tu ne sais pas*, tu sais ce que signifie « savoir », tu sais aussi que tu ne sais pas ce que tu interroges. Nous arrivons ainsi à la seconde partie de mon propos.

la fonction de la question socratique

Pour comprendre ce que l'oracle voulait dire en affirmant que lui, Socrate, était le plus sage des athéniens, Socrate commence son enquête : il se contente de questionner, il n'affirme rien, parce qu'il ne sait rien. Et que demande-t-il au juste ? *Ta megala*, *ta megista*, les choses les plus importantes, celles qui ont le plus grand poids dans notre vie, les choses qui « pèsent », celles dont la solution détermine notre manière de vivre. C'est en posant des questions sur ces choses à ceux qui prétendent savoir y répondre que Socrate a la révélation de la pseudoscience générale, de l'illusion du savoir. En grec on dit *doxosophia*, « science approximative ». Les questions que pose Socrate commencent par dénoncer l'inconsistance des réponses et la contradiction où tombe celui qui y répond. La question rend visible, de la sorte, le *ridicule de fond* : je ne sais pas que je ne sais pas. Voilà, je questionne, et ce que tu croyais savoir, en fait tu ne le sais pas. Bien entendu, moi non plus, je ne sais pas, mais je ne me donne pas non plus l'illusion de savoir. Moi, Socrate, je ne vis pas dans la nuit de l'illusion. Le ridicule du « je ne sais pas que je ne sais pas » que dévoile le questionnement est un véritable vice, *ponêria* en grec. Ce ridicule est grave, il s'agit pour Socrate d'une inadéquation de proportions. Ne pas se connaître soi-même est un vice, tandis que le fait de se connaître soi-même, c'est une vertu (*aretê*).

Parce qu'elle dévoile l'état d'inadéquation entre l'illusion de savoir et la réalité de l'ignorance, la question prépare à *l'hygiène de l'esprit* et remplit ainsi une fonction païdéique, éducative. Elle nettoie le terrain de l'esprit de l'illusion de la science, elle provoque l'élimination, l'expulsion de l'illusion : *ekbolê tês doxês*.

Le mot (*ekbolê*) « élimination », « expulsion », a un sens technique qui renvoie à un rituel cathartique d'origine médicale : la *purificatio mentis* est une méthode *purgative* étendue à l'esprit, une méthode destinée à combattre la constipation mentale. On perçoit clairement cela dans le passage suivant du *Sophiste* (230 b-d) [1] :

> Ceux qui se voient ainsi confondus sont mécontents d'eux-mêmes et deviennent doux envers les autres, et cette épreuve les délivre des opinions orgueilleuses et cassantes qu'ils avaient d'eux-mêmes, ce qui est de toutes les délivrances la plus agréable à apprendre et la plus sûre pour celui qu'elle concerne. C'est que, mon cher enfant, ceux qui les purifient pensent comme les médecins du corps. Ceux-ci sont convaincus que le corps ne saurait profiter de la nourriture qu'on lui donne, avant qu'on n'en ait expulsé ce qui l'embarrasse. Ceux-là ont jugé de même que l'âme ne saurait tirer aucune utilité des connaissances qu'on lui donne, jusqu'à ce que qu'on la soumette à la critique, qu'en la réfutant on lui fasse honte d'elle-même, qu'on lui ôte les opinions qui font obstacle à l'enseignement, qu'on la purifie ainsi et qu'on l'amène à reconnaître qu'elle ne sait que ce qu'elle sait et rien de plus.

Cet *elenchos*, cette « réfutation », ce « rejet », qui ne peut s'obtenir qu'en se soumettant à un traitement interrogatif, c'est, dans l'ordre de l'esprit, « ce qui est le plus important et le plus efficace en matière de purification ». L'esprit qui n'a pas traversé cette épreuve – fut-il celui du Grand Roi – reste *akatharton* (« impur », « sale ») et « *apaideuton* » (« inculte ») (230d). L'esprit qui n'a pas connu ce refus, qui n'a pas été ébranlé, à qui on n'a pas dévoilé son ignorance, s'est soustrait au *processus païdeïque*. Celui qui tient des discours – tels les sophistes – en se contentant de s'entendre lui-même, celui qui refuse d'entrer dans l'espace d'intersubjectivité de la réfutation fondée sur *le questionnement* – celui-ci demeure « malade », c'est-à-dire « inculte ».

Comment la réfutation se produit-elle en conséquence du questionnement ? Par l'assemblage des affirmations que l'on fait à mesure que l'on répond aux questions. C'est seulement alors que les contradictions se dévoilent à nous, et que l'illusion de savoir devient

1. Platon, *Le Sophiste*, trad. fr. par E. Chambry, Paris, Garnier Flammarion, 1969, p. 68.

évidente. La chose la plus grave, c'est de se dérober, de refuser à ce que l'on nous dévoile les contradictions. Bien évidemment, lorsqu'il s'agit de mettre ensemble les affirmations de quelqu'un, on ne pense pas aux affirmations que quelqu'un fait dans un domaine particulier, mais à *la totalité des affirmations qui forment la vie d'un être humain*. Il s'agit de *l'incohérence fatale* d'une vie, du fait que la vie de chacun d'entre nous est *un discours incohérent*.

C'est pourquoi Socrate pense que nous avons besoin de *kathairontes*, de « purificateurs », des « agents de la méthode purgative » :

> Ils questionnent leur homme sur les choses où il croit parler sensément, alors qu'il ne dit rien qui vaille, puis, tandis qu'il s'égare, il leur est facile de reconnaître ses opinions ; ils les ramassent ensuite dans leur critique, les confrontent les unes avec les autres et font voir ainsi qu'elles se contredisent sur les mêmes objets, sous les mêmes rapports et des mêmes points de vue (Platon, *op. cit.*, 230b, p. 68).

Qu'est devenu le questionnement, dans ce cas ? Ni plus ni moins qu'une voie qui conduit tout droit à la *condition humaine* : en nous désillusionnant, il nous montre que, pour les grands problèmes, les problèmes importants, nous nous trouvons en terrain incertain. *Se situer entre « savoir » et « ne pas savoir », c'est la condition humaine qui rend possible le questionnement*. Et le questionnement, quant à lui, renvoie à cette condition. Mais, je le répète : il ne s'agit pas de n'importe quelle question, mais uniquement de celle qui descend à l'origine du problème, à une science du tout, dont découle la totalité de notre vie, ce qui est bien et ce qui est mal, ce qui est juste et injuste. C'est précisément ce type de questions, qui présupposent une science supra humaine, qui mènent fatalement à la zone de non science.

Ce type de question place l'homme dans *l'intervalle*. L'homme est un « être d'intervalle » précisément parce qu'il pose des questions de ce genre. Dès lors, le statut de la question trouve son origine dans cette condition humaine faite d'intervalle : entre la science et la non science, entre le bien et le mal, entre le vie et la mort.

Nous pourrions croire que cette manière de penser est foncièrement historique, qu'elle se limite à la figure de Socrate et que nous ne sommes plus du tout concernés. Or, le problème se pose de la même manière aujourd'hui. Le scientifique, le technicien au sens large, vivent dans la même ambiguïté que les interlocuteurs de Socrate. Il est à la fois expert et ignorant. La science qu'il détient dans un domaine particulier va de pair avec la non science sur le reste, et, en même temps, avec la tendance à extrapoler indûment ce qu'il sait. De ce point de vue, nous ne sommes aujourd'hui guère plus avancés : nous avons, quant aux « grands problèmes », les mêmes manières de nous égarer que du temps de Socrate.

Pourquoi en est-il ainsi, pourquoi le « progrès de la connaissance » ne nous place-t-il pas dans une meilleure position par rapport à il y a 2500 ans ? Pour la simple raison que la technique ne s'occupe nullement de la question du bien et du mal, au contraire, elle a tendance à totalement l'escamoter. Parce qu'elle *sait*, elle croit tout savoir. La manière techniquement limitée de voir les choses rend impossible l'ensemble où se pose le problème du bien et du mal. La science et la technique nous donnent la règle de fonctionnement d'une chose, mais elles ne nous disent pas comment, selon la *manière* de s'en servir, le mal surgit à la place du bien. Le bien et le mal se réfèrent *à la manière particulière* d'utiliser une chose. Or, la science et la technique sont incapables de nous apprendre cela. Car la spécialisation dans un domaine particulier se paie d'une ignorance crasse sur le reste des choses.

La question qui a mené à la condition essentielle du « je sais que je ne sais pas » a offert une terre ferme à la pensée européenne. La « fermeté », c'est que je ne suis pas un homme dans l'illusion. Toute méthode tient là son origine : c'est à partir du fait de savoir que l'on ne sait pas, que l'homme construit quelque chose, reprend à zéro et se fraye un chemin. C'est cela que Socrate a initié. Et c'est lorsque l'esprit refuse sa découverte et ne se fonde pas sur le non savoir initial, qu'apparaît le dogmatisme.

quatre brèves conférences

liberté et soumission

La première chose qui nous frappe quand nous voulons parler de la liberté c'est que, en fait, nous ne savons pas ce que c'est. Est-ce une donnée ? Sommes-nous « libres par nature » ? Et qu'est-ce que cela signifierait, au juste ? Ou bien, d'un point de vue factuel, être libre signifie-t-il ne pas avoir de programme, ne pas avoir d' « agenda » ?

Nous savons très bien, en revanche, ce que signifie la soumission, puisque, pour ainsi dire, nous y naissons et nous y vivons. Depuis la petite enfance, nous vivons dans un permanent régime totalitaire : on nous dit quoi faire pour chaque chose d'importance. Les premières sept années depuis le berceau et jusqu'à l'école, sont aussi les années de la soumission primaire. Nous nous soumettons strictement au programme que les parents nous font à la maison, les puéricultrices à l'école maternelle, etc. De 7 ans et jusqu'à la fin des études universitaires, nous sommes assis sur les bancs et les professeurs nous parlent de leur chaire qui est toujours placée, dans un espace physique et symbolique, *en hauteur*. Dieu s'adresse à Moïse, qui écoute « religieusement » et se soumet. Et les élèves restent « dans leur rang ». Enfin, une fois les études universitaires achevées, commence le choix du travail qui revient à « choisir à qui je vais me soumettre ». Il résulte du schéma de ce parcours que jusqu'à la retraite, je suis soumis, je suis non libre.

Nous pouvons en tirer trois conclusions :

1. Nous sommes soumis toute notre vie, et nous le sommes avec un tel naturel, que nous ne savons même plus combien de soumission nous avons en nous.

2. Cela étant, nous ne pensons pas la liberté en soi, mais en relation à la soumission, ce qui veut dire qu'en fait nous ne pensons pas la liberté, mais la libération. Notre aspiration va vers la libération, non vers la liberté.

3. La liberté n'est pas une donnée métaphysique fondamentale, mais plutôt un *sentiment*, « le sentiment de la liberté », que l'on acquiert au bout de la libération et qui est basé sur la confusion de la liberté et de la libération.

Il serait cependant erroné de déduire à partir de cette description des phases de la soumission qu'il s'agît de quelque chose de négatif et que, dans un monde meilleur ou idéal, elles n'existeraient plus. Ces phases sont le naturel même de la vie humaine et dans l'économie de la vie terrestre on ne saurait procéder autrement. Il est bon de le savoir, toutefois, et de savoir aussi que la soumission a des justifications solides tant sur le plan individuel que sur le plan social. Il faut savoir aussi que, à côté de cette soumission non volontaire il y a encore la soumission volontaire, assumée : l'adhésion à un parti, la franc-maçonnerie, la conversion à une croyance religieuse, la reconnaissance de la légitimité des lois, l'obéissance à un maître. Mais dans tous ces cas il s'agit plutôt d'une allégeance spirituelle, non de soumission, *d'une allégeance qui vient de l'intérieur* et que j'ai librement choisie.

Une seule chose se dégage de tout ce que nous venons de dire : la confusion entre liberté et libération. Nous croyons que lorsque nous nous sommes libérés nous sommes, *ipso facto*, libres. Or, nous restons en réalité dans le négatif de la libération, dans l'acquisition d'un état qui est apparu par la négation de la soumission, sans savoir, de manière positive, ce que être libre veut dire. La liberté serait-elle une propriété miraculeuse innée, sur laquelle on pose ensuite, comme des briques, les contraintes de la soumission ? Il est certain que nous portons en nous le sentiment de liberté, fermement associé à la libération et que, en pensant toujours de l'intérieur de la soumission où nous vivons, nous pensons la libération en même temps que le sentiment de liberté.

Comment faire, dès lors, pour que la liberté soit autre chose qu'un sentiment qui accompagne la libération, comment faire pour qu'elle devienne un état où nous nous installions, et d'où *l'on puisse constamment retirer quelque chose* ? Pour la majorité des hommes, la liberté signifie libération, à la suite de quoi vient la paresse et le « je fais ce que je veux ». La liberté peut-elle devenir un *bien*, alors que, du fait de vivre dans le monde, l'homme vit dans la soumission et aspire, tout au plus, à la libération ?

pourquoi le dialogue pur n'est pas possible

Partout où l'on parle – y compris dans le dialogue avec soi-même, dans le commandement, ou dans la prière – c'est le lieu du dialogue : dans la rue, au téléphone, au Parlement, dans le confessionnal, entre des amoureux.

Je ne pense pas ici au dialogue agonistique, sophistique ou interdisciplinaire, mais au dialogue heuristique et péirastique *(peirastikos)*, tel qu'il est défini par Thrasyllos et Aristophane de Bizance.

Je propose une *définition de travail* simple du dialogue : le dialogue, c'est le débat en commun, à travers des arguments logiques, d'un thème (problème) dans le but de le résoudre. Même de cette simple définition de travail il résulte que le dialogue idéal est irréalisable.

Presque tout dialogue est guetté d'emblée par deux vices : *le vice de l'objet* – le problème est mal posé ou il est trop vaste – et *le vice des interlocuteurs* : soit 1) ils sont de mauvaise foi, soit 2) ils montrent un manque foncier d'ouverture au dialogue : les agonistes, le clergé, les « je sais tout », les fats et les rancuniers.

Que se passe-t-il au cours du dialogue, quels sont les éléments qui surviennent, et qui rendent le dialogue impossible ?

1) le manque de discipline : les interruptions, la prolixité, les contradictions, la passion, la ruse ;

2) les arguments *ad hominem* ;

3) les sentiments inavoués (l'animosité, l'envie) ;

4) les arguments erronés d'un point de vue logique ;

5) la mécompréhension des arguments d'autrui ou l'impatience ;

6) les déviations par rapport à l'objet, qu'elles soient ou non volontaires.

Le dialogue est défavorisé et affaibli par quelques éléments historiques. Le premier élément : la parole a été doublée (sinon remplacée) à un moment donné par l'écrit. Nous pouvons apprendre quelle fut la conséquence, pour le dialogue, de l'apparition de l'écriture, dans le dialogue *Phèdre* (274 et passim.) de Platon. Le deuxième élément : à notre époque, surtout, la parole devient pléthorique, elle se dégrade en bavardage. Enfin, la parole perd aujourd'hui la priorité devant l'image et l'« action ». En pratique, à la télévision et dans la presse nous sommes en présence d'actions : films d'action, sport, événements, et, en politique, décisions, mesures prises, terrorisme, tout, sauf des paroles. (Le *talk-show* est une réplique débile à tout cela). D'où, aujourd'hui, la non efficience du dialogue.

Revenons un instant à la condition du dialogue. Le dialogue se base sur des arguments logiques, *rationnels*. Il est éminemment lié à la *raison*, et en particulier, à l'affirmation que la raison est la chose au monde la mieux partagée. Malgré tout, ce n'est pas le consensus, ni le nombre d'interlocuteurs qui interviennent dans un dialogue qui constituent le critère de la vérité, mais c'est l'évidence, la certitude, $2+2=4$. La certitude semble être un critère garanti par le sujet (*cogito ergo sum*) fondé ontologiquement. La différence entre la certitude ontologique (de type cartésien) et la certitude logique (de type aristotélicien) consiste dans le fait que la certitude logique est apriorique (*cf.* R. Thom). La certitude logique des arguments est pure *dans l'écrit* (de manière formalisée), mais nullement dans la parole, ce qui veut dire que le dialogue idéal est irréalisable.

l'homme et la femme

La première chose que nous pouvons dire au sujet du corps – dans la tradition européenne, non islamique, par exemple – c'est qu'il possède des parties honteuses et des parties qui ne le sont pas. Chez les femmes, ne sont pas honteux le visage, et, disons, les épaules, tandis que tout le reste est honteux. Le visage est, par excellence, la partie publique du corps, celle qui peut être exposée dans l'agora et qui appartient, d'une certaine manière, à « tout le monde », en tant qu'indice corporel d'identification. Le visage est la partie non intime du corps, ce qui le divulgue, sa partie publique, non cachée, qui permet, parce qu'elle est exposée, à ce que l'on soit reconnu de tous.

Le reste du corps se soustrait à l'espace public (à la divulgation) et il se dévoile plutôt dans l'opposé de l'espace public, dans l'espace de l'intimité, ce qui signifie étymologiquement, « le plus intérieur ». Il y a un chemin spatial de l'intimité, qui correspond à peu près aux stades de l'intimité corporelle. La maison, le salon, la chambre à coucher, le lit, représentent ce trajet de l'intimité, et il est évident pour n'importe qui qu'une maison c'est autre chose que l'agora (on se sent « chez soi », on peut y déambuler habillé n'importe comment – ou déshabillé), et la chambre à coucher et le lit sont autre chose, d'un point de vue intime, que le salon. (Lorsqu'on a des invités, on leur montre la « maison », pas forcément la chambre à coucher).

Nous avons donc un espace *extérieur*, ouvert, public, dévoilé (la divulgation), un espace *intérieur* (avec ses différents degrés), et un espace *intime*. Il est intéressant de noter comment la langue latine rend ces degrés. L'adjectif *interus* signifie « intérieur », précisément au sens de « séparé de ce qui est public ». Le comparatif, c'est *interior*, et le superlatif c'est justement *intimus*, « l'intime » dont nous venons de parler, c'est-à-dire ce qui est par excellence intérieur, un *nec plus ultra* de l'intériorité, le lieu le plus éloigné du public, ce qui ne se montre pas, ce qui se vit en se cachant. Bien sûr, l'intimité est un milieu et, en tant que tel, quelque chose d'extérieur, mais il est

« l'extérieur de l'intérieur », c'est l'extérieur projeté du dedans qui, de ce fait, reste intime, profondément intérieur.

L'intimité en tant qu'extériorité projetée du dedans, en tant qu'intérieur extériorisé, c'est la spatialité créée par l'homme et pour cette raison, elle constitue un fait spirituel, non pas une réalité physique. Elle est le cercle au centre duquel je me situe, et que j'ai créé moi-même, comme le ver à soi crée son cocon. Elle est *das Meinige*, « ce qui est à moi », mais non en tant que propriété, mais comme rayonnement : c'est le milieu qui porte mon sceau. C'est ainsi que l'intimité, parce qu'elle est notre intérieur par excellence, nous engage. (Un arbre n'a, au sens strict du terme, ni un intérieur ni une intimité). Parce qu'elle engage notre être intérieur, l'intimité est liée non seulement à la pudeur (à ce qui est honteux), mais aussi au secret. Livrer son intimité, c'est livrer le secret de chacun d'entre nous, le secret de notre être.

Le « secret » (*secretus*) – séparé, retiré, isolé, caché – vient du verbe *secerno*, séparer, choisir. Nous avons donc, avec les sexes, une séparation, une différence qui sépare. Lorsque nous parlons de la différence entre l'homme et la femme, nous renvoyons précisément à cette différence « secrète », celle qui, par excellence, sépare. Dans l'ordre de la vie, la différence entre sexes est *la différence même*[1]. Bien entendu, toute vie n'est pas nécessairement sexuée (chez les protozoaires la reproduction n'est pas sexuée, elle se fait par la scissiparité), mais la vie évoluée biologiquement l'est toujours. Le sexe apparaît à un certain niveau de développement biologique et chez l'être humain, l'évolution qu'il atteint est précisément marquée *en tant que différence*, entendue dans un sens très vaste.

Il est intéressant de noter que la première division du travail se fait à partir du sexe : l'homme part à la chasse, tandis que la femme reste « à la maison », dans la grotte. L'homme est d'entrée de jeu public, la

---

1. En français dans le texte original. [N.d.T.]

femme – intime. La femme marque la fixité, assure la continuité du feu, l'axialité du foyer (Hestia, Vestale – l'entretien du feu), l'homme va et vient. C'est deux « spatialisations » du sexe ont engendré des analogies qui renvoient d'une part à la caractérisation des deux sexes, d'autre part à la caractérisation différenciée du comportement sexuel. Ainsi, dans la mesure où la femme est l'être humain abrité, protégé, caché, la féminité acquiert la connotation de « faiblesse », et, dans la mesure où l'homme est celui qui sort dans le vaste « monde » semé de dangers et les y affronte, la masculinité acquiert la connotation de « force ». La femme est le sexe « faible », c'est le vagin qui s'ouvre, tandis que l'homme est le « sexe fort », le pénis qui, par la dureté de sa musculature, s' « impose » comme quelque chose de puissant, comme une force. Par ailleurs, l'image de la femme qui marque la stabilité et celle de l'homme qui va et qui vient, c'est une analogie évidente avec l'acte sexuel. De ce point de vue, l'accouplement est une victoire du féminin stable sur la mobilité masculine, précisément parce qu'elle nous coupe du monde. Circé détourne Ulysse de sa trajectoire, elle le fixe en le soustrayant à son aventure et à son errance par l'accouplement.

C'est aux organes sexuels et à l'acte sexuels que sont associées la pudeur et la honte. Nous avons vu au début que le corps recèle des parties honteuses et des parties qui ne le sont pas. Pourquoi les organes sexuels sont-ils honteux ? Serait-ce parce que l'acte sexuel nous sépare du monde ? Mais le temps que l'on passe « en privé » nous sépare également du monde, à ceci près que c'est sur un mode strictement individuel. Là, je dois l'avouer, je nage dans le brouillard. Pourquoi, alors que c'est naturel, l'acte sexuel est-il honteux ? Pourquoi est-il le secret et l'intime par excellence, celui que l'on cache à tous les regards ? Pourquoi le *Banquet* se passe-t-il à une table, dans un salon, c'est de la con-vivialité et personne n'a honte de manger ? Pourquoi Eros est-il un dieu important, producteur de magie, mais qui n'opère qu'entre deux personnes, dans la suprême intimité ? L'intimité, d'autre part, n'est pas exclusivement sexuelle, chez un intellectuel, par exemple, la lecture et l'écriture peuvent être intimes. Bien sûr, ce qui est surprenant dans le cas de l'acte sexuel, c'est le fait que l'intimité est préservée tout en étant abolie, puisqu'elle n'est plus *à soi* uniquement, mais qu'on la partage avec un autre. Il est surprenant que dans l'acte sexuel on accepte de livrer à autrui notre suprême intériorité, notre « secret », ce qui nous sépare par excellence du monde, et nous continue intimement comme « soi ». Cela signifie que dans l'acte sexuel il intervient quelque chose qui est plus fort que le besoin de garder son intime, et qui finit par vaincre la pudeur et la honte. Ce « quelque chose », c'est l'attraction sexuelle.

Parlons maintenant de *l'attraction sexuelle*. Bien entendu, l'homme est attiré par la femme et la femme par l'homme. Il y a une attraction sexuelle *générale*, en tant qu'attraction pure et simple (de genre), en tant qu'attraction de deux principes complémentaires (*yin* et *yang* chez les chinois). Le discours d'Aristophane dans le *Banquet* traite exactement de cette complémentarité : la femme est attirée par la masculinité et l'homme par la féminité par auto contradiction, par auto négation, par le besoin de son complémentaire. Mais l'attraction se produit également par rapport aux *données* de chaque sexe. Chez une femme, je suis attirée par ses seins, ses cuisses, ses hanches, je ressens une exaltation à les regarder. Mais pourquoi les seins d'une femme m'attirent-ils irrésistiblement ? Pourquoi sommes-nous excités quand nous les regardons, et, surtout, lorsqu'ils se dévoilent à nous ? Pourquoi sommes-nous encore plus excités quand nous voyons la zone pelvienne ? Pourquoi cela va-t-il de soi ? Et, de la même manière, pourquoi la femme est-elle excitée à la vue de mon pénis en érection ? Et pourquoi tout ceci engendre le caché, la honte, le secret, la magie, le mythe ? Pourquoi le corps de l'autre sexe nous attire-t-il ? Il me faut reconnaître que je n'ai aucune réponse à toutes ces questions.

Mais l'attraction sexuelle est non seulement générale, elle est aussi *spéciale*, sélective. Lorsque sur le vaste territoire de l'attraction sexuelle survient l'amour, l'attraction devient de généralisée, sélective. L'amour me dit que l'attraction est un général qui doit à chaque fois s'individualiser. Le drame de Don Juan, c'est qu'il ne peut sortir de l'attraction généralisée, qu'il vit l'attraction *uniquement* en tant que généralisée, et jamais sélective. Il est vrai que, dans une culture de type masculin, Don Juan passe pour un héros (le héros de l'attraction sexuelle généralisée), alors que son homologue féminin, Messaline, disons, reste *une putain* [1].

Dans le cas de l'amour, qui opère de manière sélective à l'intérieur de l'attraction sexuelle, il apparaît un élément nouveau qui se résume en l'occurrence par l'expression : « ils vont bien ensemble ». Mais cet accord apparaît au-delà des conceptions, des goûts, de caractère, etc. C'est une manière de « bien aller ensemble » qui opère par ce qu'on appelle habituellement l'attraction sélective *physique*, par ce qu'on appelle *le coup de foudre* [2], l'amour à première vue. Dans d'autres cas, ce « bien aller ensemble » s'obtient comme une adéquation des différences, des incompatibilités, l'attraction s'opérant justement par les contraires : les hommes minces sont attirés par les femmes bien en chair, les petits par les grandes, les colériques par les réservés, les calmes par les agités, etc.

J'ai posé toutes les questions que nous venons de voir – et surtout, la question « pourquoi une chose aussi naturelle que l'attraction érotique est-elle devenue secrète, honteuse ? » – non pas parce que j'en connaîtrais la réponse, mais pour placer ces « cela va de soi » sous l'éclairage du *thaumazein*, de l'étonnement. Mais il y a autre chose. S'il nous apparaît clairement que nous n'avons pas de réponses à ces questions, s'il est clair que *nous ne savons pas*, c'est alors, seulement que nous pouvons réaliser quel abus terrible nous commettons si nous tentons de supprimer la différence sexuelle. Par cet abus de

1. En français dans le texte original. [N.d.T.]
2. En français dans le texte original. [N.d.T.]

raison, qui prend la *différence* pour une *discrimination*, on perd tout ce cortège de la rencontre entre les sexes que rend possible précisément la différence. On y perd la pudeur, le secret, l'intimité. Lorsqu'on se propose de supprimer la différence sexuelle, le problème n'est pas si on le peut – parce que, jusqu'à un certain point, on le peut – mais si c'est bien, si c'est normal de faire une telle chose, ou si, au contraire, c'est irresponsable. Peut-on réduire cette discussion à un débat « conservateurs contre progressistes » ? Dans le cas du féminisme, ce qui est grave, c'est que le problème de *l'essence* est remplacé par un problème historique, d'action. Dans la mesure où les différences sont considérées comme des discriminations et que, de ce fait, elles deviennent « injustes », cela demande d'urgence une *intervention* humaine. On passe de la *phénoménologie* à *l'éthique*, puis à la *politique* : il s'agit de réparer une injustice! Le féminisme – là est son erreur – part non pas de la différence, mais de son stade dégradé, qui est la discrimination. Il faudrait rappeler l'essentiel : le mystère du dieu Eros.

sur l'océan de l'oubli

Je n'ai pas l'intention de défendre une thèse particulière, ma seule ambition, c'est de partager avec vous l'intuition que j'ai eue à propos de l'oubli.

Tout ce qui nous arrive est *préservé*. Husserl a utilisé, pour décrire la manière dont nous gardons tout ce qui nous arrive, le mot « rétention ». Tout ce qui m'arrive m'est donné de manière non intentionnée, ce qui veut dire, par exemple, que lorsque je me souviens que quelqu'un m'a dit une certaine chose – disons, que j'ai affirmé telle bêtise – je me souviens quand et à quelle occasion particulière cette chose m'a été dite. Bien entendu, je peux retenir la chose qui m'est arrivée de manière erronée : celui qui disait que j'avais affirmé une bêtise n'était pas telle personne, mais une autre, il ne l'avait pas dit exactement comme ça, mais autrement, et le moment où il l'a dit peut lui aussi être mémorisé de manière erronée. Mais, quoi qu'il en soit, la constitution de notre mémoire a les deux caractéristiques suivantes : nous retenons ce qui nous arrive et nous retenons toujours les circonstances de l'événement, et une date particulière qui s'y rapporte. Cette « rétention », comme l'appelle Husserl, constitue peu à peu notre capital de souvenirs, indifféremment du fait que ces souvenirs soient altérés par le passage du temps quant à leur contenu ou à leur datation.

En fait, si je réfléchis bien à ce qui advient des choses que l'on retient dans notre mémoire, je peux distinguer trois situations : elles peuvent être retenues correctement pendant longtemps (je m'en souviens trois jours après, un an ou plusieurs après). Ou alors, deuxièmement, je peux les retenir mais, comme je le disais, avec des erreurs de contenu ou de datation. Ou bien, enfin, je peux tout simplement oublier tant ce qui s'est passé, que les circonstances et la date précise.

S'il en est ainsi, alors nous pouvons nous demander — même si la question est peut-être mal posée — à quel point notre souvenir est-il objectif ? Ce qui veut dire : combien, des choses qui nous sont arrivées, est tout simplement retenu, et combien, de ce que l'on a retenu, l'est correctement à tous points de vue ? Ceux qui ont une bonne mémoire préservent le souvenir dans son contenu et avec sa datation. Lorsque, au contraire, nous altérons une chose qui s'est passée, cela veut dire qu'il apparaît une déformation de la faculté de la mémoire. Cela ne signifie nullement qu'il s'agit d'une maladie psychique. Il y a des tas de causes qui peuvent faire qu'une personne déforme le souvenir en tant que tel, qu'elles soient conscientes ou qu'elles demeurent inconscientes.

Que *signifie* donc *oublier* ? La réponse est à la portée de n'importe qui : oublier signifie perdre quelque chose de ce que je sais, ou de ce que j'ai su autrefois. Il est évident que je ne peux pas oublier quelque chose que je n'ai jamais su. Seulement, à partir de là, je ressens le besoin de soulever une question que nous n'avons pas l'habitude de poser, et à laquelle il n'est pas facile de réponse : combien et pourquoi oublie-t-on, et pourquoi retient-on des choses que nous avons sues autrefois ? Une réponse sans doute correcte, mais provisoire, serait : nous retenons et nous nous souvenons *lorsque* nous avons, et *aussi longtemps* que nous avons un intérêt pour l'objet du souvenir. Les objets qui ne présentent pour nous aucun intérêt ont le plus de chances d'être oubliés et perdus. De même, quand est-ce que nous n'oublions pas ce qui nous est arrivé, et ce que nous avons su ? Lorsque le souvenir de ce qui est arrivé, pour des raisons intérieures, demeure en nous.

Seulement, en répondant de la sorte nous restons avec Husserl sur un plan subjectif. Or, ce qui m'intéresserait, ce serait de savoir combien on retient et combien on oublie, *objectivement* parlant, de tout ce qui se passe et de tout ce que je savais auparavant. Et sur ce point, la réponse, quoique évidente et simple, est en réalité extraordinaire : on perd *beaucoup plus* que ce que l'on retient en mémoire. Un véritable océan de choses entre dans le domaine de l'oubli, par comparaison à la rareté de ce dont nous nous souvenons et que nous savons. Et, à partir du moment où il y a un véritable gouffre entre ce qui se passe réellement et ce que l'on retient, le travail de rétention de ce qui s'est passé devient soudain significatif. A ce propos, il importe de constater, encore une fois, comment certaines choses arrivent et leur souvenir est cultivé, et comment d'autres choses sont *vouées à l'oubli* (par vocation, on dirait en français). D'autre part, les responsabilités des ministères de la culture un peu partout dans le monde consistent précisément à entretenir le souvenir de ce dont on considère unanimement que cela vaut la peine d'être retenu, et qui, de ce fait, ne doit pas être laissé en proie à l'oubli. Tout, depuis les pierres funéraires, les églises, les monuments, etc., et jusqu'aux discours, est concerné par cela. Il s'agit toujours de deux plans distincts : l'événement en tant que tel, et le travail d'entretien du souvenir au sujet de cet événement. Et si nous parlons de l'oubli, c'est justement parce que le travail d'entretien du souvenir nous préoccupe. Lorsque je parle du « travail d'entretien du souvenir » j'ai en tête l'une des activités humaines les plus importantes, une activité qui possède ses propres techniques, qui comporte une institutionnalisation et qui recourt à des moyens spécifiques d'action dans le domaine de l'âme et dans le domaine spirituel.

Malgré toute cette activité, malgré que les efforts de l'homme puissent beaucoup obtenir, il demeure cet élément objectif que la plus grande partie de la réalité tombe dans le domaine de l'oubli. Comme je viens de le dire, nous avons tout un océan d'oubli par comparaison au minuscule lac du souvenir. Mais même ainsi, l'effort immense de conservation doit être considéré séparément. Il est impressionnant de pouvoir lire aujourd'hui — 2800 ans après! — l'Iliade et l'Odyssée. Dans les grandes lignes, toute notre culture consiste en fait en tout ce qui a pu être sauvé du naufrage de l'oubli.

Il apparaît dès lors un autre problème : en sauvant ce qu'il sauve, l'esprit humain applique-t-il toujours une mesure juste ? Nous nous dépêchons de le dire : si nous savons qui est Homère, c'est uniquement parce qu'il y a 2800 ans il a créé des chefs d'œuvre véritables. Nous dirons la même chose de Shakespeare, et de bien d'autres *eiusdem farinae*. Nous serions dès lors enclins à penser que lorsqu'il s'agit des créations de nos jours, on garde ce qui a une valeur, et seulement ce qui a une valeur. J'ai de gros doutes à ce sujet. Pourquoi ? Parce que la mesure qui s'applique à ces créations, autrement dit, nos jugements, relèvent d'un certain *Zeitgeist*. Je donnerai le premier exemple qui me vient à l'esprit. Du temps de mes études, nous nous demandions qui était le meilleur poète de notre époque. Comme les autres, nous croyions et nous soutenions haut et fort que, en matière de poésie, Rilke, l'auteur des Sonnets et des Elégies, n'avait pas son pareil. Qu'il était, ni plus ni moins, un *nec plus ultra*. Une fois surtout que j'ai fait l'effort nécessaire pour maîtriser l'allemand des *Sonnets à Orphée*, tout m'a semblé d'une beauté incomparable. Après la grande époque de Goethe et de Schiller, les autres poètes semblaient tous des pygmées par rapport à Reiner Maria Rilke. Celui-ci montait sur le podium de la poésie universelle, avec la médaille de bronze, sinon d'argent. J'ai donc commencé par croire que Rilke était le sommet indépassé de la poésie, et qu'après lui, il ne pouvait plus rien se produire. Aujourd'hui, je suis loin de penser que la sélection opérée ait une signification absolue. Vous me demanderez alors, qui je mettrais à la place, et de quoi aurait l'air une sélection juste. Et je répondrais que, tout d'abord, on pourrait également citer d'autres noms, et je répondrais surtout que, en général, on ne pose plus le problème de choisir le premier entre les poètes, auteurs ou courants. Et dans un second temps, je dirais qu'entre temps, j'ai appris que les cultures meurent aussi, que les civilisations meurent aussi.

Que vaut-il la peine de retenir de tout ce que je viens de dire ? Premièrement, que ce qui est *normal, c'est l'oubli* et que, même s'il représente un phénomène négatif et qu'il ne semble pas nécessaire, l'oubli est dans notre nature et il affecte de manière décisive la nature de la réalité. Il en découle une deuxième chose, à savoir que l'événement ne peut pas être préservé sans un effort d'entretien, que notre passé est constitué de tout ce que l'on préserve, que notre histoire et toutes ses parties, c'est tout ce qu'on a pu sauver d'un naufrage. Je pense que ni l'homme ordinaire, ni l'homme de culture, n'en est conscient. Ce dernier opère avec un matériel qu'il tend à confondre avec la réalité passée, et non avec le peu que l'on a pu en conserver. Autrement dit, il n'a pas forcément conscience d'un *reste* sauvé du naufrage de l'oubli. Enfin, l'aspect le plus vulnérable de toute cette histoire, c'est que l'entretien présuppose une sélection, et nous n'avons pas d'arguments et de preuves pour dire que cette sélection s'est faite de manière objective. Tout le reste non sélectionné – la montagne de faits, d'événements, de canaux où circule l'information, et même des documents – est condamné, par l'oubli, à l'inexistence. De ce point de vue, le travail culturel semble, par rapport à tout ce qui reste destiné à l'oubli, dérisoire. Ce que j'ai voulu vous communiquer c'est que nous sommes en permanence installés dans un océan d'oubli.

source des textes

Du Miroir [édité par Gabriel Liiceanu]

L'essai *Du miroir* est la première (et la dernière) commande culturelle que recevra Dragomir. Le texte date de 1945, étant écrit à la sollicitation de Tudor Vianu, demandé pour un « Cahier » du Théâtre National de Bucarest. Le texte a été publié initialement dans le volume *Cinci plecări din prezent. Exerciţii fenomenologice*, Bucarest, Humanitas, 2005, p. 13-19.

De l'unicité [édité par Gabriel Liiceanu]

Les pages sont extraites d'un cahier à spirales métalliques, portant sur la couverture l'inscription de Dragomir «Gura Rîului, 1994». Cette date ne signale que le moment où le cahier a été commencé, la dernière date remontant à 1999. Dans une première partie (de la page 3 à la page 37), le cahier comprend des notes de lecture (par exemple, Otto Friedrich Bollnow – *Mensch und Raum*, 1963, Aristote – *Catégories*, Nietzsche – *Der Wille zur Macht*), et des citations de Schopenhauer sur les thèmes du temps, de l'espace et du changement, tirées de *Die Welt als Wille und Vorstellung*. Les pages numérotées par Dragomir de 39 à 65 sont vides, et les pages 67 à 71 contiennent des extraits de l'édition en français du livre d'Oliver Sacks (paru en anglais en 1985), *L'homme qui prenait sa femme pour un chapeau*. En haut de la page 71, Dragomir a écrit «Moi», et le cahier est occupé ensuite jusqu'à la page 103 par des notes sur des pensées personnelles allant de fragments de deux ou trois lignes jusqu'à des amples essais. Le cahier est numéroté jusqu'au bout. Les pages 105 à 127 sont vides. Les pages 131, 132, 133 et 137 contiennent un journal elliptique qui couvre la période du séjour de 1994 à Gura Rîului: de jeudi 30 juin au vendredi 23 septembre. Notations particulières: Mercredi 3 Août, «Discussion avec Liiceanu sur le dernier chapitre de son dernier livre *Despre limită* (De la limite)»; le 23 Septembre «Le matin passent pour quelques minutes, en route vers Bucarest, Monica Lovinescu et Virgil Ierunca et Liiceanu. Liiceanu est bien aimable, il me rapporte deux sacs d'affaires à Bucarest». L'essai « De l'unicité » est le plus long de tout le cahier, il s'étend sur 18 pages et au dessus, en rouge, il est écrit «Bucarest, septemre 1999 ». Le texte a été publié initialement dans le volume *Cinci plecări din prezent. Exerciții fenomenologice*, Bucarest, Humanitas, 2005, p. 190-208.

Du réveil le matin [édité par Gabriel Liiceanu]
Le texte fait partie du cahier A I 13 (« Le cahier vert »). Écrit dans les années '80, le texte a été publié initialement dans le volume *Cinci plecări din prezent. Exerciții fenomenologice*, Bucarest, Humanitas, 2005, p. 33-39.

L'attention et les cinq manières de quitter le présent [édité par Gabriel Liiceanu]
Le texte se trouve dans le «Cahiers ours», de la page 5 à 43. Il a été écrit à Gura Râului et à Sibiu en 1990, au stylo bille noir. Publié initialement dans le volume *Cinci plecări din prezent. Exerciții fenomenologice*, Bucarest, Humanitas, 2005, p. 90-105.

Que signifie « distinguer » ? [édité par Gabriel Liiceanu]
Le texte se trouve dans le « Cahier Varia », pages 5 à 15 et, à juger selon le graphisme, selon les deux types d'encre utilisés et selon l'écriture alternative avec « î » et « â », il provient certainement de deux périodes d'élaboration : l'une à la fin des années 1980 (il s'agit du texte écrit sur les pages de droite, au stylo bille bleu fin, avec la lettre « î ») et l'autre du début des années 1990 (le texte écrit sur les pages de gauche, au stylo bille bleu, trait épais et lettre « â »). Puisque les notations sur les pages de gauche interviennent à un moment donné dans le texte sous le titre « Notes » et qu'elles ont dans le texte une position autonome, pour développer amplement la question du « quelque chose », nous les avons insérées à la place qui nous a semblé la plus appropriée, en les séparant du reste du texte par des pauses distinctes. Le texte a été publié initialement dans le volume *Cinci plecări din prezent. Exerciții fenomenologice*, Bucarest, Humanitas, 2005, p. 79-89.

Dit et non-dit [édité par Gabriel Liiceanu]
Ce texte fait partie du «Cahier noir» et y occupe les pages de 3 à 5 et de 7 à 19. La date de leur rédaction y est mentionnée: le 15 septembre 1979 et le 20 septembre 1979. C'est écrit au stylo bille noir. Le texte a été publié initialement dans le volume *Cinci plecări din prezent. Exerciții fenomenologice*, Bucarest, Humanitas, 2005, p. 20-27.

Dans la contrée du laid-dégoûtant [édité par Gabriel Liiceanu]
Le texte fait partie du Cahier A I 13 (« Le Cahier vert »), pages 51-57, écrit au stylo bille bleu, dans les années '80. Publié initialement dans le volume *Cinci plecări din prezent. Exerciții fenomenologice*, Bucarest, Humanitas, 2005, p. 59-63.

De l'erreur [édité par Gabriel Liiceanu]
Le texte fait partie du Cahier A I 13 (« Le Cahier vert »), pages 27-45, écrit au stylo bille bleu, dans les années '80. Publié initialement dans le volume *Cinci plecări din prezent. Exerciții fenomenologice*, Bucarest, Humanitas, 2005, p. 45-58.

De quelques manières de se tromper soi-même [édité par Gabriel Liiceanu]
Le texte qui suit repose sur la transformation de l'exposé fait par Alexandru Dragomir le 22 septembre 1987 et enregistré comme tel sur bande magnétique. Je remercie Laura Pamfil pour son effort de transcription de cet enregistrement. Le texte a été publié initialement dans le volume *Crase banalități metafizice* (Bucarest, Humanitas, 2004) p. 49-62.

Banales étrangetés de l'homme [édité par Gabriel Liiceanu]
Ce texte a été écrit par Dragomir (ou plutôt « retranscrit » si l'on en juge à la forme soignée des pages manuscrites) sur 13 pages format A4, rétro simple, à l'encre noire, et numérotées de 1 à 7 pour la première partie du texte (I. Ce que signifie «ma vie») et de 1 à 6 pour la seconde partie (II. Le moi et le monde). Sur la première page, en haut à droite, il est écrit à l'encre rouge «deux exemplaires», des indications pour la personne qui a dactylographié le texte, car le deuxième texte existe en variante dactylographiée. Le texte n'est pas daté et c'est la première fois, depuis 1945, que Dragomir accorde tellement d'attention à l'un de ses textes, qu'il le retranscrit au propre et le donne ensuite à dactylographier. Il se peut qu'il ait été destiné à l'un des exposés de la *Intrarea Lucaci*, mais les participants à ces rencontres, en l'absence de notes expresses à ce sujet, ne peuvent pas confirmer cette supposition. Selon la forme de l'écriture, le texte a été rédigé à la fin des années 1980 ou au début des années 1990. La Partie I., à la différence de la partie II, n'avait pas de titre, c'est pourquoi nous avons ajouté, à côté du chiffre I., le titre *Ce que signifie «ma vie»*. Nous sommes intervenu de manière considérable sur la forme originelle du texte, étant donné les nom-

breuses anacoluthes et négligences grammaticales et stylistiques de toutes sortes, dans l'idée d'obtenir une fluidité du texte et une plus grande clarté dans l'expression des idées. Le texte a été publié initialement dans le volume *Cinci plecări din prezent. Exerciţii fenomenologice*, Bucarest, Humanitas, 2005, p. 106-119.

Du monde ou nous vivons [édité par Catalin Partenie]
Le texte suivant a été reconstitué à partir de l'enregistrement sonore de quelques conférences que Dragomir a données sur une période s'étalant de septembre 1986 à mai 1988 ; cependant, une série de fragments proviennent de deux courtes conférences qui ont eu lieu en 1998. A première vue, ces conférences prises séparément semblent ne pas avoir suivi un fil logique. Et pourtant, un tel fil existe, même si, par endroits, on ne peut qu'en avoir l'intuition. Dans la reconstitution du présent texte, ma principale préoccupation fut de rendre manifeste un tel fil logique. Pour cette raison, le texte initial de la retranscription des allocutions et des conférences dont il s'agit a été modifié : certains passages en ont été omis, d'autres ont été reformulés, et d'autres encore, ont été retravaillés quant au style. Certains fragments visant à poursuivre des pensées parfois inachevées ou simplement informulées de manière explicite sont de mon fait. Dès lors, le résultat n'en a pas été un texte homogène, mais plutôt une suite de fragments. J'aurais pu aller plus loin et transformer la suite de fragments en un texte cohérent, où le fil logique des allocutions eût été encore plus clairement mis en évidence. Je ne l'ai pas fait par peur d'y perdre la beauté énigmatique de ces fragments. Les séminaires dont est issu le texte présent sont l'ébauche d'atelier d'une œuvre dont l'exécution finale a été abandonnée. Le texte a été publié initialement dans le volume *Crase banalităţi metafizice* (Bucarest, Humanitas, 2004) p. 197-245.

Banalites metaphysiques [édité par Gabriel Liiceanu]
Ce texte a été établi à partir de l'enregistrement de la conférence de Dragomir du 6 octobre 1987. Son titre, qui prête son titre au volume, est significatif de la manière dont Dragomir entendait la pratique de la philosophie, en partant de n'importe où, du banal et de l'immédiat qui nous entoure. Ce titre ne veut donc pas dire que la métaphysique est une collection de banalités que cette conférence se propose de débusquer, mais que les banalités contiennent un formidable potentiel métaphysique. Et les

banalités les « plus métaphysiques » sont précisément celles qui, en raison de leur caractère familier, sont le plus facilement ignorées : l'espace et le temps où nous vivons. Le texte a été publié initialement dans le volume *Crase banalităţi metafizice* (Bucarest, Humanitas, 2004) p. 63-80.

Que nous arrive-t-il ? [édité par Gabriel Liiceanu]
Ce texte a été établi à partir des notes que j'ai prises lors de la conférence donnée par Dragomir le 3 décembre 1995 ainsi que les notes préparatoires de l'auteur lui-même, écrites sur des feuillets séparés et conservés par la suite dans ses archives. Le texte a été publié initialement dans le volume *Crase banalităţi metafizice* (Bucarest, Humanitas, 2004) p. 95-107.

Question et réponse [édité par Gabriel Liiceanu]
Le texte suivant est la reconstitution d'une intervention orale de Dragomir en septembre 1986, à partir des notes prises à cette occasion par Gabriel Liiceanu. Nous avons simplement développé, en détaillant les citations et en explicitant certains termes grecs, l'analyse du passage du *Sophiste* sur le rituel cathartique et le traitement interrogatif. Le texte a été publié initialement dans le volume *Crase banalităţi metafizice* (Bucarest, Humanitas, 2004), p. 39-48.

Quatre brèves conférences [édité par Gabriel Liiceanu]
Ce texte réunit des petites conférences que Dragomir a données après 1995. Ces exposés qui nous étaient présentés par Dragomir, au moment où nous nous rencontrions, comme des « courtes communications » de 15 à 20 minutes, étaient en fait surtout des méditations que lui inspiraient les réalités auxquelles nous avons tous été confrontés après décembre 1989. Tous les thèmes qui sont abordés ici sont, dans ce sens, liés à l'actualité : les Roumains se comportent-ils comme des êtres libres dans leur essence, ou parce qu'ils se sont libérés ? Quelles sont les limites et les paradoxes du féminisme ? Les *talk-shows* que les Roumains suivaient quotidiennement à la télévision étaient-ils le signe d'un dialogue possible ou, au contraire, que le dialogue est totalement illusoire ? Le texte qui suit est établi à partir des notes prises sur place et aussi, dans le cas du discours sur l'oubli, à partir des retranscriptions des bandes magnétiques enregistrées par Sorin Vieru. Le texte a été publié initialement dans le volume *Crase banalităţi metafizice* (Bucarest, Humanitas, 2004) p. 108-124.

table des matières

Préface : *Les cahiers du souterrain* par Gabriel Liiceanu . 7
Banalités métaphysiques par Alexandru Dragomir 41
Du miroir 43
De l'unicité... 49
Du réveil le matin 65
L'attention et les cinq manières de quitter le présent 71
Que signifie « distinguer » ? 85
Dit et non-dit.. 96
Dans la contrée du laid-dégoûtant................................104
De l'erreur 108
De quelques manières de se tromper soi-même 120
Banales étrangetés de l'homme 132
Du bien et du mal 144
Du monde où nous vivons 154
Banalités métaphysiques 195
Que nous arrive-t-il ? 211
Question et réponse 222
Quatre brèves conférences 231
Source des textes..**245**

ACHEVÉ D'IMPRIMER
EN AOÛT 2008
PAR L'IMPRIMERIE
DE LA MANUTENTION
A MAYENNE
FRANCE
N° 225-08

Dépôt légal : 3ᵉ trimestre 2008